Beck'scheReihe

BsR 1149

BsR

Außenseiter haben es schwer in der deutschen Philosophie, so auch Albert Schweitzer. Das Bild vom guten Menschen in Lambarene verhinderte, worauf er lebenslang gehofft hatte: die kritische Resonanz in der Philosophie. Der humanitäre Praktiker galt von vornherein als dilettierender Denker, und eine Deutung seines philosophischen Gesamtentwurfs gibt es bis heute nicht.

Dieses Buch schließt die Lücke, und zwar – Schweitzerschem Anspruch gemäß – in allgemeinverständlicher Sprache und kritischer Auseinandersetzung. Der Schrittfolge des Schweitzerschen Philosophierens folgend, erörtert es zunächst die der Ethik vorausliegende Kulturkritik. Wie unbeirrt hier ein von der Aufklärung inspirierter Kopf seinen Weg durch die wirren Jahre nach dem Ersten Weltkrieg gegangen ist, verdient unseren Respekt. Erst recht gilt dies für das Unterfangen, den problemgeschichtlichen Hintergrund einer neuen Ethik so weit zu fassen, daß dabei im Nebenher eine Geschichte des indischen und des chinesischen Denkens zustande gekommen ist. Der problemgeschichtliche Rückgriff auf das Menschheitsdenken wird ebenso behandelt wie der kühne Versuch, die Ethik der Ehrfurcht vor dem Leben in einer Gratwanderung zwischen Kant und Schopenhauer, Goethe und Nietzsche zu begründen.

Besonders detailliert wird der Ethikentwurf selbst entfaltet und kritisch auf seine Plausibilität hin geprüft. Dabei erweist sich der Philosoph Schweitzer in manchen Punkten als überholt, in anderen jedoch als überaus aktuell. Die Auseinandersetzung mit seinem weit über die Ethik hinausreichenden Gesamtkonzept scheint der Fachphilosophie im wesentlichen noch bevorzustehen, zumal die hier einbezogenen Nachlaßtexte neue Probleme von unbestreitbarer Gegenwartsbedeutung aufwerfen. Und wer – ganz ungeachtet fachphilosophischer Reflexionen – die großen Lebensfragen in elementarer Weise durchdenken will, findet so manche Herausforderung.

Claus Günzler, geb. 1937, ist Professor für Philosophie an der Pädagogischen Hochschule Karlsruhe und Direktor des Hodegetischen Instituts. Er ist Mitherausgeber der Schweitzerschen ‚Werke aus dem Nachlaß'.

CLAUS GÜNZLER

Albert Schweitzer

Einführung in sein Denken

VERLAG C.H. BECK

Für Helga, Stefanie und Nicola

Die Deutsche Bibliothek – CIP-Einheitsaufnahme
Günzler, Claus:
Albert Schweitzer : Einführung in sein Denken / Claus
Günzler. – Orig.-Ausg. – München : Beck, 1996
  (Beck'sche Reihe ; 1149)
  ISBN 3 406 39249 0
NE: GT

Originalausgabe
ISBN 3406 39249 0

Umschlagentwurf: Uwe Göbel, München
Umschlagabbildung: Archives centrales Albert Schweitzer, Günsbach
© C. H. Beck'sche Verlagsbuchhandlung (Oscar Beck), München 1996
Gesamtherstellung: C. H. Beck'sche Buchdruckerei, Nördlingen
Gedruckt auf säurefreiem, alterungsbeständigem Papier
(hergestellt aus chlorfrei gebleichtem Zellstoff)
Printed in Germany

Inhalt

Vorwort 7

I. Absage an die Fachsprache: Schweitzers Denkform 9

   1. Faszination der langen Wege: Die problemgeschichtliche Perspektive 10

   2. Respekt vor den Alltagsfragen: Das elementare Denken 15

   3. Vom ‚Park‘ in die ‚Wildnis‘: Die grenzüberschreitende Wahrheitssuche 21

II. Im Zeichen der Aufklärung: Schweitzers Kulturkritik 26

   1. Frühe Prognose: Auf dem Weg zur Inhumanität . 27

   2. Späte Begegnung: Ernst Cassirer und Albert Schweitzer 34

   3. Bittere Bestätigung: Der Siegeszug des ‚Neoprimitivismus‘ 42

III. Suche nach dem ‚Grundakkord‘: Zur problemgeschichtlichen Genese der Ehrfurchtsethik 55

   1. Zwischen Kant und Schopenhauer: Schweitzers Ethikverständnis 58

   2. Moralprinzip und Lebensbezug: Die Integration von normativen und empirischen Komponenten . 67

   3. Im Zeichen der Humanitätsidee: Schweitzers normative Prämisse 75

IV. Der ‚neue' Weg: Die Ethik der Ehrfurcht vor dem Leben 88

1. Die Natur als ‚schmerzvolles Rätsel': Schweitzers naturphilosophischer Bezugsrahmen 91

2. Ehrfurchtsmotiv und Hingebungspflicht: Zur Einheit von mystischer Tiefe und praktischer Verantwortung 101

3. Ethik der Lebensnöte: Das denkende Ich zwischen allgemeingültigem Prinzip und subjektiver Verantwortung 119
a) Die Alltagswelt und ihre motivationale Potenz für das individuelle Denken 122 – b) Von der Tierquälerei bis zum Welthunger: Zum Geltungsanspruch der Ehrfurchtsethik 130 – c) Resümee: Zu Profil und Originalität der Schweitzerschen Position 139

4. Ehrfurchtsethik und Nächstenliebe: Schweitzers theologischer Hintergrund 145

5. Im Widerspruch zum Zeitgeist: Schweitzers Ethik und ihre Kritiker 154

V. Ethik und Weltanschauung: Schweitzers ungelöstes Problem 167

1. Hoffnung vor Selbstzweifel: Die Attraktivität des Unmöglichen 167

2. Im Zeichen der Weltphilosophie: Die Bestimmung des eigenen Standorts 172

3. Mystik der Tat: Der latente Abschied von der Weltanschauung 177

Anhang

Abkürzungen 183
Zeittafel 183
Bibliographie 185
Personenregister 191
Sachregister 193

Vorwort

Für die, die mit ihm in seinem Urwaldspital bei Lambarene noch zusammengearbeitet haben, ist er bis heute der ‚Grand Docteur' geblieben, jene unverwechselbare Gestalt, die in patriarchalischer Güte mehr als die Hälfte ihres langen Lebens dem Dienst an kranken Äquatorialafrikanern gewidmet hat. Als Leitbild praktizierter Humanität ziert Albert Schweitzer Briefmarken aller Kontinente mit Ausnahme Australiens und darf wohl als einer der beliebtesten Namensgeber für Schulen, Kindergärten und Krankenhäuser gelten.

Weniger bekannt ist Schweitzers denkerische Leistung, davon vor allem das, was ihm selbst am wichtigsten gewesen ist: sein Beitrag zur Ethik und Kulturphilosophie. Die Richtlinie der ‚Ehrfurcht vor dem Leben' ist den weltweit anzutreffenden Schweitzer-Freunden vertraut und findet neuerdings auch in der akademischen Philosophie wieder Aufmerksamkeit. Doch der reichhaltige philosophische Zusammenhang, in dem Schweitzer seine Ethik entwickelt hat, hat bis heute nicht das sachlich gebotene Interesse gefunden. Der vielbewunderte Praktiker Schweitzer scheint den unermüdlich ringenden Denker in den Hintergrund gedrängt zu haben.

Diese Situation ist der Anlaß für das vorliegende Buch. Es soll in das Denken Albert Schweitzers einführen, also seinen Gesamtentwurf darstellen, in dem die vielzitierte Formel von der Ehrfurcht vor dem Leben zwar den beherrschenden, aber keineswegs den einzigen Kerngedanken ausmacht. Somit geht es um Schweitzers Denken, nicht um seine Biographie. Letztere wird hier nur tabellarisch skizziert; Hinweise auf ausführliche Lebensbeschreibungen finden sich im Literaturverzeichnis. Schweitzers eigenem Anspruch gemäß soll das Buch in elementarer Denkweise, klarer Sprache und argumentativer Auseinandersetzung seinem Thema gerecht werden. Der Leser sei herzlich eingeladen, die verschlungenen Wege des Ehrfurchtsethikers mitzugehen und daran - kritisch-prüfend – sein eigenes Denken zu entzünden.

Mein Dank gilt:
- Frau Rhena Schweitzer-Miller für mehrere aufschlußreiche Gespräche zum philosophischen Selbstverständnis ihres Vaters,
- Herrn Prof. Dr. Hermann Mai für viele persönliche Erinnerungen an seine Zusammenarbeit mit Albert Schweitzer in Lambarene,
- Frau Annerose Bender vom Hodegetischen Institut der Pädagogischen Hochschule Karlsruhe für ihre wirkungsvolle Hilfe im organisatorisch-technischen Bereich,
- Herrn Wolfgang Beck und Herrn Dr. Ernst-Peter Wieckenberg vom Verlag C. H. Beck in ganz besonderer Weise dafür, daß sie dieses Buch von Anfang an bejaht und bei seiner Entstehung stets unterstützt haben. In einer äußerst konfliktreichen Phase meiner ehrenamtlichen Arbeit für das Schweitzer-Spital Lambarene haben mir diese Signale des selbstverständlichen Zutrauens sehr geholfen.

Claus Günzler

I. Absage an die Fachsprache: Schweitzers Denkform

Die Ethik der Ehrfurcht vor dem Leben bildet unbestreitbar die motivierende Kraftquelle, aus der sich Schweitzers weitgefächertes Lebenswerk speist. Der Theologe, Philosoph und Prediger, der Tropenarzt, Bach-Forscher, Organist und Orgelbaufachmann, der Baumeister, Entwicklungshelfer und Friedensmahner und nicht zuletzt der unerschöpfliche Briefeschreiber – sie alle lassen sich von dieser Ethik als der gemeinsamen Wurzel her interpretieren. Schweitzer selbst hat dies mit zunehmendem Alter so gesehen, und doch bleibt ein bemerkenswerter Sachverhalt festzuhalten: Den Ethiker Schweitzer gibt es – jedenfalls im philosophischen Sinn des Wortes – erst ab 1915. Im Alter von 40 Jahren also macht Schweitzer sich ernsthaft an den Entwurf einer eigenen Ethik, will – wie er schreibt – „an Stelle des morschen Bootes" ein „neues, besseres zimmern" (GW 1, 167). Das morsche Boot der europäischen Kultur hatte sein Denken seit den Studentenjahren beschäftigt, doch er war über die Diagnose nicht hinausgekommen. Jetzt in Lambarene und vor dem Hintergrund des Ersten Weltkriegs regt sich seine ethische Produktivität: „Zu Beginn des Sommers 1915 erwachte ich wie aus einer Betäubung. Warum nur Kritik an der Kultur? Warum sich damit begnügen, uns als Epigonen zu analysieren? Warum nicht auch aufbauende Arbeit?" (GW 1, 160)

1899 hatte Schweitzer seine philosophische Doktorarbeit über *Die Religionsphilosophie Kants* abgeschlossen, und selbstverständlich war er philosophisch belesen, auch in der Ethik; doch er irrte – wie er bekennt – „in einem Dickicht umher, in dem kein Weg zu finden war", und resümiert: „Alles, was ich aus der Philosophie über Ethik wußte, ließ mich im Stich". (GW 1, 168)

Dieses Bewußtsein, inmitten einer Kulturkrise allergrößten Ausmaßes von der etablierten Ethik keinerlei Antwort zu bekommen, und der daraus hergeleitete Anspruch, einen neuen Weg aus sich selbst heraus zu finden, wird später zu erörtern sein. Hier kommt es nur auf die Tatsache an, daß Schweitzer sich als Ethiker erst im Alter von 40 Jahren auf einen eigenständigen denkerischen Weg begibt. Die Ethik der Ehrfurcht vor dem Leben zählt also keineswegs zu den Anfangsthemen des Schweitzerschen Denkens.

Lange davor hatte er sich mit Erfolg als Wissenschaftler ausgewiesen: Seine beiden Bach-Bücher (1905 und 1908) sowie einige Studien zur Orgelkunst und Orgelbaukunst lagen vor, in der Theologie war seine *Geschichte der Leben-Jesu-Forschung* in erster (1906) und erweiterter zweiter Auflage (1913) erschienen, dazu andere Arbeiten wie die *Geschichte der paulinischen Forschung* (1911), und nicht zuletzt hatte sich Schweitzer im Rahmen seines Medizinstudiums auch mit naturwissenschaftlichen Methoden vertraut gemacht. Derartiges hinterläßt Spuren, und so hatte Schweitzer seinen Denk- und Arbeitsstil längst gefunden, als er den Schwerpunkt in die Ethik verlagerte. Es kann kaum verwundern, daß seine bisher erprobte Denkweise auch in der Ethik ihren Niederschlag findet, ja hier die Antwortmöglichkeiten von vornherein mitformt, im Sinne neuer Perspektiven, aber auch um den Preis unleugbarer Schwächen.

Als Schweitzer 1915 seine dann jahrzehntelang betriebene Arbeit an einem eigenen Ethik-Entwurf aufnahm, hatte er also bereits seine ihm eigene Denkform entwickelt, eine Art strukturelles Vorzeichen gesetzt, das auch den Gang seines ethischen Argumentierens bestimmen sollte. Diese Tiefenstruktur seiner geistigen Aktivität soll nun an drei prägnanten Merkmalen verdeutlicht werden.

1. Faszination der langen Wege:
Die problemgeschichtliche Perspektive

In seiner 1931 vorgelegten Selbstdarstellung *Aus meinem Leben und Denken* kommentiert der nunmehr 56jährige

Schweitzer seinen wissenschaftlichen Arbeitsstil im Rückblick auf seine theologische Doktorarbeit zum Abendmahlsproblem (1900), seine *Geschichte der Leben-Jesu-Forschung* sowie die *Geschichte der paulinischen Forschung*. Interessanterweise nennt er als den für ihn maßgeblichen Inspirator nicht einen der großen Theologen, sondern Aristoteles:

„Statt daß ich mich damit begnügte, die gefundene Lösung einfach darzulegen, lud ich mir darüber hinaus jedesmal noch die Arbeit auf, die Geschichte des Problems zu schreiben. Daß ich mich dreimal zur Begehung eines so beschwerlichen Seitenpfades entschloß, ist die Schuld des Aristoteles. Wie oft habe ich die Stunde verwünscht, in der ich erstmals den Abschnitt seiner Metaphysik las, in dem er das Problem der Philosophie aus der Kritik des vorherigen Philosophierens entwickelt! Damals wurde etwas geweckt, das in mir schlummerte. Fort und fort habe ich seither den Drang in mir erlebt, das Wesen eines Problems nicht nur an sich, sondern auch aus der Art seiner Selbstentfaltung in der Geschichte begreifen zu wollen. Ob sich die Mehrarbeit gelohnt hat, weiß ich nicht. Sicher ist mir nur, daß ich nicht anders konnte, als in solcher Weise aristotelisch zu verfahren, und daß ich wissenschaftliche und künstlerische Befriedigung davon hatte." (GW 1, 132)

Bemerkenswert an dieser Aussage erscheint dreierlei: Zum einen ist der protestantische Theologe Schweitzer stärker, als gemeinhin angenommen, an Aristoteles und der klassischen Antike überhaupt orientiert, zum anderen bereitet ihm die problemgeschichtliche Durchdringung seiner Themen nicht nur wissenschaftliche, sondern auch künstlerische Befriedigung, und schließlich tritt hier Schweitzers lebenslang prägend gebliebene Überzeugung zutage, daß die geschichtliche „Selbstentfaltung" eines Problems den unabdingbaren Schlüssel zu dessen Lösung darstelle. Als er dies schrieb, konnte er noch nicht ahnen, welch unüberwindbare Schwierigkeiten dieser Anspruch, die Geschichte eines Problems in ihrem unverkürzten Ausmaß nachzuzeichnen, ihm in den 30er und 40er Jahren bei der Arbeit an der Weiterführung seiner Kulturphilosophie bereiten sollte.

Was reizte ihn so an der problemgeschichtlichen Dimension des Denkens? Immerhin gibt es heutzutage ja viele ethische Entwürfe, die moralische Regeln plausibel zu begründen versuchen, ohne deswegen noch einmal die gesamte Ethik-Geschichte aufzurollen. Warum also nicht das Ehrfurchtsprinzip als eine neue Richtlinie mit einleuchtenden Argumenten in die Gegenwartsdiskussion einbringen? In seiner sogenannten *Kulturphilosophie III*, die die 1923 publizierten Texte *Verfall und Wiederaufbau der Kultur* (Kulturphilosophie I) und *Kultur und Ethik* (Kulturphilosophie II) auf eine neue ‚Weltanschauung' hin weiterentwickeln soll, läßt Schweitzer in einprägsamen Bildern deutlich werden, warum dies für ihn nicht in Frage kam: Er ist mit einem „Ethik-Potpourri", das einige Minimalpflichten „gebrauchsfertig" zurechtmacht, nicht zufrieden, sondern will „die ganze herbe Symphonie der Ethik" zum Klingen bringen (KPh III, 2.Teil, 24). Solche Bilder aus der Welt der Musik veranschaulichen, daß die gründliche Aufarbeitung der Problemgeschichte nicht nur aristotelisches Erbe ist, sondern ebensosehr aus Gründen der künstlerischen Befriedigung betrieben wird. Eine durchkomponierte Einheit kann ein wissenschaftliches Werk für Schweitzer nur dann sein, wenn es die geschichtliche Selbstentfaltung des Problems in sich aufnimmt. Der Musiker Schweitzer erstrebte auch in seinen wissenschaftlichen Schriften so etwas wie symphonische Ganzheit.

Dies gilt nach den erfolgreichen theologischen Publikationen selbstredend auch für die kulturphilosophisch-ethische Arbeit, die Schweitzer 1915 in Angriff nahm. 1923 erschien dann sein ethisches Hauptwerk unter dem Titel *Kultur und Ethik*, und hier widmete er der Problemgeschichte gleich 13 der insgesamt 22 Kapitel. Nach einem knappen Exkurs in den Aufbruch des chinesischen und indischen Denkens um 500 v.Chr. folgt ein Problemabriß der europäischen Ethik-Geschichte von der griechischen Antike bis hin zu zeitgenössischen Denkern wie Hermann Cohen, Henri Bergson oder Wilhelm Wundt. Das Mittelalter bleibt hier noch außer Betracht, findet dafür aber gebührende Berücksichtigung in den noch unveröffentlichten Texten zur *Kulturphilosophie III*. In diesen zwischen 1931 und 1945 entstandenen Manuskripten, die Schweitzer unter dem Titel *Die Weltanschauung der Ehrfurcht vor dem Leben* veröffentlichen wollte,[1] wird überdies die problemgeschichtliche Linie zu wesentlichen Beiträgen des 20. Jahrhunderts hin verlängert. Max Scheler, Nicolai Hartmann, Eduard Spranger, Karl Jaspers, Martin Heidegger und viele andere mehr werden in die Auseinandersetzung einbezogen. Außerdem nimmt auch das chinesische und indische Denken einen ungleich größeren Raum ein als in dem publizierten Text von 1923.

Der Inhalt der *Kulturphilosophie III* wird später zu erörtern sein, hier gilt es zunächst einmal festzuhalten, daß Schweitzer seinem inneren Drang zur Problemgeschichte weiterhin folgt und diesen auch mit neuen Metaphern zu rechtfertigen versucht: „Wie in einem unendlichen Wirbel kehren im Denken der Menschheit immer dieselben Probleme und dieselben Gedanken wieder. Aber der Wirbel bewegt sich nicht auf der Stelle, sondern kreist in einer Strömung, die ihn mit sich fort führt. Der Fortschritt auf die Wahrheit zu besteht darin, daß sich die Probleme in immer umfassenderer und tieferer Weise stellen. Wenn eine Weltanschauung, in der aufeinanderfolgende Generationen die zum Leben notwendige Erkenntnis zu besitzen glauben, gerade wenn sie voll ausgebildet ist, Risse bekommt und abwelkt, so geht dies vor, daß das Problem wächst und die bisherige Lösung sprengt, wie der Baum seine Rinde. Das Wachsen des Problems besteht darin, daß es sich immer mehr so stellt, wie es ist, nicht, wie man es sich zurechtlegte, um es zu lösen." (KPh III, 1. Teil, 160f.)

Problemgeschichte gehört also unverzichtbar zur Wahrheitssuche, präzisiert den Stand eines Problems und verhindert damit willkürliche Scheinlösungen aus ephemeren Orientierungen heraus. Deshalb verteidigt Schweitzer auch das Menschheitsdenken gegen den Vorwurf der Resultatlosigkeit:

---

[1] Diese umfangreiche Arbeit wird in Kürze im Rahmen der Werke aus dem Nachlaß im Verlag C. H. Beck, München erscheinen.

„Diejenigen also, die in unserer dem Denken abgeneigten Zeit in dem Denken der Menschheit nur ein Chaos von sich gegenseitig widerlegenden Religionen und Systemen sehen wollen, um daraufhin zu behaupten, daß das Denken als solches versagt habe und zugunsten des sogenannten gesunden Menschenverstandes oder des Glaubens oder der Skepsis abdanken müsse, scheinen im Recht zu sein. In Wirklichkeit aber sind sie es nicht viel mehr, als wenn sie beim Anblick einer Karte, auf der nur die Straßen und Eisenbahnen eingezeichnet sind, an der Unverständlichkeit des Verlaufs der Linien Anstoß nehmen wollten, statt sie aus dem Vorhandensein von Gebirgen, Tälern und Flüssen zu erklären." (KPh III, 2. Teil, 39)

Aus solchen Worten spricht Schweitzers tiefe Dankbarkeit gegenüber dem Menschheitsdenken. Was dem ersten Anschein nach chaotisch wirkt, erweist sich tatsächlich als Folge sachlicher Nötigungen. Wie landschaftliche Bedingungen den Verlauf von Straßen und Eisenbahnen bestimmen, so zeichnet der Sachgehalt der Probleme dem Denken dessen oft verschlungene Linien vor. Ein „Fortschritt auf die Wahrheit zu" läßt sich für Schweitzer nur erzielen, wenn der mühselige Weg durch das Liniengewirr beherzt gegangen, also nicht an der Problemgeschichte vorbeigedacht wird. Mit diesem Anspruch hatte sich Schweitzer zu Beginn der 30er Jahre einer ungeheuerlichen Belastung ausgesetzt: Wenn seine Ethik der Ehrfurcht vor dem Leben nicht nur eines von vielen europäischen Modellen sein sollte, sondern auch jenseits des christlichen Abendlandes denkende Menschen jedweder Herkunft erreichen und letztlich über alle Ethik hinaus eine neue und global akzeptierbare Weltanschauung ermöglichen sollte, dann mußte es ihm gelingen, seine Ethik als zwingende Antwort auf die Probleme des Menschheitsdenkens auszuweisen, als einen Entwurf, der die Frage nach der Lebensorientierung, so wie sie sich gegenwärtig darstellt, überzeugend beantwortet.

In immer neuen Anläufen hat Schweitzer in den 30er und 40er Jahren seine *Kulturphilosophie III* auf dieses Ziel voranzutreiben versucht und sich dabei im Gegensatz zur zeitgenössischen deutschen Philosophie gesehen: „Die moderne

Philosophie (Phänomenologie, Wertphilosophie) ist etwas Kleines, weil sie nicht auf die Probleme des Denkens der Menschheit ausschaut. Ne cherche pas orientation dans la pensée mondiale. Übernimmt das Geschäft und führt es weiter, ohne Inventar zu machen. Gerade das fehlt ihr. Moderne Philosophie hat keine tiefen Wurzeln." (KPh III, 4. Teil, 574)

Dieses herbe Urteil dürfte kaum die Zustimmung der Fachzunft finden, entspringt aber folgerichtig Schweitzers Überzeugung, daß universal plausible Problemlösungen nur auf dem Weg durch die Problemgeschichte des Menschheitsdenkens zu finden seien. Die problemgeschichtliche Perspektive – in Bach-Forschung und Theologie themengerecht auf europäische Linien bezogen – weitet sich in Kulturphilosophie und Ethik also ins Globale. Das Menschheitsdenken, ‚la pensée mondiale‘, bildet hier den Bezugsrahmen für die Schweitzersche Wahrheitssuche.

Der innere Hang zum problemgeschichtlichen Rückblick, der offenbar als Mitgift in ihm geschlummert hatte, durch Aristoteles-Lektüre geweckt und danach – aus wissenschaftlichen wie künstlerischen Motiven – zum unentbehrlichen Ferment seines Denkens wurde, erreicht seine höchste Steigerung in Schweitzers Ringen um die Erneuerung der Kultur durch Ethik. Dies spiegelt sich auch in der nachträglichen Beurteilung des eigenen Beitrags: „Meine Ethik ist nichts Neues, sondern erfaßt nur bereits Erreichtes in tieferer und umfassenderer Weise." (KPh III, 2. Teil, 327) Und leitmotivisch tauchen immer wieder Randnotizen auf wie: „In der Philosophie gibt es kein Erfinden, sondern nur ein Vertiefen. Das eigene Denken sucht sich im Menschheitsdenken zu begreifen." (KPh III, 2. Teil, 336)

2. Respekt vor den Alltagsfragen: Das elementare Denken

Um das Vertiefen von Vorgegebenem geht es Schweitzer auch bei seiner Forderung nach dem elementaren Denken, einem weiteren Wesensmerkmal seiner Denkform. Ansatzpunkt ist hier nicht die Problemgeschichte, sondern die Alltagserfahrung von jedermann. In der ersten Hälfte des 20. Jahrhunderts zählte Schweitzer mit diesem Akzent zu den Außenseitern der Philosophie, erst seit den frühen 70er Jahren beschreitet auch ein gewichtiger Teil der Fachphilosophen diesen Weg: Rehabilitierung der praktischen Philosophie, Alltagswende, Lebensbedeutung – so heißen seitdem die Stichworte. Schweitzers Grundüberzeugung hat damit eine verspätete Untermauerung gefunden, nicht allerdings die Art seiner Begründung des elementaren Denkens.

Die Frage nach dem Denken gehört überhaupt zu den zentralen Themen, die Schweitzer lange vor seinem ethischen Aufbruch beschäftigt haben, und sehr früh hatte sich die Überzeugung gefestigt, die er in *Aus meinem Leben und Denken* so formuliert:

„Lebendige Wahrheit ist nur die, die im Denken entsteht. Wie der Baum Jahr für Jahr dieselbe Frucht, aber jedesmal neu bringt, so müssen auch alle bleibend wertvollen Ideen in dem Denken stets von neuem geboren werden." (GW 1, 232)

Wahrheit läßt sich also nicht standardisieren und als fertiges Produkt weitervermitteln, sondern sie muß im je individuellen Denken neu erarbeitet werden. Da das individuelle Denken im Regelfall kein Denken nach Fachmethoden ist, kann es nur elementar, d.h. an vertrauten Fragen aus dem Alltag geweckt werden. Die Philosophie bezieht für Schweitzer ihre Legitimation aus der Fähigkeit, das Alltagsbewußtsein, das „suchende Denken in der Menge" zu erreichen, nur dann ist sie „lebendige Popularphilosophie", andernfalls aber „gelehrte Epigonenphilosophie" (GW 2, 29).

Solche Epigonenphilosophie orientiert sich mit Recht an Tatsachen und Detailproblemen, doch ihr Fehler ist es, daß sie hier stecken bleibt, das Grundproblem aus den Augen verliert: „Solche Halb- und Dreiviertelsphilosophie kann der Meinung sein, daß sie dem Menschen die Frage, was er mit seinem Leben beginnen wolle, weniger eindringlich vorzuhalten habe als die Religion und die Mystik." (KPh III, 2. Teil, 59)

Bei aller Bewunderung für und Dankbarkeit gegenüber den

großen Philosophen der Tradition kritisiert Schweitzer diese unerbittlich, wenn er den Eindruck gewinnt, daß die zentrale Frage nach der individuellen Lebensgestaltung in der Vielfalt der Einzelprobleme untergeht. Denken ist ihm eben mehr als ein methodisch streng kontrolliertes, durch und durch kognitives Unterfangen: „Wir sind nicht einfach Seiendes in dem unendlichen Seienden der Welt, sondern lebendige Individuen. Unser Ich, diese geheimnisvolle Einheit von Wollen, Fühlen und Erkennen, sucht sich in dem geheimnisvollen Sein der Welt, in das es hineingestellt ist, zu begreifen. Nicht irgendein logisches Vermögen übt in uns, als eine Art Gedanken-Mathematik, das Denken aus. In unserem Denken setzt sich unser ganzes lebendiges Ich mit der Welt auseinander. Denken ist eine elementare Funktion unseres lebendigen Seins." (KPh III, 2. Teil, 67)

Diese elementare Funktion darf nicht durch eine fachphilosophisch-abstrakte Sprache verspielt werden, sicherlich eine altbackene Forderung angesichts der komplizierten Probleme der Gegenwartsphilosophie, aber doch einleuchtend, sofern die Philosophie über ihre Zunftgrenzen hinauswirken will. So schlägt Schweitzer sogar vor, auf den Terminus ‚Philosophie' überhaupt zu verzichten: „Statt Philosophie sollte man Denken sagen. Sonst meinen die Menschen, es sei etwas ganz Besonderes, das außer ihnen liegt. Du suchst Glück! Aber du mußt ganz tief in den Wald, um es zu finden." (KPh III, 1. Teil, 252)

Die denkende Vertiefung der eigenen Erfahrungen und Fragen, das Weiterdenken des Alltäglichen – ebendies ist die Sache des elementaren Denkens, das Schweitzer anregen will und dessen er sich daher auch selbst bedient. Und so definiert er: „Elementar ist das Denken, das von den fundamentalen Fragen des Verhältnisses des Menschen zur Welt, des Sinnes des Lebens und des Wesens des Guten ausgeht. In unmittelbarer Weise steht es mit dem sich in jedem Menschen regenden Denken in Verbindung. Es geht auf es ein und erweitert und vertieft es." (GW 1, 233)

Als Beispiel für die Inhalte des Jedermannsdenkens, das es zu erweitern und vertiefen gilt, nennt Schweitzer immer wieder die Fragen nach dem Glücklichsein und dem Rechttun. Jeder Mensch trage solche Fragen in sich und lasse sich bereitwillig zum Denken anregen, wenn man ihn hier anspreche. Und um diesen vermeintlich banalen Ansatzpunkt des Philosophierens zu rechtfertigen, fügt er hinzu:

„Man sage nicht, daß die Frage nach dem Glück zu primitiv und zu unedel sei, um den Ausgangspunkt des Denkens abgeben zu können. Niemand mache ihr ihr Recht streitig. Es kommt nicht darauf an, von wo das Denken ausgeht, sondern nur darauf, daß es von da, wo es ausgeht, in die Tiefe gehe. Jede Bohrung, von wo aus auch immer sie unternommen wird, hat die Richtung auf den Mittelpunkt der Erde zu: So führt auch jede Frage über das Leben, wenn man sie nur zu Ende verfolgt, in die letzten Fragen des Denkens, d.h. in den Zusammenhang meines Seins mit dem unendlichen Sein." (KPh III, 1. Teil, 24)

Schweitzer selbst sieht ein gelungenes Beispiel des elementaren Denkens in der Philosophie der Stoa, lobt an dieser die Einheit von Allgemeinverständlichkeit und Tiefe und bekennt: „Als ich als Student den Gang durch die Geschichte der Philosophie antrat, hatte ich Mühe, mich vom Stoizismus loszureißen und meinen Weg in das nach ihm kommende, so ganz anders geartete Denken fortzusetzen. Zwar vermochten mich seine Ergebnisse nicht zu befriedigen. Aber ich hatte das Empfinden, daß diese einfache Art des Philosophierens die richtige sei, und konnte nicht begreifen, daß man sie hatte aufgeben können." (GW 1, 233f.)

Auf dem Weg des elementaren Denkens will Schweitzer das Jedermannsdenken, die große Zahl denkender Nicht-Philosophen erreichen, und dies ist ihm offenbar wichtiger, als den Applaus der kleinen Zahl der Zunftphilosophen zu gewinnen. Diese Absicht, die Fachgrenzen zu sprengen und in der Alltagswirklichkeit als „wahre, wirkende Philosophie" (GW 2, 29) Gehör zu finden, kennzeichnet Schweitzers Kulturphilosophie in den Nachlaßtexten noch prägnanter als in den publizierten Schriften. So notiert er 1934 im Hinblick auf die *Kulturphilosophie III*: „Widmung: Dem unbekannten Bruder Mensch."

(KPh III, 1. Teil, I) Und 1935 hält er für das noch zu entwerfende Vorwort fest: „Eine Philosophie zu schreiben, die im Zusammenhang bleibt mit dem gesunden Menschenverstand und natürlichen Empfinden, die aus ihnen herauswächst, sie vertieft – zu einem solchen Denken zu gelangen, ist das Ziel, das ich seit meiner Jugend verfolge. Ohne Methode dem Menschen sagen zu können: das sind die Gedanken, zu denen du gelangst, wenn du dich auf den Weg des Denkens zu begeben und ihn zu Ende zu gehen wagst." (ebd.)

Schweitzer hielt nichts von der „Denkakrobatik an den Turngeräten der Begriffe" (KPh III, 4. Teil, 573), wie er sie der zeitgenössischen Philosophie vorwarf, und setzte sein Modell des elementaren Denkens dagegen, fest davon überzeugt, daß allein auf diesem Weg die kulturelle Wirklichkeit regeneriert werden könne: „Wenn die Wiesen im Frühjahr zu grünen anfangen, geht dies vor sich, daß unzählige Gräser von sich aus sprießen und grünen. Also auch kann wirklicher Geist seinen natürlichen Ursprung nur in dem Geistig-Werden der vielen Einzelnen haben." (KPh III, 4. Teil, 43)

Diese Hoffnung auf das Geistig-Werden der Individuen findet eine anthropologisch wie didaktisch interessanten Konkretisierung in den Texten der *Kulturphilosophie III* und wird zudem durch neue Bilder veranschaulicht, die ihrerseits einen Beitrag zum elementaren Denken leisten sollen. Dreh- und Angelpunkt ist die Beziehung zwischen dem ‚gesunden Menschenverstand' und dem ‚Denken':

„Es mit dem gesunden Menschenverstand zu versuchen, soll keinem verwehrt sein, wenn überhaupt nur gedacht wird. Das Denken des gesunden Menschenverstandes ist der Anfang alles Denkens. Was meint man eigentlich, wenn man sich auf den gesunden Menschenverstand beruft? Ein sachliches, unmittelbar auf das Praktische gerichtetes Denken, das die Zuversicht hegt, in dem Kreise des Einfachen, Begrenzten und unmittelbar Einleuchtenden verharren zu können, wie der Fischer darauf bedacht ist, mit seinem Kahn in der Bucht zu verbleiben und nicht aufs hohe Meer hinauszutreiben. Die Frage ist nur, ob die Fahrt so verläuft, wie man sie vorhat." (KPh III, 1. Teil, 23)

Freilich baut der gesunde Menschenverstand „auf Sand und Kies" und man „muß viel tiefer hinunter, um festen Grund zu finden". (ebd. 25) Damit ist der Punkt bezeichnet, an dem das elementare Denken anzusetzen hat, indem es die vordergründig-praktischen Antworten des gesunden Menschenverstandes aufgreift und vertiefend weiterdenkt: „In Wirklichkeit ist das, was sich der gesunde Menschenverstand nennt, ein abgestumpfter Menschenverstand, der uns dahinbringen will, uns zu verhalten wie der Durchschnitt der Menschen um uns herum, die sich in geistiger Hinsicht schlecht und recht durchs Leben schlagen, Kiesel zu sein, die sich glatt rollen und in der Flut mitgleiten wie die andern." (ebd. 31)

Das elementare Denken eröffnet demnach die existentielle Chance, das Durchschnittsverhalten der glattgerollten Kiesel zugunsten einer persönlich erarbeiteten Orientierung abzuschütteln, und dies, indem es nicht von einer höheren, abstrakten Ebene aus den Menschenverstand zu korrigieren versucht, sondern gerade bei ihm und seinen Alltagsorientierungen einsetzt. So gelangt der Küstenfischer zur Hochseeschiffahrt, der Vorgebirgswanderer ins Hochgebirge:

„Der gesunde Menschenverstand und das Denken gehören zusammen wie die Vorberge und das Hochgebirge. Niemals darf sich der gesunde Menschenverstand anmaßen, die Rolle des Denkens spielen zu wollen. Niemals darf das Denken den Zusammenhang mit dem gesunden Menschenverstand verlieren. Nur solange es ihn wahrt, bleibt es natürlich. Alles Denken untersteht der Kontrolle des gesunden Menschenverstandes. Die Ergebnisse des Denkens können so ganz anders sein, als dieser sie erwartete und wünschte. Aber insoweit in ihnen wirklich Wahrheit ist, sieht er sich genötigt, sie anzuerkennen und sie auf das alltägliche Leben anzuwenden." (KPh III, 2. Teil, 79f.)

Aus solchen Aussagen spricht nicht nur Schweitzers Bekenntnis zu einfachen und klaren Denkwegen, sondern zugleich sein von der Aufklärung geprägtes Vertrauen in die Denkfähigkeit jedes einzelnen. Es macht offensichtlich seine anthropologische Grundüberzeugung aus, daß nicht die Begabung zum Denken, sondern allein deren motivierende Entfachung ein Problem darstellt, und dies glaubt Schweitzer mit Hilfe des elementaren Denkens lösen zu können. Jeder Mensch kann ein ‚Hochgebirgswanderer' werden, sofern man ihn in seinen ‚Vorgebirgsfragen' anspricht, und wenn dies gelingt, dann wird die denkerische Vertiefung der Alltagsorientierungen den gesunden Menschenverstand auch erheblich über seinen bisherigen Bezugsrahmen hinausführen. Das elementare Denken ist also einem praktischen Ziel verpflichtet: der Veränderung des Alltagslebens. Die von ihm diagnostizierte Kulturkrise sieht Schweitzer vor allem als eine Folge der „Geringschätzung des Denkens"; er will seine Zeitgenossen „wieder auf den Weg des Denkens" bringen und bekennt, daß er „mit Zuversicht die Verantwortung" auf sich nehme, „an der Wiederentfachung des Feuers des Denkens beteiligt zu sein." (GW 1, 233)

3. Vom ‚Park' in die ‚Wildnis': Die grenzüberschreitende Wahrheitssuche

Unter den vielen Bildern, die Schweitzer als Medium seines Denkens wie auch als Darstellungshilfe für den mitdenkenden Leser nutzt, spielt dasjenige von ‚Park' und ‚Wildnis' eine besondere Rolle für seine Selbstdeutung. In seiner Selbstdarstellung *Aus meinem Leben und Denken* (1931) hatte er bereits vom ‚Park' und vom ‚Wald' gesprochen und damit seine zweisprachige Verwurzelung im Deutschen und Französischen veranschaulicht: „Den Unterschied zwischen den beiden Sprachen empfinde ich in der Art, als ob ich mich in der französischen auf den wohlgepflegten Wegen eines schönen Parkes erginge, in der deutschen aber mich in einem herrlichen Wald herumtriebe." (GW 1, 79)

Beides kennzeichnet für ihn wesentliche Elemente seines Denkens: der ‚Park' die Klarheit und Kürze, der ‚Wald' die Vielgestaltigkeit und Lebendigkeit (vgl. Günzler 1992).

Die Manuskripte zur *Kulturphilosophie III* steigern dann

den ‚Wald' zur ‚Wildnis': „Die Ethik ist nicht ein Park mit planvoll angelegten und gut unterhaltenen Wegen, sondern eine Wildnis, in der jeder sich, von seinem Pflicht- und Verantwortungsgefühl angetrieben und geleitet, seinen Pfad suchen und bahnen muß." (KPh III, 4. Teil, 371)

Leitmotivisch durchzieht dieser Gedanke einer ‚Wildnis-Ethik' den voluminösen Text, und dahinter steht wohl nicht nur Schweitzers ethische Denkarbeit, sondern ebensosehr seine inzwischen langjährige Afrika-Erfahrung. Schon nach seinem ersten Afrika-Aufenthalt von 1913 bis 1917 hatte er 1920 seine dort gewonnenen Eindrücke in *Zwischen Wasser und Urwald* niedergeschrieben und dabei auch das Umfeld seines geistigen Arbeitens geschildert:

„Es ist ein merkwürdiges Arbeiten. Mein Tisch steht an der auf die Veranda hinausführenden Gittertür, damit ich möglichst viel von der leichten Abendbrise erhasche. Die Palmen rauschen leise zu der lauten Musik, die die Grillen und Unken aufführen. Aus dem Urwald tönen häßliche und unheimliche Schreie herüber. Caramba, der treue Hund auf der Veranda, knurrt leise, um mir seine Gegenwart bemerkbar zu machen. Zu meinen Füßen unter dem Tisch liegt eine kleine Zwergantilope. In dieser Einsamkeit versuche ich Gedanken, die mich seit 1900 bewegen, zu gestalten und am Wiederaufbau der Kultur mitzuhelfen. Urwaldeinsamkeit, wie kann ich dir jemals danken für das, was du mir warst! . . . " (GW 1, 451)

Diese Art des Philosophierens zwischen Grillen und Unken wirkt, gemessen am europäischen Hochschulbetrieb, idyllisch und exotisch zugleich, doch der Eindruck trügt: Schweitzer hatte sein abendliches Denken stets einer eminent harten Wirklichkeit abzuringen, klagt über den „Kampf mit dem kriechenden Getier" (ebd. 446), deutet die Natur als „Militarismus im Urwald" (ebd. 447) und versichert eindringlich, wie leicht man ohne geistige Arbeit „an der furchtbaren Afrikaprosa" zugrunde gehen könne (ebd. 452). Zwischen seiner Tagesarbeit als Arzt, Baumeister, Verwalter und Geldbeschaffer einerseits und seiner geistigen Existenz andererseits bestand ein äußerst labiles und stets gefährdetes Gleichgewicht. Trotzdem weiß er sich der Urwaldeinsamkeit dankbar verpflichtet, weil sie ihn „gegen die Aufgeregtheit und Eitelkeit des europäischen Treibens empfindlich" gemacht habe (ebd.). Schon sein erster Afrika-Besuch hatte ihm also klar werden lassen, daß er zum Denker in der Wildnis geworden war, mit allen Belastungen, aber auch mit allen Chancen der Distanz zum herkömmlichen Betrieb. Die ‚Urwaldeinsamkeit' als Bedingung seines Denkens muß man wohl in Rechnung stellen, wenn man Schweitzers Kulturphilosophie und erst recht deren Bildersprache angemessen würdigen will. Hier spricht nicht nur ein Europäer, den es biographisch in den Urwald getrieben hat, sondern auch ein grenzüberschreitender Wahrheitssucher, der die neuen Impulse für sein altes Ziel nutzt. Europa bleibt ihm Heimat, doch Afrika wird ihm zugleich zur zweiten Heimat, und so darf das, was Schweitzer im Urwald kulturkritisch und ethisch entwickelt, wohl auch als eine Art ‚tropenphilosophischer' Herausforderung an das europäische Denken gesehen werden.

Ähnlich wie Aristoteles seine problemgeschichtliche Begabung geweckt hatte, tut es der Urwald mit seiner Disposition zum grenzensprengenden Denken. Festabgesteckte Revier- und Methodengrenzen waren nicht Schweitzers Sache, in sich abgeriegelten Bezirken des Erkennens vermochte er keine lebensfördernde Wirkung zuzusprechen, und so hatte er schon vor dem Aufbruch nach Lambarene seine beiden Studienfächer, Philosophie und Theologie, nicht als getrennte Einheiten behandeln können. Religion und Denken schlossen einander in seinem Verständnis nicht aus, sondern ein. An dieser Überzeugung hält er in den 30er und 40er Jahren unbeirrt fest:

„Eine sichere Grenzlinie zwischen philosophischem und religiösem Denken läßt sich nicht festlegen. Laotse, Konfuzius, Zarathustra gehören in gleicher Weise der Geschichte der Weltphilosophie wie der der Weltreligionen an. Der Stoizismus und der Spinozismus sind Philosophien, die den Charakter und die Bedeutung von Religionen haben. Je mehr Denken in einer Religion vorhanden ist, desto tiefer und lebendiger ist sie. Ganz vermag sich auch die weitgehend erstarrte Religion dem Denken nicht zu verschließen. Wie das wahre Denken religiös, so ist die wahre Religion denkend." (KPh III, 2. Teil, 60)

Hier knüpft Schweitzer an das Erbe des 18. Jahrhunderts an, vor allem an den Goetheschen Gedanken, daß gläubige Epochen fruchtbar, ungläubige hingegen unfruchtbar seien (vgl. hierzu: Cassirer 1985, 285f.). In diesem Sinne stand für ihn die Aufklärung im Zeichen des religiösen Denkens bzw. der denkenden Religiosität, wobei freilich nicht konfessionelle Dogmatik gemeint ist. Der Hang zu grenzüberschreitender Weite war also schon europäische Mitgift, gelangte aber erst im afrikanischen Ringen um eine neue Ethik und Kulturphilosophie zur vollen Ausformung. Im Zeichen der ‚Wildnis', in der jeder Mensch sich verantwortlich seinen Pfad bahnen müsse, überschreitet Schweitzer die Grenze der europäischen Philosophie hin zur Weltphilosophie, die Grenze einer zwischenmenschlichen Ethik hin zu einer Ethik der Verantwortung für alles Lebendige und in diesem Kontext die Grenze der ‚Erdanschauung' hin zur ‚Weltanschauung', auf die es ihm vordringlich ankam.

Im Horizont von Astronomie und Geologie hält er dem neuzeitlichen Philosophieren vor, es sei allzu einseitig mit „dem Menschen und der Menschheit" sowie der „Erde als der Stätte ihres Auftretens" beschäftigt gewesen, und kommentiert: „Daraus ergibt sich eine Weltanschauung, die Erd-Anschauung, das heißt: Anschauung von der Bestimmung der Menschheit auf der Erde bleibt, statt sich wirklich zur Weltanschauung, das heißt: zur Anschauung von dem Verhältnis des Menschen zum unendlichen Sein zu erweitern. Auch in der Religion der Neuzeit ist der Weltschöpfer in Wirklichkeit nur Schöpfer der Erde und der Menschheit, nicht der Welt." (KPh III, 1. Teil, 164f.)

Diese Forderung nach der Überwindung der Geozentrik durch einen kosmischen Bezugsrahmen bekundet zugleich Schweitzers inzwischen erfolgte Prägung durch die Naturwissenschaften: Den naturwissenschaftlich eröffneten Perspektiven von kosmischer Reichweite soll geisteswissenschaftlich bis in die Ethik hinein Rechnung getragen werden.

Das Bild vom ‚Park‘ und der ‚Wildnis‘ markiert also neben dem inneren Zwang zur Problemgeschichte und dem Postulat des elementaren Denkens ein drittes Merkmal der Schweitzerschen Denkstruktur und komplettiert damit die Voraussetzungen, die – schon ausgereift oder nur angedeutet – gegeben waren, als der Ehrfurchtsethiker seinen Weg antrat. Das Terrain war vorbereitet, der Denkstil vorgezeichnet, eben damit aber auch die Wirkung auf die Fachwelt von vornherein abzusehen: Die methodisch gebundene Zunftphilosophie mußte dem Methodenverächter Schweitzer mit Kritik antworten, ihm diffusen, ja widersprüchlichen Gebrauch von Begriffen vorwerfen, und das hat sie dann auch getan. Ob problemgeschichtliche Retrospektive, elementares Denken oder grenzüberschreitende Wahrheitssuche – Schweitzers Verfahren hielt sich in keinem der drei Felder an die methodischen Spielregeln der Fachsprache.

Hätte Schweitzer dies getan und seine Beiträge auf den dafür vorgesehenen Fachgeleisen transportiert, so würden ihm heute wohl respektable Leistungen in philosophischer Anthropologie, Sozial- und Erziehungsphilosophie, in Religionsphilosophie, Sprachphilosophie und Wissenschaftsphilosophie, in Staatstheorie, historischer Philosophie und vor allem in der Ethik bescheinigt, aber eben nicht nur in dieser. Er hat dies so nicht gewollt, sondern den Versuch unternommen, in elementarer Weise alles zu einem Entwurf zusammenzufassen, damit der ‚unbekannte Bruder Mensch‘ sein eigenes Denken an einer ‚Symphonie‘ entzünden könne. Dies hat seinem Denken Popularität jenseits der Zunftgrenzen verliehen, doch leider auch das Zunftinteresse geschmälert. Dennoch scheint die akademische Auseinandersetzung mit Schweitzer ihre eigentliche Arbeit noch vor sich zu haben, weil erst die Veröffentlichung der Nachlaßschriften ein begründetes Gesamturteil zulassen wird.

II. Im Zeichen der Aufklärung: Schweitzers Kulturkritik

Obschon Schweitzer als Philosoph die unterschiedlichsten Gesichtspunkte in elementarer Weise als Einheit zu fassen versucht, läßt sich doch eine klare Schrittfolge in seinem kulturphilosophischen Denken erkennen. Von Anfang an hatte er seinen Entwurf auf vier auseinander und somit nacheinander zu entwickelnde Themenblöcke hin angelegt. Die ersten beiden hat er 1923 als Kulturphilosophie I und II unter den Titeln *Verfall und Wiederaufbau der Kultur* sowie *Kultur und Ethik* veröffentlicht, die *Kulturphilosophie III* liegt als Manuskript vor und trägt bei Schweitzer den Arbeitstitel *Die Weltanschauung der Ehrfurcht vor dem Leben*, die Kulturphilosophie IV hingegen hat Schweitzer, soweit dem vorliegenden Nachlaß entnehmbar, nicht mehr zu Papier bringen können. Sie sollte das Thema *Der Kulturstaat* behandeln.

Schon der Terminus ‚Kulturphilosophie' und erst recht die vier Untertitel lassen erkennen, daß Schweitzers Originalität nicht in seiner Themenwahl, sondern nur in der Substanz seiner Antworten liegen kann, denn Kulturphilosophie zu betreiben war zu Beginn des 20. Jahrhunderts eine philosophische Modeströmung. Schweitzer ist offenbar ganz selbstverständlich in den kulturphilosophischen Zeitgeist hineingewachsen, zumal er als Straßburger Student in Wilhelm Windelband einen wichtigen Kulturphilosophen neukantianischer Prägung zum Lehrer hatte und 1899 in Berlin auch Lehrveranstaltungen bei Georg Simmel, einem weiteren Vertreter der Kulturphilosophie, belegte: „Bei Simmel wurde ich aus einem gelegentlichen ein regelmäßiger Hörer des Kollegs." (GW I, 41)

So unzeitgemäß Schweitzer in seinen Antworten sein wollte, so zeitgemäß war er in seiner Themenwahl, und dies war im

Horizont von Jahrhundertwende und Erstem Weltkrieg auch kaum anders zu erwarten.

Noch 1784 hatte Moses Mendelssohn in der *Berlinischen Monatsschrift* festgestellt: „Die Worte Aufklärung, Kultur und Bildung sind in unserer Sprache noch neue Ankömmlinge. Sie gehören vor der Hand bloß zur Büchersprache. Der gemeine Haufe verstehet sie kaum." (Mendelssohn 1974, 3)

Das hatte sich bis zum Ende des 19. Jahrhunderts radikal geändert: ‚Kultur' wurde zum Modewort, das Kulturleben des Kulturmenschen und die Kulturmission der Kulturvölker avancierten zu Lieblingsthemen, und als 1910 der erste Band der Zeitschrift *Logos* mit dem Untertitel *Internationale Zeitschrift für Philosophie der Kultur* erschien, signalisierte dies, daß nunmehr auch die Disziplin der Kulturphilosophie etabliert war (vgl. Perpeet 1982, 254). Zuvor hatte Rudolf Eucken mit seinem Buch *Geschichte und Kritik der Grundbegriffe der Gegenwart* (1878), das in dritter Auflage 1904 unter dem Titel *Geistige Strömungen der Gegenwart* die neuen kulturphilosophischen Bemühungen begrüßte, maßgeblich zum Höhenflug der Kulturphilosophie beigetragen. Bedeutende Köpfe wie Ernst Cassirer, Jonas Cohn, Ortega y Gasset, Eduard Grisebach, Theodor Litt, der schon genannte Georg Simmel und viele andere mehr gerieten in den Bann kulturphilosophischer Fragestellungen, und der für Schweitzer als Antipode wichtige Oswald Spengler brachte es in diesem Zeichen 1918 zu seinem Bestseller *Der Untergang des Abendlandes*, einem Buch, dessen Erfolg – so Ernst Cassirer – „eher im Titel als in seinem Inhalt zu suchen" ist: „Um diese Zeit hatten viele, hatten die meisten unter uns erkannt, daß etwas faul war im Staate unserer hochgepriesenen westlichen Zivilisation. Spenglers Buch drückte dieses allgemeine Unbehagen aus." (Cassirer 1985, 378)

1. Frühe Prognose: Auf dem Weg zur Inhumanität

Das allgemeine Unbehagen, das auch Schweitzer seit 1900 belastet hatte, steigerte sich vor dem Hintergrund des Ersten

Weltkriegs, doch als Spengler es auf die Formel vom ‚Untergang des Abendlandes' brachte, wollte er dieser Losung ebensowenig folgen wie Cassirer. Seine Kulturphilosophie I und II verstand er als Gegenentwurf zur fatalistischen Geschichtsdeutung, und so sprach er denn 1934 im Rückblick auf die zwanziger Jahre von Spenglers „schwermütiger Romanze" und notierte: „Über Spengler: Er schlägt den Takt zu dem Weltgeschehen wie ein Kind zur vorbeiziehenden Militärmusik. Er fungiert als gut bezahltes Klageweib bei der Totenfeier unserer Kultur." (KPh III, 2. Teil, 223)

Begleitmusik zur Weltgeschichte wollte Schweitzer unter keinen Umständen schreiben, und der Militärmusik vermochte er ohnehin nichts abzugewinnen: „Ethik des Einzelnen ist Streichquartett; Ethik der Gesellschaft ist Militärmusik." (ebd. 337)

Damit umreißt der Kulturkritiker Schweitzer seine Ausgangsposition unmißverständlich: Fatalistische Kommentare zum Weltgeschehen widersprachen seiner Überzeugung von der Aufgabe denkender Gestaltung der Wirklichkeit, und gleichförmig gelenkten Massenbewegungen stand er lebenslang ablehnend gegenüber. Vielleicht bewahrte ihn die französische Dimension seiner Bildung davor, den ‚Park' der Vernunft in der ‚Wildnis' des deutschen Unbehagens während der wirren zwanziger Jahre aus den Augen zu verlieren.

Wie uns die einschlägige Literatur darlegt (z.B. Lieber 1974, Kiesel 1989), war die Zeit nach dem Ersten Weltkrieg eine Phase des Umbruchs und der Unsicherheit, der Widersprüche und Ambivalenzgefühle, in der viele Kulturkritiker dazu neigten, Leitorientierungen wie Vernunft, Fortschritt und Humanität als trügerisch zu verabschieden, weil man mit ihnen in den fürchterlichen Krieg hineingeraten sei. Das Erbe der Aufklärung stand also zur Diskussion, war fragwürdig, ja anrüchig geworden und sollte im Zeichen Nietzsches und Spenglers dem ‚Leben' weichen, das – wie man meinte – von der ‚kalten' Verstandeskultur aufklärerischer Herkunft versachlicht und destruiert worden war. Dazu Helmuth Kiesel: „Auf allen möglichen Wegen wurde versucht, die dem Leben feindliche Ratio, den Geist, im Interesse des Lebens zu hintergehen und zu übertrumpfen." (Kiesel 1989, 508)

Im Namen einer so verstandenen Lebensphilosophie flüchtete man sich in die Innerlichkeit als Ort der Freiheit und Humanität (vgl. Lieber 1974, 117) oder beschwor gar die Seelentiefe des deutschen Wesens im Kontrast zur vermeintlichen Oberflächlichkeit der westlichen Zivilisation (vgl. Kiesel 1989, 498). Nicht nur Denker wie Oswald Spengler, Ludwig Klages, Theodor Lessing, Hans Freyer oder Hugo Dingler, sondern auch Dichter und Schriftsteller wie Thomas Mann, Alfred Döblin, Gottfried Benn, Hermann Broch oder Ernst Jünger trugen in jeweils verschiedener Weise zur Absage an die Ideale der Aufklärung bei. Die Vernunft – so schien es – hatte in die pure Zweckrationalität von Wissenschaft, Technik und Arbeitswelt, ja bis hin zur rationalen Kriegsführung geführt und mußte daher durch außerrationale Orientierungen ersetzt werden.

Schweitzer gehörte zu den wenigen, die es wagten, an den Zielen der Aufklärung festzuhalten, und man muß seine Kulturkritik vor dem oben skizzierten Hintergrund sehen, um zu begreifen, wie eigenständig und produktiv er seinen Weg durch die wirre Geisteswelt nach dem Ersten Weltkrieg gegangen ist. Vor allem aber wird eines schon jetzt klar: Seine Ethik der Ehrfurcht vor dem Leben hat mit der Lebensphilosophie zwar den Leitbegriff gemein, keineswegs aber die Absage an die Rationalität. Ganz im Gegenteil: Schweitzer bekennt immer von neuem seine Bindung an den Rationalismus des 17. Jahrhunderts und insbesondere an die in diesem verwurzelte Epoche der Aufklärung von 1740 bis 1790, und beides verbindet sich für ihn mit der Humanitätsphilosophie der deutschen Klassik. So bescheinigt er dem 18. Jahrhundert zwar eine „rührselige Moral", aber eine mit lebensprägender Kraft: „Die Größe jener Philosophie ist, daß sie Schwielen an den Händen hat." (GW 2, 220)

Dies entspricht einer Deutung der Aufklärung, wie sie Ernst Cassirer später in seinem Buch *Die Philosophie der Aufklärung* (1932) vornehmen sollte, welches Schweitzer mit großer Zustimmung gelesen hat. 1945 brachte Cassirer dann seine Charakteristik auf folgende kurze Formulierung: „Vielleicht niemals hat eine vollständigere Harmonie zwischen Theorie und Praxis, zwischen Denken und Leben bestanden als im achtzehnten Jahrhundert. Alle Gedanken wurden sofort umgesetzt; alle Handlungen wurden allgemeinen Prinzipien unterworfen und nach theoretischen Maßstäben beurteilt. Es war dieser Zug, der der Kultur des achtzehnten Jahrhunderts ihre Stärke und innere Einheit gab." (Cassirer 1985, 234f.)

Von diesem Modell läßt Schweitzer sich leiten, als er seine Kulturkritik abfaßt, und die Defizite des frühen 20. Jahrhunderts erscheinen ihm nicht als eine ferne Folge der Aufklärung, sondern als der Preis für die Abkehr von den Idealen der Vernunft, Mündigkeit, Toleranz, Humanität, kurzum: des ethosgeleiteten Fortschritts. Einen ersten Rückschlag stellt für ihn schon die Französische Revolution dar, die wie „Schnee" auf „blühende Bäume fällt" (GW 2, 222), doch die eigentliche „Selbstvernichtung der Kultur" sieht er um 1850 beginnen, weil da die „ethischen Vernunftideale" durch Wirklichkeitssinn und Interesseideale verdrängt worden seien (ebd. 24). Schweitzers ganze Hoffnung ruht also auf dem Versuch, an die Ideale der Aufklärung wieder anzuknüpfen, anstatt sie dem Verdacht einer lebensschädlichen Fehlleitung der europäischen Kultur auszusetzen.

Die allgemein mit Unbehagen konstatierte Kulturkrise erweist sich für ihn also ihrem Wesen nach als eine geistige Krise, deren äußere Folgen dann politischer Natur sind wie der Erste Weltkrieg. Deswegen baut er zuversichtlich auf das Denken der vielen Einzelnen als Quelle für eine Regeneration von Kultur und Gesellschaft:

„Unöffentlich muß eine neue öffentliche Meinung entstehen." (ebd. 72) Und: „Nur was, aus dem Denken geboren, sich an das Denken wendet, kann eine geistige Macht für die ganze Menschheit werden. Nur was in dem Denken der vielen wiedergedacht und dabei als Wahrheit erfaßt wird, besitzt natürlich mitteilbare und dauernde Überzeugungskraft." (ebd. 80)

Dies ist eine unbestreitbar aufklärerische Programmatik, deutlich abgehoben von kulturpessimistisch-fatalistischen Entwürfen oder vernunftskeptisch-lebensphilosophischen Beschwörungen von Gefühl und Seelentiefe. Aus diesem Horizont deckt Schweitzer nun die Defekte seiner Zeit auf und unterscheidet sich in den Einzelaspekten seiner Diagnose kaum von dem, was nach dem Ersten Weltkrieg gemeinhin üblich war. Wie nicht anders zu erwarten, setzt er den Akzent nicht auf die historisch-gesellschaftliche Analyse, sondern auf die Lebenssituation der vom Niedergang der Kultur betroffenen Individuen. Zwar nennt er die „Überorganisation der öffentlichen Verhältnisse" als Kulturhemmnis (ebd. 39), geht auf Arbeit und Arbeitslosigkeit, vor allem auf die geistige Deformierung des Großstadtmenschen ein und bezeichnet die „Realpolitik" als „Irrealpolitik, weil sie durch die beigemengte Volksleidenschaft die einfachsten Fragen unlösbar" macht (ebd. 57), doch zu differenzierender Analyse kommt es hier nicht.

Wichtiger erscheint Schweitzer da die geistig-seelische Verfassung der Individuen: „So ziehen wir als heimatlose, trunkene Söldner im zunehmenden Dunkel der Weltanschauungslosigkeit dahin und lassen uns ebensogut für das Gemeine wie für das Hohe anwerben." (ebd. 87)

Hier steckt das für ihn zentrale Problem: Der Mensch des beginnenden 20. Jahrhunderts hat auf die elementare Frage, was er mit seinem Leben in der Welt beginnen solle, keine Antwort mehr; er taumelt desorientiert in der Weltanschauungslosigkeit herum, ist „wie ein Ball, der seine Elastizität verloren hat und jeden empfangenen Eindruck dauernd behält." (ebd. 41)

Diese Kerndiagnose wird durch vielerlei Unteraspekte verdeutlicht wie „Ehrfurcht vor den Meinungen der Kollektivitäten" (ebd.), „Überbeschäftigung" und geistige Verkümmerung (ebd. 34), „Begeisterungsfähigkeit für das Sinnlose" (ebd. 51), „entgeistigter Wirklichkeitsoptimismus" (ebd. 60) und dergleichen mehr. All dies mündet schließlich in eine gravierende sittliche Schwäche, die Schweitzer hellsichtig vorhersagen läßt:

„Die Affinität zum Nebenmenschen geht uns verloren. Damit sind wir auf dem Wege zur Inhumanität. Wo das Bewußtsein schwindet, daß jeder Mensch uns als Mensch etwas angeht, kommen Kultur und Ethik ins Wanken. Das Fortschreiten zur entwickelten Inhumanität ist dann nur noch eine Frage der Zeit." (ebd. 38)

Diese scharfsichtige Prognose von 1923 verdankt er seinem durch und durch ethisch imprägnierten Kulturbegriff. Vom Humanitätsethos des 18. Jahrhunderts geleitet, war er niemals imstande, Kultur zunächst einmal nur zu beschreiben, sondern mußte stets und sofort alle Kultur an den humanen Maßstäben der Aufklärung messen. Darin liegt unzweifelhaft seine Schwäche im Umgang mit fremden Kulturen, z.B. in Afrika, doch zugleich verleiht ihm seine ethische Perspektive die Immunität gegen die gefährlichen Versuchungen des deutschen Geisteslebens nach dem Ersten Weltkrieg.

Während eine so bedeutende Gestalt wie Thomas Mann – 1875 geboren wie Schweitzer – in seinen heißumstrittenen *Betrachtungen eines Unpolitischen* (1918) der Antithese zwischen Geist, Seele, Kultur, Deutschtum einerseits und westlicher Zivilisation, Kulturfeindschaft, Geschäft, Gesellschaft andererseits verfällt, betont Schweitzer:

„Die Versuche, zwischen Kultur und Zivilisation zu unterscheiden, laufen darauf hinaus, dem Begriff der nichtethischen Kultur neben dem der ethischen Geltung zu verschaffen und ihn mit einem historischen Worte zu decken. Aber nichts in der Geschichte des Wortes ‚Zivilisation' berechtigt zu diesem Unternehmen. Es bedeutet, seinem herkömmlichen Gebrauche nach, dasselbe wie ‚Kultur', nämlich Entwicklung der Menschen zu höherer Organisation und höherer Gesittung. In manchen Sprachen ist der eine, in anderen der andere Ausdruck bevorzugt. Der Deutsche spricht gewöhnlich von Kultur, der Franzose von Zivilisation. Aber die Aufstellung eines Unterschiedes der Bedeutung zwischen beiden ist weder sprachlich noch historisch gerechtfertigt. Man rede von ethischer und nichtethischer Kultur oder von ethischer und nichtethischer Zivilisation, aber nicht von Kultur und Zivilisation." (ebd. 47f.)

Obschon Schweitzer wie Thomas Mann in der gesellschaftlichen Überorganisation den kulturhemmenden Faktor par excellence sieht und keineswegs ein Verfechter der Demokratie ist, sondern nostalgisch an der aufgeklärten Monarchie hängt, setzt er bei der Frage nach Kultur und Zivilisation doch völlig entgegengesetzte Akzente. Bei gleicher Diagnose kann es eben – so Helmuth Kiesel – zu sehr verschiedenen Reaktionen kommen: „Regression bzw. Erneuerung des Geistes nach rückwärts durch die Verbindlichmachung vorrationaler Gegebenheiten wie Natur, Blut, Boden, Volkstum, Ganzheit usw.; oder Bemühen um eine Überwindung der diagnostizierten Negativitäten im Geist der Aufklärung bzw. des Rationalismus und einer größeren Menschenwürde zugleich. Dies muß der Parameter sein für die Bestimmung dessen, was uns welche Wahrheiten auch immer samt ihren Urhebern wert sein dürfen." (Kiesel 1989, 518)

In diesem Bezugsrahmen muß die Schweitzersche Kulturkritik hoch veranschlagt werden, denn sie soll das „verhängnisvolle Intermezzo", das zwischen dem 18. Jahrhundert und der Gegenwart liegt, beenden und der Erneuerung „des voraussetzungslosen Vernunftdenkens" dienen (GW 2, 109f.), soll die Philosophie wieder zur „Anführerin der öffentlichen Meinung" machen (ebd. 25) und so „den öffentlichen Beruf der Philosophie" zurückgewinnen (ebd. 28). Auch wenn Schweitzer im Rahmen seiner Philosophie dann dem Irrationalen durchaus Rechnung trägt, so bleibt selbige in Fundament und Verfahren uneingeschränkt rational und versagt sich jedem Rückwärts zur ‚Verbindlichmachung vorrationaler Gegebenheiten'.

Aus diesem Grund fällt auch Schweitzers Absage an den Nationalismus radikal aus. Er bezweifelt nicht, daß die nationale Idee in Fichtes *Reden an die deutsche Nation* (1807/08) unter der „Vormundschaft der Vernunft, der Sittlichkeit und der Kultur" gestanden habe (ebd. 55), doch inzwischen habe sie diese Vormundschaft längst abgeschüttelt und lebe nun weiter als „der unedle und ins Sinnlose gesteigerte Patriotismus, der sich zum edlen und gesunden wie die Wahnidee zur normalen Überzeugung" verhalte (ebd. 54). Gar eine Nationalkultur zu proklamieren, erscheint ihm als das Ende jedweder Kultur: „Zuletzt genügte es dem Nationalismus nicht, in seiner Politik jede Absicht auf das Zustandekommen einer Kulturmenschheit beiseite zu setzen. Er zerstörte noch die Vorstellung der Kultur selber, indem er die nationale Kultur proklamierte." (ebd. 57f.)

Angesichts der Tatsache, daß das Ehepaar Schweitzer gleich nach Ausbruch des Ersten Weltkriegs auf Grund seiner deutschen Staatsangehörigkeit in Französisch-Kongo den Gefangenenstatus hinnehmen mußte, später nach Frankreich deportiert und hier von September 1917 bis Juli 1918 interniert wurde, muß diese Absage an jederlei Nationalismus auch biographisch als bemerkenswerte Haltung gewertet werden. Die Bindung an das Humanitätsideal des 18. Jahrhunderts war eben unerschütterlich. Umso bitterer stimmte es Schweitzer, daß er mit seiner Prognose von der heraufziehenden Inhumanität in den 30er und 40er Jahren recht behalten sollte. Dementsprechend verschärfte sich seine Kulturkritik, wie noch zu zeigen sein wird. Zuvor soll aber von einer für Schweitzer philosophisch wichtigen und persönlich ermutigenden Begegnung die Rede sein.

2. Späte Begegnung: Albert Schweitzer und Ernst Cassirer

Schweitzers Europa-Reisen – eigentlich zur Erholung vom äquatorialen Klima unternommen – gerieten stets zu einer äußerst anstrengenden Hast von Termin zu Termin. Mit Orgelkonzerten galt es Geld für das Lambarene-Spital einzuspielen und in Vorträgen dem europäischen Publikum das eigene Denken nahezubringen. So war es auch zu Beginn der 30er Jahre. Im Januar 1932 kehrte Schweitzer von seinem dritten Lambarene-Aufenthalt zurück, erfüllte vielerlei Verpflichtungen und besuchte im Juni England, um in London Orgelkonzerte zu geben und in Oxford den Ehrendoktortitel der theologischen Fakultät entgegenzunehmen. Im März 1933 brach er dann zum vierten Mal nach Afrika auf, diesmal allerdings nur für wenige Monate, denn im Januar 1934 verließ er Lambarene bereits wieder, um neben vielen anderen europäischen Verpflichtungen erneut Vorträge in Großbritannien zu halten.

Zunächst stand ein vierteiliger Vortragszyklus zum Thema *The Religious Factor in Modern Civilization* auf dem Programm, den Schweitzer am 16., 18., 23. und 25. Oktober 1934 an der Universität Oxford (Hibbert-Lectures) und am jeweils darauffolgenden Tag an der Londoner Universität darbot. Anschließend folgten die Gifford-Lectures an der Universität Edinburgh. Jedesmal fand Schweitzer großen Zulauf und ein nachhaltiges Echo, auch in der Presse, die ihn – so beispielhaft der *News Chronicle* vom 28. November 1934 – als *An Amazing Man and his Message* präsentierte. Dabei ist zu bedenken, daß Schweitzer in deutscher Sprache vortrug und von der Engländerin C. E. B. Russell, einer Lambarene-Mitarbeiterin, ins Englische übersetzt wurde. Trotz dieses Umstands scheint die Wirkung auf das Auditorium intensiv gewesen zu sein, vielleicht auch deshalb, weil Schweitzer gewohnheitsgemäß die spontane Rede anhand von Notizen einem ausformulierten Manuskript vorzog. George Seaver bemerkt dazu: „Obwohl Schweitzer vor einem Vortrag viele Stunden darauf verwendet, seine Gedanken zu ordnen und sogar zu Papier zu bringen, so trägt er sie doch ganz frei ohne Aufzeichnungen vor und niemals genau in der vorbereiteten Form. Wenn seine Zuhörer sich über diese erstaunliche Gedächtnisleistung wundern, so erinnert er sie scherzhaft daran, daß er ein gutes Vorbild an Cicero habe, dessen Reden erst aufgeschrieben wurden, nachdem er sie gehalten hatte." (Seaver 1949, 166f.)

Letzteres gilt mit Einschränkung auch für die Vorträge von 1934: Die Oxforder Hibbert-Lectures wie auch die Edinburgher Gifford-Lectures werden bei G. Seaver wiedergegeben, die ersteren nach einer stenographischen Mitschrift in ‚*The Christian Century*' (21. und 28. Nov. 1934), die zweiten in einer knappen Zusammenfassung des Inhalts (Seaver 1949, 381f. und 167f.). Allerdings unterläuft Seaver dabei der Fehler, die Oxforder mit den Edinburgher Vorträgen zu verwechseln. Immerhin wurden so einige Hauptthesen Schweitzers publiziert, doch eine von ihm selbst redigierte Druckfassung der beiden Vortragsreihen liegt bis heute nicht vor. Beide Manuskripte sind im Nachlaß noch vorhanden.

In diesem Umfeld von strenger Terminfolge und beeindruckender Publikumsresonanz kommt es am 18. Oktober 1934 zur ersten und einzigen Begegnung Schweitzers mit einem Philosophen, der in der Fachwelt einen erheblich höheren Rang einnahm als er selbst: Ernst Cassirer (siehe hierzu: Günzler 1995).

Dieser, seit 1919 Professor an der Universität Hamburg und 1929/30 auch deren Rektor, hatte als Jude im Mai 1933 Deutschland verlassen und war mit seiner Frau Toni über Wien im September 1933 in Oxford eingetroffen, wo er eine Gastprofessur antrat. Schweitzers ersten Vortrag am 16. Oktober 1934 konnte Cassirer nicht besuchen, weil er selbst in London zu sprechen hatte, doch seine Frau Toni ging hin und schildert ihren Eindruck so: „Seit über dreißig Jahren mit einem Philosophen verheiratet, hatte ich es nie vermocht, mir die philosophische Sprache anzueignen – ja, mehr als das, ich führte eigentlich einen innerlichen Kampf gegen sie. Nun stand mit einem Male ein Mann vor mir, an dessen Qualität ich nicht zweifeln konnte, und er verwendete diese Sprache überhaupt nicht. Was er sagte, schien auch so verblüffend einfach, daß ich meinen Ohren kaum traute." (T. Cassirer 1981, 236)

Schweitzer hätte in einer solchen Aussage wohl erfreut eine Erfolgsbestätigung für sein Bemühen um das elementare Denken gesehen, doch läßt die Tatsache, daß ein Philosoph auf eine nichtphilosophische Zuhörerin „verblüffend einfach" wirkt, auch weniger günstige Schlußfolgerungen zu. Profitierte er vielleicht mehr von der gewinnenden Aura des Urwaldarztes als von der philosophischen Qualität seines Vortrags? Vermutungen dieser Art hat es in der Fachwelt immer wieder gegeben, doch Ernst Cassirer hat solchen Vorbehalten mit seiner ungeschmälerten Anerkennung der philosophischen Leistung Schweitzers wohl ein für allemal den Boden entzogen.

Er besuchte Schweitzers zweiten Vortrag am 18. Oktober 1934, und im Anschluß daran kam es zu einem kurzen Gespräch zwischen dem Ehepaar Cassirer und Albert Schweitzer, wobei dieser sich als ein Kenner der Schriften Cassirers erwies, vor allem als ein begeisterter Leser der *Philosophie der Aufklärung* (1932). Toni Cassirer resümiert:

„Etwas über eine halbe Stunde war vergangen, seitdem wir Schweitzer das erste persönliche Wort hatten sprechen hören. Wir gingen Arm in Arm nach Hause, wie zwei glückliche Kinder, denen man ganz unerwartet ein schönes Geschenk in den Schoß gelegt hatte. Zwei Wanderer, die fast gleichzeitig aufgebrochen waren und demselben Ziele zustrebten, hatten sich an einem Knotenpunkt getroffen. Ihre Herkunft war so verschieden wie ihr Äußeres; die Gebiete, auf denen sie gearbeitet hatten, berührten sich nur teilweise. Aber das Ziel, das sie zu erreichen suchten, und dem sie ihr ganzes Leben gewidmet hatten, war das gleiche. Später hat Ernst sich ausführlich mit Schweitzers Schriften beschäftigt und immer und immer wieder Freunde und Schüler auf sie hingewiesen." (T. Cassirer 1981, 239)

Bei aller Vorsicht gegenüber der subjektiven Komponente von Memoiren erscheint diese Schilderung Toni Cassirers zutreffend, denn seit der Oxforder Begegnung hat Ernst Cassirer in wichtigem Zusammenhang mehrfach auf Schweitzer Bezug genommen. Dies ist umso bemerkenswerter, als sich hier ja zwei Denker mit langer Lebenserfahrung persönlich kennenlernten: Ernst Cassirer war am 28. Juli 1934 60 Jahre alt geworden, und Albert Schweitzer hatte seinen 60. Geburtstag am 14. Januar 1935 kurz vor sich. Es war also eine späte Begegnung, aber eben eine im Zeichen tiefer Geistesverwandtschaft, und dies erbrachte offensichtlich bei beiden großen Gewinn.

Deutlich tritt die neue Verbundenheit zutage, als Cassirer ein Jahr später seine Antrittsvorlesung an der Universität Göteborg zu halten hat. Sein maschinenschriftliches Manuskript zu dieser Vorlesung im Oktober 1935 befindet sich als Durchschlag im Schweitzer-Zentralarchiv in Gunsbach; er hat es am 30. Januar 1936 an Schweitzer abgeschickt und folgenden Brief beigefügt (einsehbar im Zentralarchiv):

„Sehr verehrter, lieber Herr Schweitzer!
Seit Ende August sind wir in Göteborg. Wir sind hier mit größter Freundschaft aufgenommen worden und hatten das Glück, eine herrliche Wohnung zu finden und unseren Hausstand mit der ganzen Bibliothek hierher zu bekommen. Nun bin ich seit vielen Wochen tief in der Arbeit, die mir nach der langen Phase in England große Freude macht. Ich hoffe Ihnen bald etwas Neues schicken zu können. -- Unterdessen erlaube ich mir, Ihnen im Manuskript die Ansprache zugehen zu lassen, die ich anläßlich meiner Einführung in die Hochschule gehalten habe. Ich hoffe, daß Sie daraus ersehen werden, wie sehr ich mit Ihnen in den grundlegenden philosophischen und ethischen Fragen übereinstimme.

Da ich nicht weiß, wo Sie sich im Augenblick aufhalten, lasse ich den Brief nach Lambarene gehen. Es wäre mir eine große Freude zu erfahren, wie es Ihnen geht und ob vielleicht die Aussicht auf ein Wiedersehen in absehbarer Zeit besteht. Wir werden von Mitte Mai an ungefähr 4 Wochen in England sein.
Mit den besten Grüßen
Ihr Ernst Cassirer"

Mit seinem kräftigen Farbstift hat Schweitzer drei Stellen in diesem Brief unterstrichen, darunter die Betonung der Übereinstimmung in den grundlegenden philosophischen und ethischen Fragen. Das beigefügte Manuskript von Cassirers Göteborger Antrittsvorlesung bestätigt nachdrücklich, daß es sich hier nicht um eine unverbindliche Geste, sondern um eine echte Kongruenz im grundsätzlichen Verständnis von Philosophie handelt. Von einem der Großen der Fachzunft wurde Schweitzer damit tiefe Genugtuung zuteil, seine Verbindung von Kulturkritik und Ethik fand Anerkennung als ein maßgeblicher Beitrag zur Gegenwartsphilosophie.

Unter dem Thema *Vom Begriff, vom Wesen und von der Aufgabe der Philosophie* fragt Cassirer nach Ziel und Sinn der geistigen Kultur und der Rolle der Philosophie in ihr. Dabei greift er auf Kants Unterscheidung zwischen dem ‚Schulbegriff' und dem ‚Weltbegriff' der Philosophie zurück, wie dieser sie am Ende der *Kritik der reinen Vernunft* im Kapitel über ‚Die Architektonik der reinen Vernunft' entwickelt hatte. Als Schulbegriff ist die Philosophie der methodischen Strenge und systematischen Einheit verpflichtet, also eine Sache der Fachzunft und der Fachsprache, als Weltbegriff dagegen befaßt sie sich mit dem, was jedermann notwendig interessiert, und zielt somit auf Wirkung im öffentlichen Leben über alle Fachgrenzen hinaus. Angesichts dieser Doppelaufgabe kritisiert Cassirer nun deutlich, daß in den letzten Jahrzehnten der Weltbegriff zugunsten des Schulbegriffs vernachlässigt worden sei, und verweist auf Albert Schweitzer als denjenigen, der diese Frage wieder aufgeworfen habe: „Einer der wahrhaften Kulturphilosophen unserer Zeit, ein Mann, der gleich verehrungswürdig ist als Mensch wie als Denker, Albert Schweitzer, hat an unsere gesamte gegenwärtige Kultur wieder einmal diese Grundfrage, diese eigentliche Gewissensfrage gestellt, und er hat sie klar und unerschrocken beantwortet. Schweitzer erkennt in unserer Kultur schwere geistige und ethische Schäden, und er wirft der zeitgenössischen Philosophie vor, daß sie diese Schäden nicht früh genug gesehen und daher nicht rechtzeitig vor ihnen gewarnt hat." (Cassirer 1935, 12)

Diese Kritik akzeptiert Cassirer auch für sich selbst und bekennt:

„Ich glaube, daß wir alle, die wir in den letzten Jahrzehnten im Gebiet der theoretischen Philosophie gearbeitet haben, in einem gewissen Sinne diesen Vorwurf Schweitzers verdienen – ich nehme mich selbst nicht aus und ich spreche mich selbst nicht frei. Um den Schulbegriff der Philosophie bemüht, in seine Schwierigkeiten versenkt, in seiner subtilen Problematik wie gefangen haben wir nicht selten ihren wahren Weltbegriff allzusehr aus den Augen verloren. Aber heute können wir vor der drohenden Gefahr nicht länger die Augen verschließen. Heute mahnt uns die Not der Zeit, stärker und gebieterischer als jemals, daß es sich auch für die Philosophie wieder um ihre letzten und höchsten Entscheidungen handelt. Gibt es überhaupt so etwas wie eine objektive theoretische Wahrheit, und gibt es so etwas wie das, was frühere Generationen unter dem

Ideal der Sittlichkeit, der Humanität verstanden haben – gibt es allgemeinverbindliche, überindividuelle, überstaatliche, übernationale ethische Forderungen? In einer Zeit, in der solche Fragen gestellt werden, kann die Philosophie nicht stumm und tatenlos beiseite stehen. Wenn jemals, so gilt es jetzt für sie, sich wieder auf sich selbst zu besinnen: auf das, was sie ist und was sie war, auf ihre systematische Grundabsicht und auf ihre geistig-geschichtliche Vergangenheit. Es ist nicht das erste Mal, daß man der Philosophie jeden Anspruch, in das reale Geschehen einzugreifen, bestritten hat – daß man ihre Forderungen und Ideale als leere Träume und Utopien verlacht hat. Aber ihre innere Kraft, ihre ideelle Leistung ist durch solchen Spott und durch solche Skepsis nicht gemindert oder geschwächt worden. Und nur indem sie diese ideelle Leistung klar und sicher und rein erhält, kann sie hoffen, mittels ihrer auch wieder auf das äußere Dasein und Geschehen zu wirken." (Cassirer 1935, 13 f.)

Dieser Aussage eines der führenden Philosophen des 20. Jahrhunderts läßt sich philosophiegeschichtliches Gewicht nicht absprechen: Schweitzer wird hier als Vorreiter und Anreger einer Wende vom Schulbegriff zum Weltbegriff der Philosophie gewürdigt, als ein früher Kronzeuge, den die Fachzunft leider nicht gehört hat. Die Aufgabe der Philosophie, „auf das äußere Dasein und Geschehen zu wirken", ist nicht wahrgenommen worden, nun zwingt „die Not der Zeit" zur Rückbesinnung, doch Cassirer – auf der Flucht vor dem Nationalsozialismus zuerst in Oxford, jetzt in Göteborg und ab 1941 in den USA – scheint zu ahnen, daß es für eine Korrektur der Fehlentwicklung zu spät ist. Sicherlich war es zuerst sein eigenes Lebensschicksal, das ihn eine neue Standortbestimmung vornehmen ließ, doch daneben hat offenbar auch die Oxforder Begegnung mit Schweitzer sowie die nachfolgende Schweitzer-Lektüre erheblich zu seiner Rückbesinnung auf den Weltbegriff der Philosophie beigetragen (vgl. Krois 1987, 170/71). Seine in den USA verfaßten Bücher *An Essay on Man* (1944) und *The Myth of the State* (1946) wenden sich in klarer Sprache mit einem Minimum an Fachterminologie an ein breiteres Publikum. Cassirer ist also seinem Ziel, in das „reale Geschehen einzugreifen", über Göteborg hinaus treu geblieben, und so war denn die Hochschätzung für Schweitzer keineswegs nur der momentane Widerhall einer persönlich ermutigenden Begegnung.

Darüber hinaus hat er auch in späteren Jahren das Schweitzersche Denken wiederholt gewürdigt, so 1944 in seinem Vortrag *Philosophy and Politics* (Cassirer 1979, 219f.) und 1945 in dem Beitrag *Albert Schweitzer as Critic of Nineteenth-Century-Ethics*, der posthum in *The Albert Schweitzer Jubilee Book* (1946), der Festschrift zu Schweitzers 70. Geburtstag erschien. Und wie der Herausgeber dieser Festschrift, A. A. Robak, berichtet (Bähr 1962, 419), hat Schweitzer sich seinerseits sehr darüber gefreut, von einem so renommierten Philosophen wie Ernst Cassirer anerkannt zu werden. Dies alles spricht dafür, daß Toni Cassirer zutreffend urteilt, wenn sie die Oxforder Begegnung zwischen ihrem Mann und Albert Schweitzer mit dem Bild zweier Wanderer einfängt, die sich auf dem Weg zum gleichen Ziel an einem Knotenpunkt ihres Lebens getroffen haben.

Philosophisch erscheint das spontane Einverständnis zwischen Cassirer und Schweitzer nicht einmal verwunderlich: Beide waren schon als Studenten in die Kulturphilosophie hineingewachsen, beide hatten – obschon nicht parallel – in Berlin studiert, und beide waren – was wohl am wichtigsten ist – vom Geist der Aufklärung fasziniert. Schweitzer hatte 1923 seine Kulturkritik publiziert, Cassirer im gleichen Jahr den ersten Band seiner *Philosophie der symbolischen Formen*, und so unvergleichbar diese Werke auch sein mögen, so verdanken sie doch elementare Impulse der Philosophie des 18. Jahrhunderts. Daher überrascht es nicht, daß Cassirer wie Schweitzer es ablehnten, bei der Totenfeier der Kultur à la Spengler mitzuwirken und den Vernunftbegriff der Aufklärung zu verabschieden. Sie bauten ganz im Gegenteil auf die Überzeugung, daß eine innere Einheit von Denken und Leben auch künftig möglich sein werde und die Kultur für die Philosophie als Weltbegriff weiterhin ein unentrinnbares Arbeitsfeld darstelle.

Schweitzers Modell einer Philosophie mit „Schwielen an den Händen" (GW 2, 220) galt spätestens seit Göteborg auch für Cassirer.

Inmitten der unsicher-ambivalenten zwanziger Jahre gehörten Cassirer und Schweitzer zur kleinen Schar der Köpfe, die weder dem Sog pessimistisch-fatalistischer Entwürfe noch der Abdankung des Geistes vor dem Irrationalen verfielen, sondern beharrlich am Erbe von Aufklärung und Humanitätsphilosophie festhielten. Daß dieser gemeinsame Hintergrund bei der einzigen Begegnung in Oxford unmittelbar das Bewußtsein der Geistesverwandtschaft, ja Freundschaft aufkommen ließ, erscheint – zumal unter den desolaten politischen Rahmenbedingungen – nicht überraschend, doch es bleibt ein bemerkenswertes Ereignis der europäischen Geistesgeschichte, das hier etwas ausführlicher dargestellt werden sollte.

3. Bittere Bestätigung: Der Siegeszug des ‚Neoprimitivismus'

Der Begegnung mit Ernst Cassirer folgten Schweitzers fünfter und sechster Aufenthalt in Afrika. Im August 1939 kehrte er von letzterem nach Europa zurück, brach aber angesichts der drohenden Kriegsgefahr schon nach zwölf Tagen wieder nach Lambarene auf, um dort bis Herbst 1948 zu bleiben. Den Zweiten Weltkrieg verfolgte Schweitzer also von Afrika aus und erlebte dessen Fernwirkung auch vor den Toren seines Spitals, denn die Truppen de Gaulles lieferten sich 1940 mit denen der Vichy-Regierung eine Schlacht um das Provinzhauptstädtchen Lambarene.

Schweitzer verarbeitete all dies in der Fortführung seiner Kulturphilosophie, vor allem in der Kulturkritik, die sich deutlich verschärfte. Es ist insbesondere der Begriff des ‚Neoprimitivismus', der nunmehr neu zur bisherigen Kulturkritik hinzutritt, die Krise des 20. Jahrhunderts brennpunktartig einfangen soll und nicht zuletzt den Abschluß der Auseinandersetzung mit Nietzsche bildet. In einem Text von 1944 beschreibt Schweitzer den Neoprimitiven als einen neuen Menschentyp, der mit seiner „Entschlossenheitsmaske" als leibhaftige Manifestation der allgemeinen Kulturkrise erscheint: „Bezeichnend für den Neo-Primitiven ist, daß er seine Naturhaftigkeit in der Haltung und im Blick bekunden will. Seine Gesichtszüge bilden sich zu einer Maske aus, die kalte Entschlossenheit ausdrücken soll. Ein neuer Menschentyp ist im Entstehen begriffen. Beim ursprünglich Primitiven ist nichts dergleichen zu finden. Nur die erstrebte Naturhaftigkeit empfindet das Bedürfnis, auch äußerlich in Erscheinung zu treten." (KPh III, 4. Teil, 138)

Gewollte Naturhaftigkeit äußerlich zu bekunden setzt einen kulturellen Hintergrund voraus, von dem man sich absichtsvoll distanziert. Die aufklärungsfeindlichen Tendenzen der 20er Jahre zeitigen für Schweitzer ihre prognostizierten Früchte im Neoprimitivismus:

„Macht über die Kräfte der Natur ist eine Errungenschaft der zur Ausbildung gekommenen Kultur. Der Kulturmensch, der sie erworben hat, kann sie gebrauchen. Daß aber der Neoprimitive von der Kultur das Geistige verwirft und das durch das Geistige geschaffene Materielle beibehält und also in primitiver Mentalität, als verstünde sich dies von selbst, über die von dem Kulturmenschen erworbene Übermenschen-Macht verfügen will, ist etwas Ungeheuerliches.

Eine Naturhaftigkeit höherer Art schwebt denen, die von dem Geistigen und Ethischen der Kultur loskommen wollen, vor. In Wirklichkeit kann diese neue Naturhaftigkeit höherer Art in nichts anderem bestehen, als daß naturhafte Mentalität in durchaus nicht mehr naturhaften Zuständen sich geltend machen will. Sie ist unvermögend, eine neue Kultur zu schaffen; sie kann sich in der vorhandenen nur als Sprengstoff betätigen und eine Erschütterung derselben bewirken, die in keiner Weise eine Höherentwicklung, sondern nur eine Verelendung des Lebens bedeuten kann. Die Führung in der Kultur soll an einen anderen Geist als den, der sie geschaffen hat, übergehen. Das ist, wie wenn man das Steuer eines Ozeandampfers einem, der einen Einbaum lenkte, anvertrauen wollte, einem, der sei-

nen mit einem kleinen Segel ausgestatteten Einbaum lenkte."
(KPh III, 4. Teil, 136)

Schweitzers Prognose von 1923, daß die Absage an Vernunft und Humanität nicht eine neue Kultur begründen, sondern unvermeidlich in die Inhumanität führen werde, findet in solchen Aussagen aus den 40er Jahren ihre bittere Fortsetzung. Hatte er damals davor gewarnt, die „materiellen Errungenschaften" zu nutzen, ohne „erhöhte Anforderungen an die Stärke der Kulturgesinnung" zu stellen (GW 2, 119), so muß er nunmehr feststellen, daß das materielle Können der humanen Kontrolle endgültig davongelaufen ist. Einbaumsegler steuern einen Ozeandampfer, die ‚Übermenschen-Macht' des technischen Instrumentariums hat die nötige Steigerung der menschlichen Verantwortung nicht initiieren können und so die Katastrophe des Zweiten Weltkriegs heraufbeschworen. In seiner Nobelpreisrede von 1954 greift Schweitzer diesen Gedanken dann erneut auf: „Der Übermensch leidet aber an einer verhängnisvollen geistigen Unvollkommenheit. Er bringt die übermenschliche Vernünftigkeit, die dem Besitz übermenschlicher Macht entsprechen sollte, nicht auf." (Schweitzer 1991, 119) Und an gleicher Stelle heißt es: „Was uns aber eigentlich zu Bewußtsein kommen sollte und schon lange zuvor hätte kommen sollen, ist dies, daß wir als Übermenschen Unmenschen geworden sind." (ebd. 120)

Unter dem unmittelbaren Eindruck des Zweiten Weltkriegs hat Schweitzer also bereits in den 40er und 50er Jahren formuliert, womit Hans Jonas dann 1979 Aufsehen erregte: die Korrelation des Sollens zum Können, der Verantwortung zur Macht. In seinem Buch *Das Prinzip Verantwortung* erläutert Jonas seine These von der „ethischen Neuartigkeit unserer Lage" so: „Primär ist nicht mehr, was der Mensch sein und tun soll (das Gebot des Ideals) und dann entweder kann oder nicht kann, sondern das Primäre ist, was er de facto schon tut, weil er es kann, und die Pflicht folgt aus diesem Tun: sie wird ihm vom kausalen Fatum seiner Taten zugesagt. Kant sagte: Du kannst, denn du sollst. Wir müssen heute sagen: Du sollst, denn du tust, denn du kannst, das heißt dein exorbitantes Können ist schon am Werk." (Jonas 1979, 230f.)

Jonas leitet also aus dem exorbitanten Können des Menschen eine neue Form der Verantwortung ab, eine der Zukunft verpflichtete Selbstkontrolle, die der wissenschaftlich-technischen Potenz gewachsen ist. Schweitzer hatte nichts anderes gemeint, als er im Zeichen des Zweiten Weltkriegs betonte, daß man als Einbaumsegler keinen Ozeandampfer steuern könne und der Übermensch zum Unmenschen werde, wenn er nicht die seiner Macht entsprechende Venünftigkeit aufbringe. Von daher verwundert es, daß Jonas sich selbst die Betonung des Verantwortungsgefühls als Neuentdeckung zuschreibt, dem Begriff der Verantwortung mit innovatorischem Anspruch eine Zentralstellung in der Ethik verleiht und behauptet, daß dieser „keine ausdrückliche Rolle in den überlieferten Moraltheorien" gespielt habe (Jonas 1979, 222). Gemeint ist wohlgemerkt die zukunftsorientierte Treuhänder- und Hegeverantwortung, doch um eben diese ging es Schweitzer auch, nicht zuletzt in seinen Appellen gegen Atomwaffen und atomare Versuchsexplosionen: „Wo es sich um Atomwaffen handelt, kann kein Volk zu seinem Gegner sagen: ‚Nun sollen die Waffen entscheiden‘, sondern nur: ‚Nun wollen wir miteinander Selbstmord begehen, indem wir uns gegenseitig vernichten.‘ Mit Recht hat ein englischer Parlamentarier gesagt, daß, wer Atomwaffen gebrauchet, das Schicksal einer Biene hat, die, wenn sie sticht, ihrerseits unfehlbar daran zugrunde geht, daß sie von ihrem Stachel Gebrauch gemacht hat." (GW 5, 593) Und zu den Versuchsexplosionen heißt es: „Zugleich mit unserer Gesundheit ist auch die unserer Nachkommen durch die in uns von innen her stattfindende radioaktive Strahlung gefährdet." (ebd. 574) Die Perspektive der Zukunftsverantwortung läßt sich also der Schweitzerschen Ethik kaum absprechen, und so muß wohl angenommen werden, daß Hans Jonas bei seinem kritischen Diktum über die bisherigen Moraltheorien die Ethik Schweitzers schlicht übersehen hat.

Gewichtiger als diese überraschende Vernachlässigung Schweitzerscher Vorgaben bei H. Jonas erscheint die Frage, wie Schweitzer seinerseits mit Denkern umgegangen ist, die den Boden seines eigenen Philosophierens vorbereitet haben. Hier spielt die Beziehung zu Friedrich Nietzsche eine dominierende Rolle. Das prägnanteste Fehlurteil hierzu hat sich wohl Ludwig Marcuse geleistet: „Nietzsche ist der größte Pechvogel der Philosophiegeschichte. Er wurde von den Analphabeten nicht nur in ihr Deutsch übersetzt, auch noch in ihre Wirklichkeit. Wie wenige durchschauten das? Albert Schweitzer, den man für einen Denker hielt, las Nietzsche in der Übersetzung Hitlers." (L. Marcuse 1973, 90)

Dies trifft schon deshalb nicht zu, weil Schweitzers Nietzsche-Lektüre in den 90er Jahren des 19. Jahrhunderts einsetzt, also der nationalsozialistischen Verfälschung lange vorausliegt, und außerdem im Zeichen seiner Prägung durch die Aufklärung erfolgt. Deshalb ist Schweitzers Nietzsche-Rezeption von Anfang an philosophischer und nicht politischer Natur, höchst eigenständig, gemischt aus Bewunderung und radikaler Ablehnung und im Verlauf der 30er und 40er Jahre dann zunehmend von dem Versuch geprägt, Nietzsche von den sogenannten Nietzscheanern zu unterscheiden.

Als Schweitzer 1963 im Rückblick *Die Entstehung der Lehre der Ehrfurcht vor dem Leben* skizziert, setzt er bezeichnenderweise mit Friedrich Nietzsche als philosophischem Bezugspunkt ein: „Die Ethik der wahren Kultur aber fordert, wie sie sich Nietzsche vorstellt, nur eine stolze und kühne Bejahung des Lebens. Der ‚Übermensch' hält sich nicht an die ‚Sklavenmoral' der Liebe, sondern an die Herrenmoral des ‚Willens zur Macht'. Diese neue Auffassung von dem Wesen der Kultur und der Ethik, von Nietzsche mit großartigem Pathos vorgetragen, machte auf die Menschen jener Zeit, insbesondere auch auf die Jugendlichen, einen großen Eindruck." (GW 5, 174)

Zur Jugend der Jahrhundertwende gehörte auch der Student Schweitzer, der von Nietzsches Botschaft gleichermaßen fasziniert wie abgestoßen ist und ebendadurch auf die Kernfrage seiner Kulturphilosophie verwiesen wird: „In dieser Situation erlebte ich eine große Enttäuschung. Ich hatte erwartet, daß die Religion und die Philosophie miteinander kraftvoll gegen

Nietzsche auftreten und ihn widerlegen würden. Dies ereignete sich nicht. Wohl sprachen sie sich gegen ihn aus. Aber meinem Empfinden nach vermochten sie es nicht und suchten sie es nicht, die ethische Kultur in so tiefer Weise zu begründen, wie es der Kampf, den Nietzsche gegen sie führte, erforderte." (ebd. 174 f.)

Schweitzers eigene Kulturphilosophie mitsamt der Ethik der Ehrfurcht vor dem Leben soll also leisten, was der zeitgenössischen Theologie und Philosophie nicht gelingt: eine Neubegründung der ethischen Kultur, die die Nietzschesche Kritik überwindet. Wie sehr dies Schweitzer beschäftigte, zeigt ein Brief vom 6. 9. 1903 an seine spätere Frau Helene Bresslau. Darin heißt es:

„Ich lese Nietzsche: *Jenseits von Gut und Böse* – diesen großen, schönen Aufruf zum Leben, Bejahung des Lebens; ich höre wunderbar fremdartige Harmonien, mächtige, stolze, lachende, bezaubernde Klänge, die auch die meinen wären, wenn es meine Pflicht nicht gäbe. Meine Pflicht – warum kann ich sie nicht abschütteln? Doch nach diesen Erschütterungen kehrt wieder Friede ein – nicht jener süßliche, entsagende, jener Friede des Kettenhundes, sondern der stolze Friede der Aktivität. Ich weiß, daß meine Aktivität, so wie ich sie unter Verzicht auf ein natürliches Glück entfalten will, notwendig ist, nicht für mich, aber für unsere Zeit, und daß sie ihren Wert nur durch den Verzicht erhält." (Schweitzer 1992, 42)

Als der 28jährige Schweitzer dies schrieb, stand sein Entschluß, sich nach dem 30. Lebensjahr einem Beruf des menschlichen Dienens zu widmen, schon seit sieben Jahren fest, und ein Jahr später sollte er dann seine Aufgabe im Kongo entdecken. Hier gerät also ein junger Mann durch Nietzsches betörendes Lied der Lebensbejahung in große Unsicherheit, vernimmt das „neue Testament vom Stolz der menschlichen Natur" und bekennt: „Ich lerne das Lachen: Früher konnte ich nicht lachen." (ebd.)

Doch er entdeckt auch Nietzsches Schwäche: „Aber ihm fehlte die Aktivität; deshalb wanderte sein ‚Stolz' im Käfig herum wie ein eingesperrter Löwe, anstatt aus seiner Höhle herauszukommen und die Beute zu schlagen, und zerfetzte sich am Ende selbst. Aber er war edel, dieser Mann; hätte er 20 Jahrhunderte früher gelebt, wäre er Paulus geworden." (ebd.)

Nietzsche als verhinderter Paulus – das ist ein bemerkenswerter Kommentar von einem jungen Theologen, doch Schweitzer sieht in Nietzsche dann doch eher das Symbol der ausgebliebenen Möglichkeiten, der ‚Selbstzerfetzung' und kehrt zurück zu seinem vornietzscheschen Lebensziel von Pflicht und Verzicht, freilich jetzt im Sinne Nietzsches überhöht als „der stolze Friede der Aktivität."

Von Anfang an stellt sich Schweitzers Verhältnis zu Nietzsche also differenziert dar: Hohe Wertschätzung verbindet sich mit nüchterner Distanzierung, und letztere sollte im Laufe der Jahrzehnte deutlich zunehmen. Schweitzers erster kulturphilosophischer Nietzsche-Kommentar findet sich in *Kultur und Ethik* (1923) und bringt auf den Begriff, was sich in den Jugendimpressionen schon vorbereitet hatte. Hier wird Nietzsche als ein Ethiker gewürdigt, der „um jeden Preis elementar bleiben" will (GW 2, 304) und deshalb die als erledigt geltende Frage nach Gut und Böse in elementarer Weise neu stellt. Dabei schneidet die „Moral der Demut und Selbstaufopferung" in Schweitzers Sicht mit Recht schlecht ab, weil sie dem einzelnen von außen auferlegt worden sei, um ihn „der Menge dienstbar zu erhalten" (ebd. 302). Nietzsches Kritik an der vorgefundenen Ethik wird von Schweitzer als „leidenschaftlich und gehässig", doch „tief" gewertet, letzteres deshalb, weil sie zeige, „daß alle Ethik auf Individualethik beruht" (ebd. 301). So folgt denn das Bekenntnis: „Diejenigen, die aus der Sicherheit gerissen wurden, als seine leidenschaftlichen Schriften wie ein Frühlingsföhn aus hohen Bergen in die Niederungen des Denkens des ausgehenden 19. Jahrhunderts heruntersürmten, können die Dankbarkeit, die sie dem Wahrhaftigkeit und Persönlichkeit predigenden Gedankenaufwühler schulden, niemals vergessen." (ebd. 302)

Die Quintessenz seiner Nietzsche-Lektüre beschreibt Schweitzer dann folgendermaßen: „Ihres Pathos entkleidet, besagt die Kritik Nietzsches also, daß nur diejenige Ethik

Geltung haben darf, die aus selbständigem Nachdenken über den Sinn des Lebens kommt und sich in aufrichtiger Weise mit der Wirklichkeit auseinandersetzt." (ebd. 303)

Beides beherzigt Schweitzer seinerseits und gelangt mit seinem Versuch, dem Vorrang der Individualethik vor der Sozialethik wie auch der Auseinandersetzung mit der Wirklichkeit Rechnung zu tragen, zu einem Ethik-Entwurf, der der Lebensbejahung à la Nietzsche diametral entgegengesetzt ist.

Der Grund für diese Nietzsche-Ferne bei aller Übereinstimmung mit ihm in der Ethik-Kritik liegt in Schweitzers Leitbegriff der Weltbejahung: „Höhere Lebensbejahung aber kann sich nur da regen, wo Lebensbejahung sich in Weltbejahung zu begreifen sucht. Die Lebensbejahung an sich vermag, wie sie sich auch wendet, nie höhere, sondern immer nur gesteigerte Lebensbejahung zu werden. Ohne Kurs, wie ein Schiff mit festgebundenem Steuer, jagt sie in wilder Fahrt im Kreise herum." (ebd. 305)

Einmal mehr zeigt sich hier Schweitzers Überzeugung von der weltgestaltenden Aufgabe des Denkens, und die verlangt unabdingbar „Hingabe an die Welt", eben damit aber auch Aufnahme von Lebensverneinung in die Lebensbejahung, um fremden Ansprüchen gerecht werden zu können (vgl. ebd.). Nietzsche bleibt für Schweitzer bei der puren Lebensbejahung stehen, vermag die Weltverantwortung nicht wahrzunehmen und gelangt so letztlich zu einer „Theorie des Sich-Auslebens" (ebd.). Damit ähnelt er in der Denkstruktur Schopenhauer, der von der puren Lebensverneinung her zu einer ruinösen Ethik der Tatenlosigkeit gelangt (vgl. GW 2, 297/98). Beide Wege scheitern für Schweitzer daran, daß sie im Geiste der Wahrhaftigkeit nicht zu Ende gegangen werden können, und so resümiert er denn:

„Im Grunde genommen ist Nietzsche nicht unethischer als Schopenhauer. Von dem Ethischen, das in der Lebensbejahung ist, wird er verleitet, die Lebensbejahung als solche zur Ethik zu erheben. Darüber gelangt er zu den Absurditäten der ausschließlichen Bejahung des Lebens, wie Schopenhauer zu denen der ausschließlichen Verneinung des Lebens. Nietzsches

Wille zur Macht ist nicht anstößiger als Schopenhauers Wille zur Selbstvernichtung, wie er in den asketischen Partien seiner Werke zu Wort kommt. Interessant ist, daß jeder von beiden anders lebt, als seine Lebensanschauung lautet. Schopenhauer ist nicht Asket, sondern Bonvivant, und Nietzsche ist nicht Herrenmensch, sondern ein Zurückgezogener.

Lebensbejahung und Lebensverneinung sind beide eine Strecke weit ethisch; bis zu Ende gegangen, werden sie unethisch." (GW 2, 306f.)

Aus dieser Überzeugung heraus sucht Schweitzer nach einer Ethik, die Nietzsches einseitiger Lebensbejahung ebenso zu entgehen vermag wie Schopenhauers einseitiger Lebensverneinung, indem sie die „rätselhafte Verbindung beider" (ebd. 307) im Zeichen der Weltbejahung in sich aufnimmt. Nietzsche wirkt also auf Schweitzer unbestreitbar als der ‚Gedankenaufwühler' und kritische Impulsgeber, nicht jedoch als Wegweiser für die eigenen Denkbahnen. In letzterer Hinsicht versteht sich Schweitzer vielmehr entschieden als Antipode, der – Nietzsches Kritik aufnehmend – die Tradition der Hingabeethik individualethisch fundieren und so einen neuen Entwurf vorlegen will, der von Nietzsches Kritik an der ‚Moral der Demut und Aufopferung' nicht mehr getroffen werden kann. Schweitzers Absage an den ‚süßlichen Frieden des Kettenhundes' und sein Bekenntnis zum ‚stolzen Frieden der Aktivität' läßt programmatisch deutlich werden, daß die Verantwortung für die Welt und damit alle Hingabe an fremde Ansprüche ihre tiefste Wurzel in der individualethischen Leitidee der Selbstvervollkommnung haben soll. Dies plausibel darzulegen, macht ein Grundmotiv seiner Ethik der Ehrfurcht vor dem Leben aus.

Neue Akzente erfährt Schweitzers Nietzsche-Rezeption dann in den 30er und 40er Jahren, und die führen zum Ausgangsthema dieses Kapitels, dem ‚Neoprimitivismus', zurück. In einer Notiz zur *Kulturphilosophie III* bezieht er sich 1936 kritisch auf die zeitgenössische Nietzsche-Deutung:

„Den wilden Bock machen sie zum Ehren-Leithammel ihrer zahmen Herde, die versucht, wild zu tun. Lassen sie ihn denken, was er nicht gedacht, und sagen, was er nicht gesagt. An Auslegungskunst, die Hineinlegungskunst ist, hatten bisher die Kirchenväter den Rekord inne, aber die Palme wird ihnen von den Nietzsche-Auslegern entrissen. Den toten und ausgestopften wilden Bock, der sich bei Lebzeiten nie zu einer Herde gehalten hatte, verehrt die zahme Herde, die wild zu tun versucht, als Ehren-Leithammel. Hintergründiger könnte die Rache des von Nietzsche geschmähten Herdentiers nicht ausfallen." (KPh III, 2. Teil, 236f.)

Wenig später mußte Schweitzer voll Bitternis feststellen, daß aus der ‚zahmen Herde' mit ihrer Pseudo-Wildheit der Neoprimitive mit seiner wilden Entschlossenheit geworden war. Nietzsche hat für ihn also durchaus seinen Anteil an Nationalsozialismus und Zweitem Weltkrieg; er wurde mißbraucht, aber er war eben auch mißbrauchbar, nicht gefeit dagegen, daß man ihm eine „Uniform" anzog (ebd. 232). Den Grund dafür sieht Schweitzer darin, daß Nietzsches Denken in entscheidenden Punkten offen geblieben und damit anfällig für die Okkupation durch gänzlich andersartige Denkweisen war:

„Er kann immer nur beschreiben, was der höhere, von der Ethik befreite Mensch nicht ist. Aber sobald er daran geht, sagen zu wollen, was er ist, wie er sich verhält und was er sich im Leben vornimmt, so ist er wie ein Maler, der ein nicht gelingen wollendes Bildnis immer wieder von neuem vornimmt, ohne je damit fertig zu werden. Er ist nicht imstande darzutun, in was das ungehemmte Sich-Ausleben unseres Lebens, durch welches das in der Welt sich auslebende Sein in der höchsten Weise bejaht werden soll, eigentlich besteht. Bald scheint es, als ob er darunter etwas rein Naturhaftes verstehen wolle; dann aber äußert er sich wieder so, als ob es auch geistiger Art sei." (ebd. 131)

Nietzsche, „groß im Fragen", doch „klein als Beantworter seiner Frage", bietet einen „Trank", der „nur aus Schaum besteht", und hinterläßt damit eine „Ratlosigkeitsphilosophie" (ebd.). Mit dieser Einschätzung nimmt Schweitzer schon in den 30er Jahren ein Urteil vorweg, das sich auch in heutigen Nietzsche-Deutungen findet, so etwa bei Volker Gerhardt: „In der Tat haben die gewalttätigen Phrasen seiner Moralkritik, seine unendliche Distanz gegenüber allem Recht, die Gleichsetzung von Wahrheit und Lüge, die Verherrlichung alles Starken, Lebendigen und Instinktiven – so differenziert es auch gemeint sein mochte – eine barbarische Stimmung erzeugt, die den Aufstieg Hitlers begünstigte." (Gerhardt 1992, 220)

Für Schweitzer ist es in genau diesem Sinne Nietzsches „mit Bewußtsein und Absicht unsachliches Denken„ (KPh III, 2. Teil, 127), das ihn, den elitären Individualisten, den Parolen kollektiver Naturhaftigkeit und Lebenssteigerung auslieferte. Die von Schweitzer bereits in *Kultur und Ethik* kritisierte Anlehnung der Ethik an die Evolutionstheorie, vor allem Herbert Spencers Ethisierung des Ausleseprinzips im Sinne kollektiver Lebenstüchtigkeit (GW 2, 279f.), verbindet sich nunmehr mit Nietzsches Verherrlichung des Starken zu einer pseudobiologisch imprägnierten Ethik der kollektiven Selbststeigerung: „Daß er die Theorie der naturhaften Lebens- und Weltbejahung und die Praxis der Ethik miteinander zu vereinigen sucht, macht das Eigentümliche der Mentalität des modernen Menschen aus." (KPh III, 2. Teil, 132)

Nietzsches Erfolg war in der Sicht Schweitzers also durch das biologistische Denken vorbereitet, und umgekehrt verhilft er seinerseits selbigem zum Aufschwung. Freilich vergißt Schweitzer nicht, auf die Verwischung des entscheidenden Unterschieds hinzuweisen: „Bei Nietzsche sieht es das Individuum als sein Recht und als Lebenspflicht an, sich als Träger höheren Lebens gegen die Masse durchzusetzen. Dem biologischen Denken zufolge, das hierin mit dem Denken Hegels übereinstimmt, lebt sich das Leben in der höchsten Art nicht im Einzelindividuum, sondern in der Gesamtpersönlichkeit der Kollektivität aus." (ebd. 130)

Solche Distinktionen spielen in den 30er Jahren keine Rolle mehr, Nietzsches Parolen und „die für den Volksgebrauch zurechtgemachte Biologie" überwältigen die „Humanitätsidee" (KPh III, 4. Teil, 35) und begünstigen so den Siegeszug des ‚Neo-Primitivismus'. Ende 1944 resümiert Schweitzer dann:

„Als Zuschauer und Mitbetroffene haben wir zur Genüge Gelegenheit gehabt, Starke, die sich durchsetzen wollten und nach Belieben mit den Schwachen verfuhren, am Werk zu sehen. Wir konnten feststellen, daß der Wille zur Macht sich vorzugsweise in plebejischen Persönlichkeiten verkörpert. Weil wir die Wirklichkeit kennenlernten, macht uns die Heldenhaftigkeits- und Machtromantik Nietzsches, die auf Menschen der Generation um die Jahrhundertwende wie schäumender Champagner wirkte, keinen Eindruck mehr.

Daß Nietzsche die überlieferte Ethik des Mitempfindens und der Liebe mit der so oberflächlichen Erklärung, daß sie eine Erfindung der Schwachen zur Abwehr gegen die Starken sei, abtun zu können glaubte und daß er leichthin eine in keiner Weise ausdenkbare und durchführbare Umwertung der Werte dekretierte, wird denen, die es mit dem Denken ernst nehmen, immer unbegreiflich bleiben, wie auch, daß der Apostel der Vornehmheit sich in einem so vulgären Verhöhnen der anderen Überzeugung gefällt." (KPh III, 4. Teil, 170)

Keine Frage: Hier verabschiedet sich der 69jährige Schweitzer von Friedrich Nietzsche, dem er von Anfang an kritische Distanz, aber in den frühen Jahren doch auch partielle Anerkennung und vor allem Bewunderung für die elementare Wucht seines Denkens entgegengebracht hatte. Daß Schweitzer sich von dieser Wucht nicht mitreißen ließ, verdankt er seiner Bindung an die Ideale des 18. Jahrhunderts, an Vernunft, Toleranz und Humanität. Diese ließen ihn einen anderen Weg gehen und ebenjene Ziele erreichen, die Nietzsche auch anstrebte, doch nicht verwirklichen konnte. Schweitzer wurde zum Mann der Tat, mit seinem Spital in Lambarene, das er „im Vertrauen auf die elementare Wahrheit, die dem Gedanken der ‚Brüderschaft der vom Schmerz Gezeichneten' innewohnt, zu gründen" wagte (GW 1, 205). Außerdem verschafften ihm seine Orgelkonzerte Weltruhm als Künstler. Gestalterisch-praktische Lebensrealitäten dieser Art blieben Nietzsche versagt: „Auch wenn er die ‚Tat' fordert und über die kraftlose Innerlichkeit des abstrakten Denkens spottet, bleibt er doch für sich selbst ein Mann der Idee und des Wortes. Er ist ein

Artist der Erkenntnis, seine Mittel bleiben auf die Kritik und die Vision beschränkt." (Gerhardt 1992, 14f.)

Nietzsches Träumen vom Übermenschen begegnet Schweitzer mit der ethisch fundierten Tat und sieht im Übermenschen kein Ideal, sondern das Signum bedrohter Humanität. Die Mißbrauchbarkeit des Nietzscheschen Denkens nötigt ihn letztlich zur Absage an Nietzsche selbst. Nichtsdestoweniger bleibt festzuhalten, daß Schweitzers Kulturkritik essentiell von Nietzsche befruchtet worden ist und seine Ethik sich insofern von diesem nicht trennen läßt, als sie als Gegenentwurf zu Nietzsches Moralkritik zu begreifen ist.

III. Suche nach dem ‚Grundakkord‘: Zur problemgeschichtlichen Genese der Ehrfurchtsethik

Während der kulturphilosophische Hintergrund der Schweitzerschen Ethik sich ohne biographische Bezüge kaum angemessen interpretieren läßt, stellt diese Ethik selbst einen systematischen Entwurf dar, der als solcher kritisch zu würdigen ist. Schweitzer legte sie 1923 unter dem Titel *Kultur und Ethik* vor und hat danach bezüglich der substantiellen Aussagen nichts mehr geändert. Die in den 30er und 40er Jahren verfaßte *Kulturphilosophie III* bietet zwar, wie noch zu zeigen sein wird, interessante Neufassungen und Zuspitzungen von Einzelfragen, setzt dabei aber den systematischen Gehalt von *Kultur und Ethik* als unbezweifeltes Fundament voraus.

Offenbar war Schweitzer davon überzeugt, bereits 1923 die ethische Antwort auf Fragen gefunden zu haben, die die Weiterführung seiner Kulturkritik erst zwischen 1931 und 1945 aufwarf. Deshalb liegt der zentrale Problemgehalt der *Kulturphilosophie III* nicht in genuin ethischen Themen, sondern in der weitgefaßten kulturphilosophischen Frage, ob und wie sich die Ethik der Ehrfurcht vor dem Leben als Grundlage einer neuen ‚Weltanschauung‘ eigne. Die Ethik selbst erfährt in Grundlegung und normativem Gehalt keine Weiterentwicklung mehr, und so spricht nichts dagegen, sie in diesem Kapitel unter systematischen Gesichtspunkten zu erörtern.

Dennoch ist eine biographische Vorbemerkung auch hier vonnöten, weil Schweitzers eigene Aussagen zu Mißverständnissen verleiten könnten. Wie er in *Aus meinem Leben und Denken* berichtet, hatte er seit Sommer 1915 seinem kulturkritisch-düsteren Manuskript *Wir Epigonen* einen neuen konstruktiven Akzent verliehen und dann im September 1917 angesichts seiner Deportation nach Europa den gesamten Text dem amerikanischen Missionar Ford zur Aufbewahrung in Lambarene anvertraut (vgl. GW 1, 175).

Erst im Sommer 1920 kam dieses Afrika-Manuskript wieder in seine Hände. Schon Weihnachten 1919 aber erhielt Schweitzer eine Einladung des schwedischen Erzbischofs Nathan Söderblom, für die Olaus-Petri-Stiftung Vorlesungen an der Universität Upsala zu halten. Am 20. April 1920 begann er mit diesen Vorlesungen und hatte also in Ermangelung des ursprünglichen Manuskripts den Text neu abzufassen:

„Als Gegenstand meiner Vorlesungen zu Upsala wählte ich das Problem von Welt- und Lebensbejahung und Ethik in der Philosophie und in den Weltreligionen. Als ich an die Ausarbeitung ging, waren die in Afrika zurückgelassenen Kapitel der *Kulturphilosophie* noch immer nicht in meinem Besitz. Ich mußte sie also neu schreiben. Zuerst war ich darüber sehr unglücklich. Später aber bemerkte ich, daß diese zweimalige Ausarbeitung der Arbeit von Nutzen sei, und söhnte mich mit meinem Schicksal aus. Erst im Sommer 1920, nach meiner Rückkehr aus Upsala, gelangte das Afrikamanuskript endlich wieder in meine Hände. In Upsala fand ich nun zum ersten Male ein Echo auf die Gedanken, die ich fünf Jahre lang mit mir herumgetragen hatte." (ebd. 196)

Mit dieser Aussage erweckt Schweitzer den Eindruck, als habe er für die Vorträge in Upsala das in Lambarene verbliebene Manuskript *Wir Epigonen* lediglich neu geschrieben, also mit bestmöglicher Sachtreue rekonstruiert, doch dem ist nicht so. Tatsächlich stellt das Upsala-Manuskript, welches 1923 zum Druck gelangt und 1972 in die Gesammelten Werke eingegangen ist, einen qualitativ neuartigen Entwurf dar. Dies wird auch dadurch unterstrichen, daß Schweitzer später das erste in Afrika verfaßte Manuskript ausdrücklich nicht gedruckt wissen wollte. Offenbar hat er selbst die Überzeugung gewonnen, daß das ursprüngliche Manuskript von 1915–1917 gegenüber der europäischen Fassung von 1920 obsolet geworden sei. Ein Vergleich der publizierten Zweitfassungen *Verfall und Wiederaufbau der Kultur* und *Kultur und Ethik* mit dem unveröffentlichten Erstentwurf *Wir Epigonen* läßt den essentiellen Unterschied deutlich hervortreten: Während die beiden publizierten Schriften zwei aufeinanderfolgende Schritte darstellen, indem die erste der Kulturkritik und die zweite dem Ethik-Entwurf gewidmet ist, vermischt das vorausliegende *Epigonen*-Manuskript die beiden Aspekte noch sehr undifferenziert miteinander. Dabei wird die Ethik der Ehrfurcht vor dem Leben weder einer Begründung noch einer systematischen Strukturierung unterzogen, sondern eher als selbstverständliche Antwort auf die Kulturkrise präsentiert. Unverkennbar steht der *Epigonen*-Text noch stärker im Zeichen der Kulturkritik als in dem der Ethik, und dieses Ungleichgewicht hat Schweitzer wohl veranlaßt, sein Afrika-Manuskript nicht nur neu zu schreiben, sondern dessen gesamten Bezugsrahmen zugunsten des Ethik-Entwurfs abzuwandeln. Der Eindruck, es handele sich lediglich um eine umstandsbedingte Rekonstruktion der Erstfassung, täuscht also.

Dem Defizit des *Epigonen*-Manuskripts in ethischer Hinsicht steht erwartungsgemäß eine größere Ausführlichkeit in der Kulturkritik gegenüber, insbesondere im Hinblick auf Fragen, die in Schweitzers Publikationen über Afrika nur sehr knapp angesprochen werden. Wenn er etwa in *Zwischen Wasser und Urwald* den tragischen Interessenkonflikt zwischen Kultur und Kolonisation beklagt (GW 1,423) und zugleich unter der Losung „Ich bin dein Bruder, aber dein älterer Bruder" das „Naturkind" veredeln will (ebd. 436f.), so wird diese Problematik vornehmlich an praktisch-alltäglichen Fragen exemplifiziert. Demgegenüber bietet das *Epigonen*-Manuskript eine zugleich tiefere wie rigorosere Fassung dieses Fragenkreises: Schweitzer bewertet die europäische Gegenwartskultur als derart marode, daß er sie am liebsten gänzlich von den Afrikanern fernhalten möchte, was wiederum faktisch nicht möglich ist, weil selbige per Kolonisation gerade in ihren verhängnisvollsten Auswüchsen in Afrika präsent ist.

Schweitzers bereits angesprochene Begrenztheit im Verständnis fremder Kulturen tritt hier besonders markant zutage: Obwohl er der europäischen Gegenwartskultur – gemessen an den Idealen des 18. Jahrhunderts – einen kaum überbietbaren

Verfallszustand attestiert und sie demzufolge für ein unzumutbares Angebot an Afrika hält, geht er doch in prinzipieller Eurozentrik davon aus, daß kulturtragende Impulse für den fremden Kontinent nicht diesem selbst entspringen können, sondern der abendländischen Fundierung bedürfen. Sein normativer Kulturbegriff, in den deutschen Wirren der zwanziger Jahre der verläßliche Kompaß für die eigene Standortbestimmung, führt ihn als sendungsbewußten Praktiker in Afrika in schier ausweglose Widersprüche, macht ihn kulturell gewissermaßen zum kolonialkritischen Kolonialisten, zum Statthalter europäischer Ideale in einer nicht-europäischen Welt.

Man wird diesen Erfahrungshintergrund wohl in Rechnung stellen müssen, wenn man die einschneidende Akzentverschiebung in der europäischen Zweitfassung der Kulturphilosophie nicht als einen willkürlichen Sprung in Schweitzers geistiger Biographie mißverstehen will. Jetzt – nach der Rückkehr auf seinen angestammten Kontinent – macht er sich an die ethische Therapie für die diagnostizierten Kulturdefizite, will zur Regeneration eben jener Kultur beitragen, die er in Afrika präsentiert hatte und die zu präsentieren ihm auch künftig bevorstand. Es geht beim Entwurf der Ethik der Ehrfurcht vor dem Leben also immer auch um die europäische Glaubwürdigkeit gegenüber den fremden Kulturen. Dem systematischen Gehalt dieser Ethik tut das keinen Abbruch, wie nunmehr zu zeigen sein wird.

1. Zwischen Kant und Schopenhauer: Schweitzers Ethikverständnis

Schweitzers Verständnis der Ethik stellt sich weit weniger einheitlich dar als seine Kulturkritik. Hatte er als Kulturkritiker die Leitideen der Aufklärung mit den Humanitätsidealen der deutschen Klassik zu einem einheitlichen Orientierungsrahmen synthetisieren können, so treten bei dem Versuch, eine eigene Ethik zu begründen, die verschiedenen Quellen des Schweitzerschen Denkens in ihrer je eigenen Kontur zutage und verleihen dem Entwurf der Ehrfurchtsethik eine starke innere Spannung. Obschon Schweitzer immer wieder seine Dankbarkeit gegenüber der Tradition des Menschheitsdenkens betont, nennt er en détail doch nie die Quellen, denen er wichtige Impulse verdankt. Statt dessen zieht er es vor, als Selbstdenker aufzutreten, also im Lichte des eigenen Entwurfs seine Bezugsgrößen auf ihre Schwachpunkte hin zu durchleuchten, ohne zugleich zu sagen, inwieweit er ihnen verpflichtet ist. Offenbar war sein Bewußtsein, mit der eigenen Ethik etwas substantiell Neues vorzulegen, so ausgeprägt, daß er bedeutende Vorläufer stets nur kritisch, nie aber als Gewährsleute behandelte.

Es bleibt also den Interpreten überlassen, die Wurzeln der Schweitzerschen Ethik freizulegen, und da bietet schon die Vorrede zu *Kultur und Ethik* unmißverständliche Akzente, freilich auch beträchtliche theoretische Komplikationen. So schlicht und klar die Schweitzersche Ethik jener nicht kleinen Schar unter seinen Verehrern erscheinen mag, die sich unmittelbar der Präsentation von Ehrfurchtsmotiv und Verantwortungsbegriff im vielzitierten 21. Kapitel von *Kultur und Ethik* zuwendet, so komplex stellt sie sich einer um den Gesamtzusammenhang bemühten Interpretation dar. Schweitzers normative Leitidee erschöpft sich keineswegs in jener plakativisolierten Losung, als die sie immer wieder in der Formulierung ‚Ehrfurcht vor dem Leben' verkündet wird, sondern entstammt – ungeachtet ihres elementaren Anspruchs – einem überaus verzweigten Argumentationsgang. Um diesem Sachverhalt gerecht zu werden, müssen wir uns vor der Erörterung der Ehrfurchtsethik als solcher mit deren problemgeschichtlicher Genese befassen, und ebendie dokumentiert, daß Schweitzer sich keineswegs durchgängig der abstrakten Fachsprache zugunsten elementarer Schlichtheit enthalten konnte.

In der Vorrede zu *Kultur und Ethik* vollzieht er eine Gratwanderung zwischen Immanuel Kant und Arthur Schopenhauer, die freilich beide nicht genannt werden. Methodisch bezieht er sich unübersehbar auf Kants vernunftkritischen Anspruch, inhaltlich hingegen auf Schopenhauers empirische

Fundierung der Ethik. Streng begrifflich gefaßte Normativität soll also mit empirischen Voraussetzungen zu einem neuen Ethik-Entwurf zusammengefaßt werden, ein schwieriges Unterfangen, denn bekanntlich hatte Schopenhauer Kants kategorischen Imperativ als abstrakt und lebensfern kritisiert und durch eine Theorie der wirklichen Triebfedern des Handelns ersetzen wollen (vgl. Malter 1992, 233 f.). Schweitzer scheint beides anzustreben: Kantische Allgemeingültigkeit und Schopenhauersche Lebensbindung. Diese Spannung durchzieht seine Ethik in den Grundlagen wie den Einzelaussagen.

Bevor wir diesen Spuren in der besagten Vorrede nachgehen, soll Schweitzers Zugang zu Kant und Schopenhauer kurz gekennzeichnet werden. Sein Kant-Verständnis ist ohne Zweifel durch das Studium bei dem Neukantianer Wilhelm Windelband geprägt worden und führte 1899 zu der von Theobald Ziegler betreuten Dissertation *Die Religionsphilosophie Kants*. Diese Arbeit analysiert die Entwicklung der Kantischen Religionsphilosophie vornehmlich an den kritischen Hauptschriften und bezeugt Schweitzers gründliche Kenntnis derselben. Das Ethos des Rechenschaft-Ablegens und Rechtfertigens, wie es dann die Schweitzersche Ethik einleitet, hat hier seine Wurzel. Warum aber die Hinwendung zu Schopenhauer? In seiner Goethe-Rede von 1928 berichtet Schweitzer in bemerkenswerter Weise über seine Entdeckung einer ‚zweiten Philosophie':

„Auf dem Felde der Philosophie war es, wo ich zuerst zu Goethe Stellung zu nehmen hatte. Als meine verehrten Straßburger Lehrer, Wilhelm Windelband und Theobald Ziegler, mich in die neuere Philosophie einführten und ich vor Begeisterung für die großen spekulativen Systeme glühte, wollte es mir unbegreiflich vorkommen, daß Goethe, der das gewaltige Wirken eines Kant, eines Fichte, eines Hegel miterlebt hatte, einigermaßen fremd beiseite stand und dieses vorüberziehen ließ, indem er im Kreise einer Naturphilosophie stehenblieb, wie er sie in der Stoa und bei Spinoza kennengelernt hatte, wie sie ihm vertraut geworden war und wie er sie selber weiterzubilden suchte. Dieses Erstaunen, daß er in dem scheinbar Unscheinbaren stehenblieb, wo das Gewaltige vorüberzog, hat an mir gearbeitet. Ich kann sagen, daß es mir vielleicht der erste und nachhaltigste Anstoß war, mich mit der neueren Philosophie auseinanderzusetzen und mich auf mich selber zu besinnen. Dabei wurde mir dann im Laufe der Jahre klar, daß es zwei Philosophien gibt, die nebeneinander einhergehen.

Ziel aller Philosophie ist, uns als Denkenden begreiflich zu machen, wie wir in einem begreifenden und innerlichen Verhältnis zum Universum zu stehen und in den Anregungen, die sich für uns daraus ergeben, zu wirken haben.

Die erste Philosophie vermag den Menschen mit dem Universum zusammenzubringen, indem sie Natur und Welt vergewaltigt und den Menschen mit einer seinem Denken gebeugten Welt in Verbindung setzt.

Die andere, die unscheinbare Naturphilosophie, läßt Welt und Natur, wie sie sind, und zwingt den Menschen, sich in sie hineinzufinden und sich in ihnen als ein geistig Triumphierender und auf sie Wirkender zu behaupten. Die erste Philosophie ist genial, die zweite elementar." (GW 5, 470/71)

Schweitzers ursprüngliche Faszination durch Kant und den deutschen Idealismus wird also durch den Realisten Goethe (vgl. Günzler 1981, 21f.) relativiert und mit naturphilosophisch-lebensphilosophischen Impulsen konfrontiert. Keine Frage, daß Schweitzers Zuneigung der unscheinbar-elementaren Naturphilosophie gilt, und die führt ihn denn auch von Goethe zu Schopenhauer. Dieser wird dann ethisch zwar heftig kritisiert, dient aber naturphilosophisch als Fundgrube für Schweitzersche Leitbegriffe.

Schweitzer entwickelt seine Ethik also im Zeichen eines äußerst spannungsgeladenen Doppelerbes: Einerseits möchte er in der Nachfolge Kants seine Richtlinie der Ehrfurcht vor dem Leben als notwendiges und allgemeingültiges Grundgesetz des Sittlichen darlegen, andererseits aber den Kantischen Preis einer völligen Unabhängigkeit des Sittengesetzes von empirischen Bezügen nicht entrichten. Hier meldet sich die Prägung durch Goethe und Schopenhauer mit ihrer Absage an alles Apriorische und läßt den Ethiker Schweitzer nicht bei Kants lebensenthobener Vernunft, sondern beim ganz und gar individuellen Lebenswillen als der natürlichen Voraussetzung der Suche nach dem sittlichen Prinzip ansetzen. Beide Aspekte bestimmen schon die Vorrede zu *Kultur und Ethik*, die daher als Index für das Schweitzersche Ethikverständnis besonders geeignet ist.

Was die Rolle Kants angeht, so sieht sich Schweitzer mit seinem kritisch-analytischen Befund offenbar nicht nur in dessen Bahn, sondern geradezu als ein zeitgenössisches Pendant, als Inspirator einer neuen kopernikanischen Wende: „Die Weltanschauung kommt aus der Lebensanschauung, nicht die Lebensanschauung aus der Weltanschauung." (GW 2, 107) Dies ist die Quintessenz der Schweitzerschen Absicht, „die Tragödie der abendländischen Weltanschauung" schonungslos zu analysieren (ebd. 99), und er mißt diesem Unterfangen durchaus eine Bedeutung von Kantischer Dimension bei: „Darum unternehme ich es, was bisher in dieser Weise nicht versucht wurde, das Problem der abendländischen Weltanschauung in der Art zu stellen, daß ich das Suchen nach Weltanschauung anhalte, sich von sich selber Rechenschaft zu geben." (ebd. 101) Die Analogie zu Kants Formulierung in den *Prolegomena zu einer jeden künftigen Metaphysik* drängt sich auf: „Meine Absicht ist es, alle diejenigen, so es wert finden, sich mit Metaphysik zu beschäftigen, zu überzeugen, daß es unumgänglich notwendig sei, ihre Arbeit vorderhand auszusetzen, alles bisher Geschehene als ungeschehen anzusehen und vor allen Dingen zuerst die Frage aufzuwerfen: ‚ob auch so etwas als Metaphysik überall nur möglich sei.'" (Kant 1965, 1)

Bekanntlich kommt Kant zu dem Ergebnis, daß die großen metaphysischen Fragen nach Gott, Freiheit und Unsterblichkeit keine notwendigen und allgemeingültigen Antworten nach Art der exakten Gesetzeswissenschaften zulassen, also kein Gegenstand des wissenschaftlichen Erkennens sein können. So unterzieht er denn das Verfahren der traditionellen Metaphysik einer scharfen Erkenntniskritik, bezeichnet diese als einen „Kampfplatz" der „Spielgefechte" ohne dauerhafte Ergebnisse und diagnostiziert: „Es ist also kein Zweifel, daß ihr Verfahren bisher ein bloßes Herumtappen, und, was das Schlimmste ist, unter bloßen Begriffen, gewesen sei." (Kant KrV B XV)

Auch Schweitzer versteht sich als Kritiker des bisherigen Verfahrens, bezieht sich dabei aber nicht auf die Metaphysik, sondern auf die Suche nach Weltanschauung, die im Unterschied zum spekulativ-theoretischen Interesse der Metaphysik dem praktischen Ziel dient, dem individuellen wie politischen Handeln emotionalen Halt in bergenden Weltbildentwürfen zu bieten. Ebendiese Intention aber mußte für Schweitzer scheitern, weil ein Sinn in der Welt nicht zu erkennen sei, diese vielmehr eine „rätselhafte Erscheinung" bleibe: „Nimmt man die Welt, wie sie ist, so ist es unmöglich, ihr einen Sinn beizulegen, in dem die Zwecke und Ziele des Wirkens des Menschen und der Menschheit sinnvoll sind. Weder die Welt- und Lebensbejahung noch die Ethik ist aus dem, was unsere Erkenntnis über die Welt aussagen kann, zu begründen." (GW 2, 104f.) Kants metaphysikkritische Position wird von Schweitzer also in die Weltanschauungsfrage hinein verlängert, insofern für ihn sowohl die vor- und außerphilosophisch entstandenen wie die mit metaphysischen Konzepten verflochtenen Weltbildentwürfe gleichermaßen ungeeignet sind, ethische Direktiven zu fundieren. Daher plädiert er dafür, „auf die optimistisch-ethische Deutung der Welt in jeder Weise zu verzichten" (ebd. 104), und bekennt selbstgewiß:

„Ich glaube der erste im abendländischen Denken zu sein, der dieses niederschmetternde Ergebnis des Erkennens anzuerkennen wagt und in bezug auf unser Wissen von der Welt absolut skeptisch ist, ohne damit zugleich auf Welt- und Lebensbejahung und Ethik zu verzichten. Resignation in bezug auf das Erkennen der Welt ist für mich nicht der rettungslose Fall in einen Skeptizismus, der uns wie ein steuerloses Wrack in dem Leben dahintreiben läßt. Ich sehe darin die Wahrhaftigkeitsleistung, die wir wagen müssen, um von da aus zu der wertvollen Weltanschauung, die uns vorschwebt, zu gelangen. Alle Weltanschauung, die nicht von der Resignation des Erkennens ausgeht, ist gekünstelt und erdichtet, denn sie beruht auf einer unzulässigen Deutung der Welt." (ebd. 105)

Mit diesem Ethos des Rechenschaft-Ablegens, diesem Bekenntnis zur unverzichtbaren Wahrhaftigkeitsleistung bewegt sich Schweitzer in vollem Bewußtsein auf den Spuren Kants, doch zugleich verläßt er diese auch, insofern ihm die „wertvolle Weltanschauung" bereits vorschwebt. Aus Kants Frage, ob überhaupt Metaphysik möglich sei, wird bei Schweitzer die Frage, wie durch ein neues Verfahren eine neue Weltanschauung fundiert werden könne, der die bisherige Selbsttäuschung nicht anhaftet. Die Frage nach dem Ob scheint sich auch angesichts des niederschmetternden Ergebnisses des Erkennens gar nicht erst zu stellen. Und wenn Kant zum Abschluß seiner Analyse der Erkenntnisquellen das „Land der Wahrheit, umgeben von einem weiten und stürmischen Ozeane, dem eigentlichen Sitze des Scheins", als die sichere Insel gefunden zu haben glaubt (Kant KrV B 295), so kann Schweitzer schon im voraus bekennen: „Wo das abendländische Denken zu keinem Ziele gelangte, weil es sich nicht resolut in die Wüste des Skeptizismus des Erkennens der Welt hineinwagte, durchwandere ich diese Wüste ruhigen Mutes. Sie ist ja nur ein schmaler Streifen, der der ewig grünenden Oase elementarer, aus dem Denken über den Willen zum Leben kommender Weltanschauung vorgelagert ist." (GW 2, 114) Der schmale Wüstenstreifen vor der grünen Weltanschauungsoase sollte in der *Kulturphilosophie III* dann immer breiter werden, doch seiner Wahrheitszuversicht ist Schweitzer treu geblieben, und der Ethik-Entwurf wird von diesem Problem in seinem systematischen Kern nicht tangiert. Daß der Weg zur Oase völlig unvermittelt vom „Denken über den Willen zum Leben" erhofft wird, sprengt abrupt den Kantischen Gesamtanspruch des Schweitzerschen Ansatzes und läßt das Schopenhauersche Erbe zum Vorschein kommen.

Hat sich Kant, mit dem Schweitzer in der Absage an die Erkennbarkeit eines Weltsinns übereinstimmt, nicht resolut genug in die Wüste des Skeptizismus gewagt? Hat er nicht versucht, eine welt- und lebensbejahende Ethik zu entwickeln? In der Vorrede zu *Kultur und Ethik* läßt Schweitzer diese Fragen offen, doch im 9. Kapitel begründet er dann seine diesbezügliche Kritik an Kant. In seiner Sicht hat Kant „die von den Rationalisten geübte, naive optimistisch-ethische Deutung der Welt durch eine hinterlistige ersetzt" (GW 2, 236), und dies durch eine unzulässige Vereinigung des erkenntnistheoretischen mit dem ethischen Idealismus. Wie erkenntnistheoretisch die empirische Welt „nur als die Erscheinungsform eines die eigentliche Wirklichkeit ausmachenden Nichtsinnlichen" zur Geltung komme, so ethisch als bloßes Material für ein apriorisches Sittengesetz, das „nichts mit der natürlichen Weltordnung zu tun habe, sondern übersinnlich sei." (ebd. 232) Damit habe Kant zwar den erkennenden mit dem sittlich handelnden Menschen in einer überempirischen Weltordnung vereinigt und so ‚hinterlistig' die optimistisch-ethische Weltanschauung zu retten versucht, jedoch eine „verhängnisvolle Verwechslung des Ethischen mit dem Geistigen" vorgenommen und die genuine Aufgabe der Ethik verfehlt: „Mit der Herabsetzung der Realität der empirischen Welt wird der ethischen Weltanschauung nicht gedient, sondern geschadet. Die Ethik hat materialistische Instinkte. Sie will sich in dem empirischen Geschehen betätigen und die Verhältnisse der empirischen Welt umgestalten. Ist die empirische Welt aber nur ‚Erscheinung' einer in ihr oder hinter ihr ablaufenden geistigen Welt, so wird die Ethik gegenstandslos. Ein in sich bestimmtes Spiel der Erscheinungen beeinflussen zu wollen, hat keinen Sinn." (ebd. 234f.) Hier meldet sich deutlich Schweitzers zweite Prägung, eben die durch die elementare Naturphilosophie, die „Welt und Natur läßt, wie sie sind" und den Menschen zwingt, „sich in sie hineinzufinden und sich in ihnen als ein geistig Triumphierender und auf sie Wirkender zu behaupten." (GW 5, 470f.)

Diese von Goethe inspirierte Neigung zu einer empirisch fundierten Naturphilosophie läßt Schweitzer mit seiner These von den materialistischen Instinkten der Ethik unvermittelbar weit von Kant abrücken. Nicht das allem Empirischen enthobene Subjekt der Sittlichkeit, sondern das lebendige Individuum inmitten seiner natürlichen Befindlichkeiten bildet also den Ansatzpunkt der Schweitzerschen Ethik. Hier hofft er offenbar zu finden, was Kants Versuch, „den Menschen mit einer seinem Denken gebeugten Welt in Verbindung" zu setzen (GW 5, 470), nicht leisten konnte: die Grundlage für eine von der Lebenswirklichkeit ausgehende, unbestechlich wahrhaftige und daher gegen allen Skeptizismus immune Ethik. Ohne die empirische Hypothese, daß die Lebens- und Weltbejahung aus dem je individuellen Lebenswillen hervorgehe und ihrerseits die Bedingung für die Ethik bilde, läßt sich in Schweitzers Sicht die rationale Suche nach einem individuell adoptierbaren Leitprinzip des Sittlichen gar nicht erst eröffnen. Deshalb kommentiert er die diagnostizierte Unvereinbarkeit von Weltanschauung und Lebensanschauung so:

„Statt weiter mit gewalttätiger Logik und mit Phantasie den Abgrund zu überbrücken, müssen wir uns entschließen, dem Problem auf den Grund zu gehen und es so auf uns wirken zu lassen, wie es uns unmittelbar in den Tatsachen entgegentritt. Die Lösung des Dualismus ist, daß wir ihn nicht aus der Welt schaffen wollen, sondern ihn in uns erleben als etwas, das uns nichts mehr anhaben kann. Dahin gelangen wir, wenn wir alle Künste und alle Unwahrhaftigkeiten des Denkens hinter uns liegenlassen und uns unter die Tatsache beugen, daß wir die Lebensanschauung und die Weltanschauung nicht miteinander in Einklang bringen können und uns darum entschließen müssen, die Lebensanschauung über die Weltanschauung zu stellen. Das in unserem Willen zum Leben gegebene Wollen geht über unser Erkennen der Welt hinaus." (GW 2, 107)

Damit wird nun Schopenhauers am individuell erfahrbaren Lebenswillen orientierte Ethik zum Dreh- und Angelpunkt eines Entwurfs gemacht, der zugleich im Kantischen Sinne das „Suchen nach einem in sich begründeten Grundprinzip des Sittlichen" (ebd. 140) mit einem „denknotwendigen" Ergebnis abschließen will (ebd. 144). Der Anspruch rationaler Letztbegründung wird also keineswegs aufgegeben, ganz im Gegenteil tritt Schweitzer hier ausdrücklich als „ein Erneuerer des voraussetzungslosen Vernunftdenkens" auf (ebd. 109) und setzt doch voraus, daß die Lebensanschauung und damit die aus ihr zu entwickelnde Ethik „in unserem Willen zum Leben" wurzele (ebd. 106). Und als ob er den Widerspruch noch zuspitzen wolle, beruft sich der ansonsten so entschiedene Metaphysikkritiker zusätzlich auf Schopenhauers metaphysische Grundannahme, den „universellen Willen zum Leben" (ebd. 109).

„Wir müssen die Natur verstehn lernen aus unserem eignen Selbst, nicht unser eignes Selbst aus der Natur", hatte Schopenhauer gelehrt und dies mit der Hypothese unterlegt, „daß die unergründlichen Kräfte, die sich in allen Körpern der Natur äußern, der Art und dem Wesen nach identisch sind mit dem, was in uns Wille ist, und nur dem Grade nach und in der Erscheinung davon verschieden." (Schopenhauer 1984, 142) Diesem Ansatz entnimmt Schweitzer offenkundig seine Überzeugung vom Verbundensein alles Lebendigen, freilich auch die These von der Selbstentzweiung des Willens zum Leben, die Schopenhauer so vorformuliert hatte: „So sehn wir in der Natur überall Streit, Kampf und Wechsel des Siegs: und eben darin werden wir weiterhin die dem Willen wesentliche Entzweiung mit sich selbst deutlicher erkennen. Jede Stufe der Objektivation des Willens macht der andern die Materie, den Raum, die Zeit streitig." (ebd. 175)

2. Moralprinzip und Lebensbezug: Die Integration von normativen und empirischen Komponenten

Die eigene Lebens- und Leiberfahrung als Weg zur Grundlegung der Ethik, die Solidarverantwortung für alles Lebendige in einer selbstentzweiten Natur, und dies wiederum verknüpft mit dem Kantischen Anspruch eines notwendigen und allgemeingültigen Prinzips des Sittlichen, eine solche Mischung scheint Schweitzer prima facie entweder als naiven Eklektizisten oder aber als den Verfechter einer Vereinigung des Unvereinbaren und damit als tragischen Helden eines aussichtslosen Denkfeldzuges zu erweisen. Verständlicherweise sah er selbst dies gar nicht so, sondern schrieb seine eigene Position als zwingendes Resultat der eigenen problemgeschichtlichen

Arbeitsweise zu: „Die Beschreibung des tragischen Ringens der europäischen Philosophie um ethische Welt- und Lebensbejahung wurde mir durch mein Bedürfnis aufgenötigt, das Problem, mit dem ich mich beschäftigte, in seiner geschichtlichen Entfaltung kennenzulernen und die von mir gegebene Lösung als die Synthese der bisher versuchten zu begreifen. Daß ich dieser Versuchung noch einmal erlag, habe ich nicht bedauert. In der Auseinandersetzung mit dem andern Denken klärte sich das meine." (GW 1, 173) Offenbar ist er also davon überzeugt, einen aus Kantischen und Schopenhauerischen Elementen synthetisierten Ethik-Entwurf als zwingendes Resultat der Problemgeschichte vorzulegen, also eine Lösung gefunden zu haben, die dem empirischen Bewußtsein des leiblich-sinnlichen Individuums ebenso gerecht wird wie dem Kantischen Postulat strenger Allgemeingültigkeit. Das Leitmotiv dieses Syntheseversuchs verleiht der Vorrede zu *Kultur und Ethik* den bestimmenden Akzent: „Denkt das rationale Denken sich zu Ende, so gelangt es zu einem denknotwendigen Irrationalen. Dies ist die Paradoxie, die unser geistiges Leben beherrscht." (GW 2, 110) Terminologisch muß hier angefügt werden, daß das ‚denknotwendige Irrationale' bei Schweitzer ein nicht weiter ableitbares Faktum meint, das als solches anzuerkennen ist, also einen wissenschaftlich keineswegs ungewöhnlichen Sachverhalt. Daß das Denken auf solche nicht weiter hinterfragbaren Gegebenheiten stößt, bedeutet keinen Abschied von der Rationalität zugunsten eines vernunftskeptischen Plädoyers für einen gefühlsmäßigen Zugang zur Wirklichkeit, sondern lediglich das Eingeständnis, auch im rationalen Kontext bestimmte Voraussetzungen schlicht akzeptieren zu müssen. Umso überraschender erscheint es, daß Schweitzer hier das ‚denknotwendige Irrationale' hervorhebt. Offensichtlich manifestiert sich darin sein Bewußtsein, die Kantische Bahn besonders pointiert verlassen zu haben, hatte diese doch – in Schweitzers Sprache – ein denknotwendiges Rationales als unhinterfragbare Gegebenheit vorgesehen: das Sittengesetz. Kant bezeichnet es als „ein Faktum der Vernunft, weil man es nicht aus vorhergehenden Datis der Vernunft herausvernünfteln kann, sondern weil es sich für sich selbst uns aufdringt als synthetischer Satz a priori, der auf keiner, weder reinen noch empirischen, Anschauung gegründet ist." (Kant KpV § 7, 36f.) Demgegenüber erweist sich nun der von Schweitzer präferierte Lebenswille à la Schopenhauer als ein ganz und gar außervernünftiges, empirisch-zufälliges, eben ‚irrationales' Faktum. Von derartigem auszugehen, ist methodisch legitim, weil die Vernunft einer Gesamtwirklichkeit angehört, ohne die es sie nicht geben könnte. Doch Schweitzers Problem ist wohl, daß er auf kantischen Wegen zu einem nicht-kantischen Fundament gelangt und dennoch dem Prinzip der Sittlichkeit die Notwendigkeit und Allgemeingültigkeit bewahren will. Deshalb bezeichnet er den Ausgangspunkt seiner Ethik beherzt, doch nicht plausibel, als das ‚denknotwendige Irrationale'. Treffender wäre es gewesen, den Lebenswillen als arational zu bezeichnen, weil er der Rationalität nicht als irrationaler Faktor entgegensteht, sondern als blinde, d.h. arationale Gegebenheit die empirische Voraussetzung für das menschliche Handeln bildet, welches seinerseits nun der rationalen Kontrolle unterzogen werden kann oder aber auch nicht. Erst hier stellt sich die Frage nach Rationalität oder Irrationalität, nicht aber schon in der Annahme des Lebenswillens als eines dem menschlichen Handeln zugrunde liegenden Faktums. Ein nicht nur für den Menschen, sondern in universaler Weise auch für Tiere und Pflanzen vorausgesetzter „Wille ohne Erkenntnis" (Schopenhauer 1984, 109), ein als „Bildungstrieb" fungierender „blinder Wille" (ebd. 115) ist in dem Sinne arational, wie Wolfgang Spohn diesen Begriff jüngst definiert hat: „Arationales und Irrationales ist sorgfältig zu unterscheiden; Irrationalitäten laufen den Gesetzen der Rationalität zuwider, während Arationales gar keiner Rationalitätsbeurteilung unterliegt." (W. Spohn 1993, 155)

Daß Schweitzer mit seinem Verständnis des Lebenswillens kein den Gesetzen der Rationalität zuwiderlaufendes Faktum meint, sondern eine naturhafte Voraussetzung, mit der der vernunftbegabte Mensch ebenso irrational im Sinne blinder Selbstbehauptung wie rational im Sinne einer ethisch kontrollierten Lebensführung umgehen kann, macht er immer wieder deutlich, so in folgender Aussage:

„Daß das Ethische überhaupt in uns zur Ausbildung kommen kann, hat eine materielle Voraussetzung, die man gewöhnlich nicht in ihrer Bedeutung würdigt. Wenn der Mensch sich zu einem ethischen Wesen entwickelt, so beruht dies mittelbar auf der Tatsache, daß er imstande ist, eine auf Erhaltung anderen Lebens gehende Tätigkeit auszuüben. Durch die Vollendung seines physischen und psychischen Organismus verfügt er nicht nur über das Vermögen der völlig freien Bewegung, sondern auch über das des aus Überlegung kommenden zweckdienlichen Handelns. Diese sich immer weiter ausbildende Fähigkeit des zweckdienlichen Handelns erlaubt ihm, aus seinem Für-Sich-Sein herauszutreten. Weil er imstande ist, die Idee seiner Verbundenheit mit anderem Leben immer weitgehender zu betätigen, bildet sie sich immer mehr aus." (KPh III, 2. Teil, 89)

Das ethisch gelenkte Handeln resultiert also nicht unmittelbar aus dem Lebenswillen als der ‚materiellen Voraussetzung', sondern ‚beruht mittelbar' auf diesem. Das arationale Faktum ‚Lebenswille' läßt, sofern ‚Überlegung' stattfindet, zweckdienliches Handeln zu, und dieses wiederum führt in einer langfristigen rationalen Entwicklung zur Idee der Verbundenheit mit anderem Leben. Es ist also die rationale Begründung, die dem empirischen Fundament des Lebenswillens Handlungsorientierungen auferlegt, zu denen dieser als solcher keineswegs disponiert ist, obschon er dann als Basis für die Realisierung der normativen Ziele dient. So schreibt Schweitzer:

„Der primitive Mensch fühlt sich nur mit seinen nächsten Blutsverwandten solidarisch. Alles andere Leben, Menschen wie auch Geschöpfe, gilt ihm in seiner Unbefangenheit als etwas, das er, wie es ihm sein Vorteil und seine Willkür gerade eingeben, schädigen und vernichten darf. Je mehr sich seine Ethik unter dem Einfluß des Denkens entwickelt, desto weiter zieht der Mensch den Kreis des Lebens, mit dem er sich verbunden fühlt. Zuletzt kommt er dahin, daß er nicht nur Pflichten und Verantwortungen jedem Menschen gegenüber, sondern auch jedem Geschöpf gegenüber, das in seinen Bereich tritt, anerkennt." (ebd. 90)

Dem inhaltlichen Aspekt dieser Aussage wird später nachzugehen sein, hier kommt es lediglich auf Schweitzers Ethikverständnis im allgemeinen an, und dies läßt sich nunmehr wohl zutreffend so beschreiben: Ethik hat sich ihrer materiellen Voraussetzung zu vergewissern, also sich des Lebenswillens als des empirischen Fundaments bewußt zu werden, um sodann in rationaler Argumentation über die Bejahung des je eigenen Lebenswillens hinaus zur Anerkennung des fremden Lebenswillens hinzuführen, also kontinuierlich den ‚Kreis des Lebens' zu erweitern, demgegenüber sittliche Pflichten als solche erkannt und persönlich angeeignet werden. Von einer naiven Vermischung empirischer mit normativen Komponenten kann wohl kaum die Rede sein, vielmehr weiß Schweitzer die Schopenhauerische Lebenseinbindung sehr wohl von Kants Postulat der Allgemeingültigkeit zu unterscheiden, auch wenn er sich der philosophischen Fachsprache, die der Klarheit seiner Aussagen sicherlich gedient hätte, weitgehend enthält.

Sein ethisches Interesse läßt ihn von Kants apriorisch-lebensentbundener Vernunft Abschied nehmen, zugleich allerdings auch Distanz zu Schopenhauers pessimistischer Metaphysik der Natur einnehmen. Das „Denken über Welt und Leben" – so verkündet die Vorrede zu *Kultur und Ethik* programmatisch – „sucht nicht ‚Metaphysik', meinend, damit zu Weltanschauung zu gelangen, sondern es sucht Weltanschauung und nimmt mit, was dabei an ‚Metaphysik' herauskommt." (GW 2, 102) Hier spricht also deutlich ein Verfechter des nachmetaphysischen Denkens, der auf eine realitätsbezogene Ethik der Anerkennung fremder Lebensansprüche hinauswill und sich dabei auf Schopenhauers Modell des Vorrangs von Lebenswille und Leiberfahrung vor dem erkennenden Subjekt à la Kant beruft, zugleich aber dessen lebens- und weltverneinende Deutung des Seins ebenso ablehnt wie die der Brahmanen oder Buddhas (vgl. GW 1, 235). Stattdessen integriert er hier Goethes staunend-bejahende „Ehrfurcht vor der Wirklichkeit der Natur" (GW 2, 261) sowie Nietzsches

„höhere Lebensbejahung" (ebd. 305) in seinen Entwurf, freilich beide auch zugleich wieder aus ethischer Perspektive kritisierend. Hinter solchen willkürlich anmutenden Verflechtungen von Impulsen aus höchst disparaten Denkansätzen steht – wie schon gesagt – Schweitzers problemgeschichtliches Selbstverständnis, das die eigene Denkarbeit als Synthese der bisher vorgelegten Lösungen zur Weltanschauungsfrage begreift, unabhängig davon, ob diese Metaphysik implizieren oder nicht. Der eigene neue Weg soll der einer Ethik sein, die als Wurzel künftiger weltanschaulicher Orientierung dienen kann, und diesen Weg hält Schweitzer für den schlechthin ausschlaggebenden: „In der Geschichte des Denkens über Ethik wandelt man im innersten Kreise der Weltgeschichte. Unter den die Wirklichkeit gestaltenden Kräften ist die Sittlichkeit die erste. Sie ist das entscheidende Wissen, das wir dem Denken abringen müssen. Alles andere ist mehr oder weniger Beiwerk." (ebd. 139) Dieses Vertrauen auf die handlungsleitende Kraft des Sittlichen erscheint angesichts der Lebenswirklichkeit absurd, wenn man das Sittliche vom Hochethos der Kantischen Vernunft her versteht, doch es gewinnt an Plausibilität, wenn man, wie Schweitzer es tut, das Sittliche als schrittweise Erweiterung der Bejahung fremder Lebensansprüche begreift, also als eine historische Aufgabe, die mit dem engen Kreis der Blutsverwandten begonnen hat und ihr Ziel erst erreicht, wenn die ganze Menschheit und darüber hinaus auch das nichtmenschliche Leben in den Respekt vor dem Lebenswillen einbezogen wird.

Es ist diese Absicht, die Ethik auf ihre empirischen Anwendungsbedingungen hin zu entwerfen, welche Schweitzer veranlaßt, der apriorisch-weltüberlegenen Vernunft Kants eine Absage zu erteilen und stattdessen ein allgemeingültiges Grundgesetz des Sittlichen von der rationalen Vertiefung in den je individuell vorfindbaren Lebenswillen zu erhoffen. Mit diesem Ansatz einer aus empirischer Hypothese und rationaler Normbegründung gemischten Ethik steht Schweitzer keineswegs so einsam da, wie er es angenommen hat. Die Ethikdiskussion des 20. Jahrhunderts hat ihm – bei aller Kritikwürdigkeit seines

Entwurfs im einzelnen – im Grundsatz doch recht gegeben, denn Kants abstrakt-absolute Vernunft wird als Wirkkraft des sittlichen Handelns seit langem und weithin in Frage gestellt. So hat Ernst Topitsch 1958 die Kantische Vernunftphilosophie ähnlich wie Schweitzer einer intentional-wertenden Sicht der Welt zugeordnet, die die soziomorphe Deutung des Kosmos im Sinne einer ewig-unverbrüchlichen „Gleichmäßigkeit der Naturgesetze" zum Modell für die Allgemeingültigkeit des moralischen Gesetzes nehme (Topitsch 1972, 303) und zudem technomorph die Vernunft als Form dem zu formenden Sinnesmaterial überordne (ebd. 305). Es sind also eher empirisch veranlaßte Weltdeutungsinteressen als die Evidenz der reinen Vernunft, was das Kantische Denken inspiriert, und der kategorische Imperativ gerät für Topitsch durch seine weltenthobende Apriorität „vor die Alternative, entweder eine nichtssagende Leerformel zu bleiben oder mit beliebigen Normgehalten erfüllt zu werden." (ebd.) Dies hat offenbar auch Schweitzer gespürt, als er der Ethik ‚materialistische Instinkte' zusprach.

Kants reine Vernunft darf wohl kaum als psychisches Vermögen, als reale Handlungsinstanz aufgefaßt werden, sondern muß – so Hans Lenk – als „idealtypische Modellkonstruktion" (Lenk 1975, 46), als „regulative Idee mit programmatischer Appellfunktion" (ebd. 48) interpretiert werden. Deswegen kann es nicht verwundern, daß Kant bei der Konstruktion seines Vernunftmodells auf empirische Voraussetzungen nicht verzichten kann. Otfried Höffe hat jüngst darauf hingewiesen, daß Kants Philosophie der Moral eben nicht rein rational sei, sondern als empirische Annahme „den Menschen als ein endliches, durch Neigungen verführbares Vernunftwesen", als „in derselben Außenwelt zu mehreren" auftretendes und in seiner Leiblichkeit durch Mitmenschen verletzbares Wesen voraussetze. (Höffe 1993, 33 f.) Es scheint also kaum möglich zu sein, Ethik ohne empirische Voraussetzungen zu entwerfen, und Schweitzers Verfahren, diese dann auch deutlich als Ausgangspunkt seiner Ethik zu benennen, kann also so abwegig nicht sein. Kants absolute Vernunft behält im Sinne Lenks ihre

‚programmatische Appellfunktion', doch Ausgangspunkt der Ethik kann nur der empirische und damit endliche Mensch sein, wie ihn Ekkehard Martens – in schweitzer-analoger Weise – umschrieben hat:

„Auch ohne Letztbegründung philosophischer Art möchte jeder Mensch als Lebewesen Schmerzen vermeiden, darüber hinaus möchte er – spezifisch menschlich – Demütigungen entgehen. Und er möchte nicht nur wie jedes Lebewesen Lust empfinden, sondern darüber hinaus – spezifisch menschlich – Freuden erleben. Der Mensch ist dasjenige Lebewesen, so ließe sich seine Kontigenzerfahrung zusammenfassen, das Demütigungen erleiden und Freuden empfinden kann. Dies, und nicht eine abstrakte Vernunft des animal rationale, zeichnet ihn aus. Wie allerdings ein Mensch jeweils gedemütigt werden kann und worüber er Freude empfindet, läßt sich nicht vorweg nach einem allgemeinen Schema apriorischer Vernunft angeben, sondern nur durch eine differenzierende und einfühlende Vernunft herausfinden." (Martens 1991, 151)

Dem hätte Schweitzer sicherlich zugestimmt, allerdings mit dem Zusatz, daß der endliche Mensch zwar die der Ethikbegründung vorausliegende Erfahrungsgrundlage bilde, die Ethik selbst sich aber nicht auf das menschliche Leben als Anwendungsbereich beschränken dürfe. Auf jeden Fall aber zeigen die knapp und exemplarisch angedeuteten Beiträge zur Kritik des Kantischen Vernunftmodells, daß Schweitzer es sich mit seinem Ethikverständnis unnötig schwer gemacht hat. Sein Bekenntnis, als „ein Erneuerer des voraussetzungslosen Vernunftdenkens" auftreten zu wollen (GW 2, 109), läßt ihn da, wo er Voraussetzungen macht, die „Paradoxie, die unser geistiges Leben beherrscht", beschwören und zum Lebenswillen als „einem denknotwendigen Irrationalen" gelangen (ebd. 110). Von einer Paradoxie kann deswegen nicht die Rede sein, weil die empirische Hypothese des Lebenswillens weder denknotwendig noch irrational ist. Denknotwendig ist sie nicht, insofern empirische Annahmen gut oder weniger gut fundiert sein können, auf jeden Fall aber der Falsifizierbarkeit offenstehen, und irrational nicht, insofern ein empirisches Faktum wie der

Lebenswille weder rational noch irrational, sondern arational ist.

Schweitzers Fixierung auf den Terminus ‚denknotwendig' entspringt offenbar seiner Absicht, dem von ihm gesuchten Prinzip der Sittlichkeit die Allgemeingültigkeit im Sinne Kants zu sichern. Entscheidend für die Beurteilung seiner Ethik ist dies nicht, denn hier kommt es allein auf die Frage an, ob er die quaestio iuris von der quaestio facti, also die normative Begründung seiner Ethik von deren empirischen Voraussetzungen zu unterscheiden wußte. Dies aber ist eindeutig der Fall. Schweitzer deutet das Faktum ‚Lebenswille' nicht als Ableitungsinstanz für normative Ansprüche, sieht darin nicht den Grund der Verbindlichkeit seiner Ethik, wohl aber das die Anwendungsbedingungen beherrschende Prinzip, dem Rechnung zu tragen ist, wenn die rational begründete ethische Richtlinie zu praktischer Wirkung gelangen soll. Im einzelnen wird dies später zu belegen sein; hier sollte lediglich gezeigt werden, daß Schweitzers dramatisch überhöhtes Ethikverständnis methodisch möglich und unter Gegenwartsaspekten interessant ist.

3. Im Zeichen der Humanitätsidee: Schweitzers normative Prämisse

Schweitzers Suche nach einem eigenen ethischen Weg vollzieht sich im klaren Bewußtsein des hohen Anspruchs, vor dem Hintergrund einer reichhaltigen Ethikgeschichte innovatorisch wirken zu wollen. So fragt er sich, ob es einen Sinn habe, „den Acker, der schon tausendundeinmal gepflügt worden ist, zum tausendundzweiten Male umzuwenden" (GW 2, 138), und widmet 13 der 22 Kapitel von *Kultur und Ethik* einem in Darstellung wie Wertung äußerst prägnanten Abriß der ethischen Tradition. Er gelangt dabei zu der These, daß zwar alles ethische Bemühen „klar oder weniger klar ein Suchen nach einem in sich begründeten Grundprinzip des Sittlichen" gewesen sei, bisher aber nur „Fragmente" dieses Grundprinzips zutage gefördert habe (ebd. 140). Der Streit zwischen solchen Fragmenten habe zu einem „Chaos der ethischen Anschauungen" geführt, das folglich nur durch eine Ethik überwunden werden könne, die das „Grundprinzip des Sittlichen" nicht mehr fragmentarisch, sondern vollständig erfasse:

„Ethisches ist vorhanden in dem, was Kant an der Ethik des Rationalismus beanstandet, wie in dem, was er an seine Stelle setzt, in dem, worin Kants Moralbegriff von Schopenhauer angefochten wird, wie in dem, was bei diesem an seine Stelle treten soll. Ethisch ist Schopenhauer in dem, worin Nietzsche ihn bekämpft, und dieser darin, daß er sich gegen Schopenhauer auflehnt. Den Grundakkord gilt es zu finden, in dem die Dissonanzen dieses verschiedenartig und gegensätzlich Ethischen sich in Harmonie auflösen.

Das ethische Problem ist also das Problem des im Denken begründeten Grundprinzips des Sittlichen. Was ist das gemeinsam Gute an dem Mannigfaltigen, das wir als gut empfinden? Gibt es einen solchen allgemeinsten Begriff des Guten? Wenn es ihn gibt, worin besteht er und inwieweit ist er für mich wirklich notwendig? Welche Macht übt er auf meine Gesinnungen und Handlungen aus? In welche Auseinandersetzungen bringt er mich mit der Welt?" (ebd. 140f.)

Schweitzers ethische Intention tritt hier deutlich hervor: Zum einen läßt ihn seine rationalistisch-aufklärerische Herkunft nach einem ‚Grundprinzip' suchen, d.h. nach einem singulären und letztgültigen Prinzip der Sittlichkeit, demgegenüber alle untergeordneten Normierungen bedeutungslos werden; zum anderen verbindet sich seine problemgeschichtliche Neigung mit seiner musikästhetischen, vor allem von der Bachschen Fuge hergeleiteten Orientierung (vgl. Schützeichel 1991, 64f.) und will aus dissonant überlieferten Fragmenten eine ethische Harmonie entstehen lassen, und drittens geht es ihm nicht nur um Normbegründung, sondern zugleich auch um Motivationslehre, denn die Frage nach der „Macht", die der Begriff des Guten „auf meine Gesinnungen und Handlungen" ausübt, gehört nach herkömmlichem Ethikverständnis in die Psychologie und Pädagogik, nicht aber in die Ethik im strengen Sinn. Kant hatte sie als Methodenlehre dem eigentlich wissenschaftlichen Teil seiner Ethik angehängt und dabei den Begriff der Methode nur sehr abgeschwächt gelten lassen (Kant, KpV II, 173).

Schweitzer kümmert sich auch hier nicht um fachlich-methodische Abgrenzungen, weiß allerdings, warum er dies tut: „Die Schwäche aller bisherigen Ethik, der religiösen wie der philosophischen, liegt darin, daß sie sich in dem einzelnen nicht in unmittelbarer und natürlicher Weise mit der Wirklichkeit auseinandersetzt. In vielem redet sie an den Tatsachen vorbei. Sie geht nicht auf das Erleben des einzelnen ein. Darum übt sie keinen ständigen Druck auf ihn aus. So kommen ethische Gedankenlosigkeit und ethische Phrase auf." (GW 2, 143) Es geht also um die Anbindung der ethischen Normativität an das Alltagsbewußtsein, um eine pädagogisch-didaktische oder – in Schweitzerscher Terminologie – elementare Präsentation von Ethik. Dies verlangt vom Ethiker, daß er die Motivationsfrage in seine eigene Argumentation einbezieht.

Schweitzers bereits charakterisierte Denkform verleiht also der Grundlegung seiner Ethik das spezifische Profil: problemgeschichtliche Linien aufspüren und synthetisieren, methodische Grenzen um des Sachgehalts willen überschreiten und durch elementares Denken das Alltagsbewußtsein erreichen – diese drei Strukturmerkmale seiner Denkweise bestimmen auch hier den argumentativen Weg und führen in der Tat zu einem neuartigen Typus von Ethik. Dies wird schon an den Bedingungen deutlich, unter die er seine Suche nach dem Leitprinzip des Sittlichen stellt: „Das wahre Grundprinzip des Ethischen muß bei aller Allgemeinheit etwas ungeheuer Elementares und Innerliches sein, das den Menschen, wenn es ihm einmal aufgegangen ist, nicht mehr losläßt, in selbstverständlicher Weise in all sein Überlegen mit hereinredet, sich nicht in den Winkel stellen läßt und fort und fort eine Auseinandersetzung mit der Wirklichkeit provoziert." (ebd. 143) Damit wird ineinsgedacht, was für Kant wie Schopenhauer nicht synthetisierbar war, denn während der erstere dem Postulat der Allgemeinheit und Elementarität wohl beipflichtet, das Insistieren auf der Innerlichkeit aber als empirisch-psychologische Beimischung aus der Ethik verwiesen hätte, hätte der letztere die imperative Allgemeinheit zurückgewiesen, sich dafür aber zur Innerlichkeit und ebenso zur Elementarität bekannt.

Es ist also der Gedanke der Elementarität, der Kant, Schopenhauer und Schweitzer miteinander verbindet, freilich in höchst disparater Deutung, denn während Kant „kein neues Prinzip der Moralität, sondern nur eine *neue* Formel" für das jeder Individualvernunft innewohnende objektive Sittengesetz aufstellen will (Kant, KpV Vorr. 8) und insofern eine elementar rationale Struktur zugrundelegt, ziehen Schopenhauer und Schweitzer den Rekurs auf das subjektiv-empirische Bewußtsein, die individuelle Innenerfahrung vor, wobei dann Schopenhauer auf allgemeinverbindliche Sollensforderungen verzichtet, Schweitzer jedoch gerade diese begründen will. Die Ethik der Ehrfurcht vor dem Leben soll also elementar-leibliche Subjektivität mit elementar-rationaler Objektivität, Schopenhauerische Leib- und Willenserfahrung mit dem Kantischen Anspruch eines absolut gültigen, also kategorischen Vernunftgesetzes zu einem neuen Ethikentwurf zusammenfassen.

Hinter diesem Versuch steht eine anthropologische Prämisse, die Schweitzer wohl erst nachträglich bewußt geworden ist. Jedenfalls entwickelt er nicht schon in *Kultur und Ethik*, sondern erst in der *Kulturphilosophie III* eine Theorie der Persönlichkeit, die seine schwierige Syntheseabsicht stützen soll. Dort verwirft er die „gewöhnliche Entgegensetzung von Wille und Intellekt" und setzt dagegen: „Der Mensch wird nicht Persönlichkeit dadurch, daß sich sein Wille dem Intellekt unterwirft oder sein Intellekt vor dem Willen abdankt, sondern dadurch, daß sein naturhaftes und sein überlegendes, in eine Weltanschauung gegründetes Wesen sich durchdringen. Die naturhafte Persönlichkeit ist der Stoff, der in der denkenden geformt wird." (KPh III, 1. Teil, 15) Dies erinnert an die Goethesche Polarität von naturhaft gegebenem Charakter und welthaltig-veredelnder Bildung (vgl. Günzler 1981, 87f.), zumal auch Goethe vom Hylemorphismus des Aristoteles stark geprägt war. Doch Schweitzer setzt hier – ganz im Sinne Schopenhauers – weitaus stärkere innersubjektive Akzente, die Goethe wohl als romantisch abgelehnt hätte. So unterscheidet er „zwei Arten von Persönlichkeit" und kommentiert: „Die naturhafte Persönlichkeit ist die geheimnisvolle Einheit der in dem betreffenden Menschen vorhandenen Instinkte, Triebe und Fähigkeiten. Sie ist das Schicksalhafte und Unergründliche seines Wesens. Die Denk-Persönlichkeit entsteht in dem Erkennen und Überlegen, in dem der Mensch zu der Umwelt und zu sich selber in ein Verhältnis zu kommen sucht. Durch die Art und die Stärke, in der diese beiden Persönlichkeiten in einem Menschen vorhanden sind und ineinandergreifen, ist seine Gesamtpersönlichkeit bestimmt." (KPh III, 1. Teil, 14)

Dieses Modell einer Doppelpersönlichkeit macht die Frage nach einem erfüllten Leben also davon abhängig, inwieweit es gelingt, die ‚naturhafte Persönlichkeit' denkend zu veredeln, ohne sie zu unterwerfen, d.h. im Sinne Nietzsches das Naturhafte zu sublimieren, nicht aber zu eliminieren. Damit dies gelingt, bedarf es – und hier meldet sich das Erbe des Kantischen Gesetzesdenkens zu Wort – der Herausforderung durch allgemeingültige, eben aller Subjektivität entzogene Ansprüche: „Selbstentfaltung ist nicht Entwicklung. Nur durch die Einwirkung eines Objektiven, der Idee des wahren Menschentums, wird das Subjektive, das Naturhafte in mir zur Entwicklung gebracht. Um ihren vollen Wert zu erreichen, muß sich die naturhafte Persönlichkeit im Denken vervollständigen, vertiefen, veredeln, klären und läutern. Nur in naturhafter Weise bestimmt, ist der Mensch immer etwas Unfertiges, auch wenn er noch so bedeutend ist." (ebd. 19) In diesem Sinne erscheint in Schweitzers Sicht Napoleon I. bei aller Größe klein im Vergleich zu Marc Aurel, dem Stoiker auf dem Kaiserthron (vgl. ebd.). Es ist eben die ‚Idee des wahren Menschentums', die als einwirkendes Objektives die Subjektivität des letzteren vertieft und veredelt hat, wohingegen Schweitzer bei Napoleon eine ungeläuterte Naturhaftigkeit am Werke sieht.

Schon der Wortgebrauch in solchen anthropologisch akzentuierten Aussagen ist ein Index dafür, daß Schweitzer den

Gedanken der Humanität als normative Leitidee völlig selbstverständlich dem Denken des 18. Jahrhunderts entnimmt, um daran sowohl vergangene Epochen wie die Gegenwartssituation zu messen. Termini wie ‚klären', ‚läutern', ‚vertiefen' und ‚veredeln' verweisen auf das neuhumanistische Ideal der gebildeten Individualität, der sich selbst vervollkommnenden Persönlichkeit, wobei für Schweitzer vor allem Goethes Bestimmung der Persönlichkeit als Einheit von „Verinnerlichung" und „Tat" maßgeblich ist. In seiner Goethe-Rede von 1932 findet sich ein diesbezüglich prägnantes Urteil über Goethe:

„Er, der vor Nietzsche das große Problem empfunden, wie sich das Edel-Werden, das heißt das Er-Selbst-Werden, und das Gut-Werden des Menschen zueinander verhalten – und darin liegt seine eigentliche philosophische Bedeutung! –, hat ihm die einfache Lösung gegeben, daß das wahre Er-Selbst-Werden in nichts anderem als in dem wahrhaft Gut-Werden bestehen könne. Diese Goethesche Vorstellung von dem Edeln, das zugleich das allgemeingültige Gute ist, wird in dem Denken der Menschheit zur Macht kommen, wenn Nietzsches Auflehnung gegen die in der Menschheit entstandene überlieferte Vorstellung des Guten nur noch Erinnerung an das 19. Jahrhundert sein wird". (GW 5, 498f.) Die im Zusammenhang mit seiner Kulturkritik erörterten Kriterien bilden also gleichermaßen den Bezugsrahmen, in dem Schweitzer seinen ethischen Weg sucht. Der Gedanke, daß das Edle mit dem allgemeingültig Guten eine Einheit bilde, kehrt in der Ehrfurchtsethik in der These wieder, daß die Traditionsströme der Selbstvervollkommnungsethik und der Hingebungsethik zu integrieren seien und die Richtlinie der Ehrfurcht vor dem Leben ebendies leiste. Darüber später Ausführliches! Hier gilt es festzuhalten, daß Schweitzer mit seiner Ethik offenbar keine neue normative Leitidee begründen, sondern bestimmen will, worin das aus der Humanitätsphilosophie des 18. Jahrhunderts überkommene Postulat des Edel-Werdens und des Gut-Werdens denn nun inhaltlich bestehe. Die Idee der Humanität steht für ihn als normative Richtlinie also fest – schließlich war ja schon seine Kulturkritik in die Prognose heraufziehender

Inhumanität gemündet –, doch was er sucht, ist ein Ethikentwurf, der diese Richtlinie als plausibel, elementar und unausweichlich in den individuellen Lebenshorizont rückt. Dazu bedarf die normative Richtlinie einer inhaltlichen Profilierung, die die Forderung des Edlen und Guten individuell erlebbar werden läßt. Das ist Schweitzers programmatische Intention.

Leider schlägt seine entschiedene Absage an die Fachmethodik in diesem Punkt besonders nachteilig zu Buche, denn er unterzieht sich in *Kultur und Ethik* nicht der Mühe, seinen normativen Hintergrund ausdrücklich und an systematisch geeigneter Stelle zu erläutern. Trotzdem finden sich quer durch den Text zahlreiche Belege, die die Humanitätsidee als implizites Leitmotiv immer wieder hervortreten lassen (vgl. Teutsch 1987, 93). Eine dominierende Rolle spielt dabei der Begriff der ‚ethischen Persönlichkeit‘:

„Die Ethik der ethischen Persönlichkeit ist persönlich, unreglementierbar und absolut. Die von der Gesellschaft für ihr gedeihliches Bestehen aufgestellte ist überpersönlich, reglementiert und relativ. Darum kann die ethische Persönlichkeit sich nicht in sie ergeben, sondern bleibt in fortgesetzter Auseinandersetzung mit ihr. Fort und fort muß sie sich gegen sie auflehnen, weil sie sie zu niedrig eingestellt findet. Letzten Endes rührt der Antagonismus zwischen beiden von der verschiedenen Bewertung der Humanität her. Humanität besteht darin, daß nie ein Mensch einem Zweck geopfert wird. Die Ethik der ethischen Persönlichkeit will die Humanität wahren. Die von der Gesellschaft aufgestellte ist dazu unvermögend." (GW 2, 357f.)

Eine im Namen der Gesellschaft entworfene Sozialethik läßt sich für Schweitzer also nicht legitimieren, weil sie die Wahrung der Humanität nicht gewährleisten kann; vielmehr gelten sozialethische Forderungen nur insoweit, als sie individualethisch fundiert, d.h. aus dem Denken der ‚ethischen Persönlichkeit‘ heraus entwickelt werden und so die Einheit des ‚Edlen‘ und des ‚Guten‘ verbürgen. Besonders harsche Kritik trifft daher die Gemeinwohlethiken des 17. und 18. Jahrhunderts, die für Schweitzer „die Sittlichkeit außerhalb des Menschen entstehen" lassen und „die ethische Persönlichkeit im Menschen außer Betrieb" setzen (ebd. 200). Bei aller Würdigung der unterschiedlichen Theorien zur Deutung des Altruismus bescheinigt er Thomas Hobbes und John Locke, Jeremias Bentham und David Hume eine „äußere Auffassung von Ethik" (ebd. 197) und resümiert im Blick auf die Ethikgeschichte:

„Das ethische Denken fällt aus einer Paradoxie in die andere. Denkt es, wie in der Antike, die Ethik aus, in der die auf das Gemeinwohl gehende Aktivität nicht genügend vertreten ist, so gelangt es zu einer Ethik, in der keine Ethik mehr ist, und endigt in Resignation. Setzt es die auf das Allgemeinwohl gehende Aktivität voraus, so gelangt es zu einer Ethik ohne ethische Persönlichkeit. Den Mittelweg, in der ethischen Persönlichkeit eine auf das Allgemeinwohl gehende tätige Ethik entstehen zu lassen, kann es merkwürdigerweise nicht bahnen." (ebd. 200)

Pure Selbstvervollkommnungsethiken wie bei den Stoikern und Epikureern lehnt Schweitzer also ebenso ab wie pure Hingabeethiken, weil die ersteren die soziale Verantwortung zugunsten der Ichbezüglichkeit ruinieren und die letzteren die personale Selbstverantwortung unterminieren, indem sie „die Gesellschaft zur ethischen Persönlichkeit" erheben (ebd.).

Statt dessen baut er auf die Fähigkeit der ethischen Persönlichkeit, aus sich selbst heraus eine gemeinwohlorientierte Tatethik entstehen zu lassen, die, weil personal fundiert, individualethische Aspekte niemals vernachlässigen kann. Das Ideal einer aus Innerlichkeit und Tat erwachsenden Humanität, wie er es bei Goethe entdeckt hatte, präjudiziert so die normative Perspektive, in der Schweitzer seine eigene Ethik anzusiedeln beabsichtigt. In diesem Sinne sind dann auch Aussagen wie die folgende zu verstehen: „Alle unter uns auftretenden Grundsätze, Gesinnungen und Ideale messen wir in grandioser Pedanterie mit dem durch die absolute Ethik der Ehrfurcht vor dem Leben geeichten Maße. Gelten lassen wir nur, was sich mit der Humanität verträgt. Die Rücksicht auf das Leben und auf das Glück des einzelnen bringen wir wieder zu Ehren." (ebd. 401) Schweitzers eigene Ethik soll demnach das Maß eichen, an dem alle normativen Entwürfe auf ihren Humanitätsgehalt hin zu prüfen sind, und darf somit ohne Zweifel als eine Spezifizierung und Präzisierung der Humanitätsidee interpretiert werden. Es erscheint daher absurd, wenn Erich Brock in einer der ersten Rezensionen von *Kultur und Ethik* in Anspielung auf Don Quichotte Schweitzer unterstellt, „ein irrender Ritter der Hingabe" zu sein (Brock 1924, 269). Solche Kritik übersieht völlig, daß die Hingabe bei ihm individualethisch in der Selbstvervollkommnung fundiert ist und daher keineswegs als Aufgehen in Ansprüchen von außen gedeutet werden kann.

Eine Reihe analoger Aussagen untermauert die hier behauptete prinzipielle Verwurzelung der Schweitzerschen Ethik in der Humanitätsphilosophie des 18. Jahrhunderts (vgl. GW 2, 123, 393, 397), und in einem späten Text (1961) bekennt Schweitzer dann: „Tiefe Religion und tiefes Denken haben miteinander das Humanitätsideal geschaffen und verkündet. Von ihnen haben wir es übernommen. Wir bekennen uns zu ihm und sind überzeugt, daß es das ethische Grundelement wahrer Kultur ist." (GW 5, 169)

Diesen normativen Hintergrund gilt es zu beachten, wenn die Ethik der Ehrfurcht vor dem Leben weder als der paradoxe Traum eines ‚irrenden Ritters der Hingabe' noch als ein vitalistischer oder gar biologischer Kurzschluß mißverstanden werden soll. Bei allem Respekt vor dem Lebenswillen baut Schweitzer auf die „absolute Rationalität des Ethischen", verwirft in seiner Kritik an David Hume die empirisch-psychologische Betrachtungsweise und damit jeden Versuch, „die Verpflichtung zum Sittlichen aus dem Inhalte des Sittlichen ableiten" zu wollen (GW 2, 204/05). Dies bedeutet, daß der Lebenswille, obschon Inhalt des Sittlichen, keineswegs den Grund der Verpflichtung zum Sittlichen darstellen kann. Diese Aufgabe weist Schweitzer dem Denken zu, dem die Geschichte der Ethik vor Augen führe, „daß Ethik nicht einfach als im Menschen sich fortsetzendes Naturgeschehen aufgefaßt werden kann", und fährt dann fort: „Im ethischen Menschen kommt das Naturgeschehen in Widerspruch mit sich selbst. Die Natur kennt nur blinde Lebensbejahung. Der in den Kräften und Lebewesen auftretende Wille zum Leben ist bestrebt, sich durchzusetzen. Im Menschen aber kommt dieses natürliche Bestreben in Spannung mit einem geheimnisvollen anderen. Die Lebensbejahung strengt sich an, Lebensverneinung in sich aufzunehmen, um anderen Lebewesen in Hingebung zu dienen und sie, eventuell durch Selbstaufopferung, vor Schädigung und Vernichtung zu bewahren." (ebd. 355)

Daß die naturhaft vorgegebene Lebensbejahung Verantwortung für fremde Lebewesen in sich aufnimmt und um dieser willen zur Einschränkung eigener Ansprüche, also zur Lebensverneinung bis hin zur Selbstaufopferung fähig ist, ebendies zeugt für Schweitzer von einer zweiten ‚geheimnisvollen' Instanz neben derjenigen der natürlichen Triebkonstitution. Der ‚ethische Mensch' entwickelt denkend normative Prinzipien, die ihn gegen die Gesetze des Naturgeschehens handeln lassen, und bleibt doch als Lebewesen Teil der Natur. In diesem Sinne kommt das Naturgeschehen in ihm ‚in Widerspruch mit sich selbst'. Da Schweitzer keine übergeordnete Welt des geistigen Seins nach Art der Platonischen Ideenlehre und auch keine überempirisch-apriorische Vernunft im Kantischen Sinne zu akzeptieren vermag, sondern gemäß seiner elementaren Naturphilosophie allein von der empirisch gegebenen Wirklichkeit ausgeht, kann er die Absolutheit des Sittengesetzes nur retten, indem er dem Denken die Potenz zuspricht, sich trotz seiner biologischen Bindung an natürliche Voraussetzungen inhaltlich nach eigenen Gesetzen zu entwickeln und so zu normativen Prinzipien zu gelangen, die sich gegen die Gesetzmäßigkeit der Natur richten. Dies erinnert an Nicolai Hartmanns Schichtenontologie mit der These vom „Gesetz des Spielraums der höheren Form" inmitten der Gebundenheit alles Höheren an die elementaren Schichten des Anorganischen und Organischen (Hartmann 1964, 74), doch Schweitzer hat Hartmann als Ontologen nicht zur Kenntnis genommen und als Ethiker strikt abgelehnt (vgl. Günzler 1990, 87f.). So geht er denn auch hier seinen Weg ganz allein und bekennt sich unter nicht mehr rationalistischen Voraussetzungen zum Rationalismus: „Im alten Rationalismus unternahm es die Vernunft, die Welt zu ergründen. Im neuen hat sie als ihre Aufgabe zu erfassen, über den Willen zum Leben, der in uns ist, ins klare zu kommen." (GW 2, 340)

Der rationalistische Anspruch, ein allgemeingültiges und notwendiges Prinzip des Sittlichen zu begründen, bleibt also erhalten, nur leitet Schweitzers ‚neuer' Rationalismus dieses Prinzip nicht mehr aus dem Modell einer autark gedachten Vernunft ab, sondern aus einer in das lebendige Individuum integrierten Vernunft, der die Aufgabe zufällt, den ‚Willen zum Leben' als die materielle Grundlage allen Handelns an rationalen Kriterien zu orientieren. Die normative Leitidee der Humanität wird also nicht mehr rational entworfen, um sodann auf die empirische Welt angewendet zu werden, sondern soll von vornherein als die unausweichliche Antwort gefaßt werden, zu der die rationale Vertiefung in das empirische Prinzip des Lebenswillens gelangt. Der ‚edle' und zugleich ‚gute' Mensch, wie Schweitzer ihn bei Goethe entworfen findet, wird er selbst dadurch, daß er ‚über den Willen zum Leben ins klare' kommt, also auf dem denkenden Weg nach innen und nicht über Vernunftideale, die ihm in abstrakter Form vorgegeben werden.

Mit diesem Versuch, gerade im Horizont des Lebensbezugs „die Absolutheit der ethischen Pflicht" zu wahren, ja dieser überhaupt erst den Inhalt zu verleihen, sieht Schweitzer sich als denjenigen, der die Konsequenzen zieht, die Kant schon hätte ziehen müssen (GW 2, 237). Die Richtlinie der Ehrfurcht vor dem Leben erscheint ihm als der notwendige Inhalt für Kants kategorischen Imperativ, und dieses Festhalten am kategorischen Anspruch unterscheidet Schweitzer nun deutlich von lebensphilosophischen Positionen, mit denen er gelegentlich verwechselt wird (siehe Pleitner 1992, 250/51). Wilhelm Diltheys These, daß sich „jede inhaltliche Formel über den letzten Zweck des Menschenlebens als historisch bedingt" erwiesen habe und daher „kein moralisches System bisher allgemeine Anerkennung" habe erringen können (Dilthey VI,

57), kennzeichnet deutlich die Divergenz zu Schweitzer, der gerade im Fluß des Lebens nach einem lebensüberlegenen und allgemein anerkennbaren Prinzip sucht. Insofern ist Gerhard Funke zuzustimmen, der Schweitzers Ethik sehr prägnant gegen die Lebensphilosophie abgegrenzt hat:

„Gerade diesem Wertrelativismus, diesem Naturalismus der Lebensphilosophie und diesem biologischen Positivismus widersetzt sich Schweitzer. Er sagt ausdrücklich, daß das Leben einen *höchsten* Sinn in sich trägt, eine *höchste* Idee birgt: die Idee der Ehrfurcht vor dem Leben. Es ist nicht einfach das Leben da und hat recht – nein, nur das Leben hat recht, das die im Leben selbst auftretende höchste Idee lebt, die veneratio vitae. Daß diese Idee die höchste sei, dies gerade wird bei Schweitzer nicht wieder relativiert. Es wird nicht zugelassen, daß im Flusse der Entfaltung des Lebens andere, neue ‚höchste' Ideen an ihre Stelle treten. Nicht das krüde Leben ist das höchste, sondern dasjenige, das sich seiner höchsten Idee bewußt wird und danach lebt. Wer in seinem Leben der Ehrfurcht vor dem Leben gerecht wird, hebt den Gegensatz von dem, was ist, und dem, was sein soll, auf." (Funke 1959, 360)

Wie alle Ethiker wußte auch Schweitzer, daß diese Aufhebung des Gegensatzes von Sein und Sollen nur sehr bedingt gelingen kann, doch in der Tat stellt er das Leben als die alles tragende empirische Grundlage unter den Anspruch einer höchsten Idee, die insofern eine ‚im Leben selbst auftretende Idee' ist, als sie auf dem Wege des verallgemeinernden Denkens von der Vertiefung in den eigenen Lebenswillen her gewonnen wird. Ausdrücklich betont er, daß eine „durch die Biologie bestimmte naturhafte Lebens- und Weltbejahung" den ganz und gar unethischen Versuch darstelle, „das Werk der Natur auf dem Gebiete der Menschheit und mit den Mitteln des Menschen zu betreiben", und setzt ethisch dagegen: „Unsere Bestimmung in der Welt ist, die Ideen, die in uns sind, nicht die des Naturgeschehens, zu verwirklichen." (KPh III, 2. Teil, 133) Einmal mehr zeigt sich hier, daß es die dem menschlichen Denken entstammende, normative Leitidee der Humanität ist, die Schweitzer als ‚höchste' Idee dem Fluß des

Lebens entgegensetzt, zugleich aber auch als adäquate ethische Antwort auf den Anspruch des Lebenswillens selbst erweisen will.

Schweitzers Ethik weist damit eine bemerkenswerte Analogie zu Goethes Ästhetik auf, hatte dieser doch das „vollkommene Kunstwerk" als „übernatürlich, aber nicht außernatürlich" definiert und begründet: „Ein vollkommenes Kunstwerk ist ein Werk des menschlichen Geistes, und in diesem Sinne auch ein Werk der Natur." (Goethe HA 12, 72) Daß der menschliche Geist sich der Natur verdankt, hindert Goethe nicht zu fordern: „Der echte, gesetzgebende Künstler strebt nach Kunstwahrheit, der gesetzlose, der einem blinden Trieb folgt, nach Naturwirklichkeit; durch jenen wird die Kunst zum höchsten Gipfel, durch diesen auf die niedrigste Stufe gebracht." (ebd. 49) In ähnlicher Weise intendiert Schweitzer eine übernatürliche, doch nicht außernatürliche Ethik. Von der natürlichen Bindung der menschlichen Vernunft ausgehend, spricht er dieser dennoch gesetzgebende Kraft zu und entwirft mit dem Ehrfurchtsprinzip eine Richtlinie, die die natürlichen Grundlagen nicht verleugnet, sehr wohl aber der Naturwirklichkeit der blinden Triebe das ethische, ergo übernatürlich-normativ fundierte Handeln aus Verantwortung entgegensetzen soll.

Wie schon dargestellt, läßt sich für dieses Konzept der von Schweitzer erhobene Anspruch der ‚Denknotwendigkeit' nicht aufrechterhalten. Man kann, wie viele Ethiken und Religionen zeigen, auch von anderen Prämissen als der des Lebenswillens ausgehen, doch möglich ist eben auch diese, und Schweitzers Versuch, diese Prämisse mit Kants Forderung der Allgemeingültigkeit zu verbinden, also so etwas wie eine biophile Vernunftethik zu entwerfen, darf nicht vorschnell dem Irrationalismus oder dem lebensphilosophischen Relativismus zugeordnet werden.

IV. Der ‚neue Weg‘:
Die Ethik der Ehrfurcht vor dem Leben

Nach dem kritischen Gang durch die Ethikgeschichte, der ihn unentrinnbar vor schwierige fachphilosophische Probleme stellte, wendet sich Schweitzer im 17. Kapitel von *Kultur und Ethik* dem eigenen Entwurf zu und stellt dieses Kapitel programmatisch unter die Überschrift „Der neue Weg" (GW 2, 333). Damit wird jener Teil der Argumentation eröffnet, der jeden denkenden Menschen erreichen soll, wohingegen die vorausgehenden Erörterungen der Problemgeschichte eher der eigenen Rechtfertigung im fachphilosophischen Kontext dienten. Deshalb wird ab Kapitel 17 das Bemühen um eine elementar-unmittelbare Darbietung wieder dominierend, die historischen Bezüge treten zurück und die appellhaft-motivationalen Intentionen hervor. Es liegt also wohl durchaus in Schweitzers Interesse, wenn ein Großteil seiner Anhänger erst hier mit der Aneignung seiner Ethik einsetzt und das problemgeschichtliche Vorfeld schlicht ignoriert. Der Alltagsmensch inmitten seiner beruflichen Pflichten soll hier Orientierung finden, denn – so hatte Schweitzer zu Beginn diagnostiziert – „ein Kaufmann, der in einem Werke über Ethik Rat sucht, wie er in dem oder jenem Falle die Gebote seines Berufes mit denen der Sittlichkeit in Einklang bringe", finde dort nur selten „befriedigende Auskunft" (ebd. 137). Dies läßt sich kaum bestreiten, und Schweitzers Absicht, hier intensiver auf das Alltagsbewußtsein einzugehen, hat durchaus gute Gründe für sich, wenn man unter Ethik nicht nur theoretisch plausible Entwürfe, sondern auch handlungsleitende Orientierung versteht.

Trotzdem liegt hier kein aus persönlicher Lebenserfahrung erwachsener Moralappell vor, der dann erst nachträglich rationalisiert wird (so Pleitner 1992, 245), sondern der Ertrag des zwei Jahrzehnte lang verfolgten Plans, eine Ethik zu begründen, die gegen die Nietzschesche Moralkritik immun ist. (vgl. Kap. II. 3). Unübersehbar kommen darin auch die Persönlichkeitsmerkmale Schweitzers zum Vorschein, denn auch für ihn gilt, was bereits die *Nikomachische Ethik* (III, 7, 1114a) des Aristoteles leitmotivisch in die Formel gefaßt hat: „So wie die Wesensart des einzelnen ist, so erscheint ihm auch das Ziel" (Aristoteles 1967, 56). Keine Frage, daß sich Schweitzers Wesensart in seiner Ethik niederschlägt, keine Frage aber auch, daß auf ihn ebenso der Zusatzkommentar des Aristoteles zutrifft, daß jeder Mensch „Miturheber" (synaitios) seiner Wesensart und insofern rechenschaftspflichtig sei (ebd. 57). In dieser Hinsicht nimmt Schweitzer keine Sonderrolle unter den Philosophen ein, und es erscheint absurd, daraus – wie es manche Kritiker tun – die Diagnose abzuleiten, in der Ehrfurchtsethik drücke sich lediglich die emotionale Selbstbekundung eines von Kindheit an biophilen Menschen aus. Dies wird dem langwierigen Denkweg Schweitzers in keiner Weise gerecht. Angemessener erscheint es da, seinen Selbstanspruch, „als ein Erneuerer des voraussetzungslosen Vernunftdenkens" aufzutreten (GW 2, 109), ernst zu nehmen und zu prüfen, inwieweit es ihm gelingt, dem kulturkritisch gewonnenen Ziel einer Renaissance der Ethik nahezukommen: „Ein schlichter Wegbereiter dieser Renaissance möchte ich sein und den Glauben an die neue Menschheit als einen Feuerbrand in unsere dunkle Zeit hineinschleudern. Ich habe den Mut dazu, weil ich glaube, die Gesinnung der Humanität, die bisher nur als ein edles Gefühl galt, in einer aus elementarem Denken kommenden, allgemein mitteilbaren Weltanschauung begründet zu haben. Damit besitzt sie die Überzeugungskraft, über die sie bisher nicht verfügte, und ist fähig, sich in energischer und konseqenter Weise mit der Wirklichkeit auseinanderzusetzen und in ihr zur Geltung zu kommen." (ebd. 114f.)

Hier kommt ebenjene Grundsatzüberzeugung zum Vorschein, mit der Schweitzer die Zustimmung und Hochachtung Ernst Cassirers gefunden hat (vgl. Kap. II. 2): Die akademische

Beschäftigung mit der ‚Schulphilosophie darf die jedermann notwendig interessierende ‚Weltphilosophie' nicht aus den Augen verlieren. Aus diesem Grund – und nicht im Sinne einer unreflektierten Konfession eigener Motive – will Schweitzer der Humanitätsidee zu neuer Überzeugungskraft verhelfen, indem er diese in ‚energischer und konsequenter' Auseinandersetzung mit der Lebenswirklichkeit zu fundieren versucht, anstatt sie als ‚ein edles Gefühl' der defizienten Realität entgegenzustellen. Seine Ethik der Ehrfurcht vor dem Leben entspringt also dem „Anspruch, in das reale Geschehen einzugreifen" (Cassirer 1935, 14), soll somit einen Typus von Philosophie repräsentieren, der bei den Alltagserfahrungen ansetzt, um hier – also in den verschiedenen Anwendungsfeldern der Ethik – die normative Leitidee der Humanität plausibel und motivierend dem Jedermannsbewußtsein zu erschließen.

Die Rahmenbedingungen dieser durchaus rationalen Intention benennt Schweitzer prägnant: „Kompliziert und beschwerlich sind die Wege, auf denen das verirrte und verstiegene ethische Denken zurückgeholt werden muß. Einfach aber gestaltet sich seine Wanderung, wenn es, statt auf scheinbar bequeme und kurze Wege abzubiegen, von vornherein die rechte Richtung einhält. Dazu gehört dreierlei: daß es sich in keiner Weise auf ethische Deutung der Welt einläßt; daß es kosmisch und mystisch wird." (GW 2, 375) Nach dem komplizierten Gang durch die Problemgeschichte, für Schweitzer identisch mit dem Zurückholen der Ethik in das Elementare, beginnt die ‚einfache Wanderung' des ethischen Denkens also mit der bereits angesprochenen Forderung nach einem Verzicht auf jedwede ethische Weltdeutung. Dieses zunächst sehr allgemein klingende Postulat wird nunmehr mit Inhalten untermauert, die den außerordentlich markanten Stellenwert der Schweitzerschen Naturphilosophie hervortreten lassen (vgl. Günzler 1987, 402f.).

1. Die Natur als ‚schmerzvolles Rätsel':
Schweitzers naturphilosophischer Bezugsrahmen

Seit der zweiten Hälfte des 19. Jahrhunderts sieht Schweitzer die „Sonne der Ethik" verfinstert durch die Naturphilosophie, die sich „wie eine dunkle Wolkenwand" vor diese schiebe, und stellt fest: „Wo immer Ethik sich in irgendeiner Art wirklich auf Naturphilosophie einläßt, um aus ihr die von der Zeit gesuchte, überzeugende ethische Weltanschauung zu schaffen, geht sie so oder so an ihr zugrunde." (GW 2, 330) Andererseits bekennt er sich zum „Abenteuer der Auseinandersetzung mit der Naturphilosophie", weil nur so das „Verhältnis des Menschen zur Kreatur" in das Bewußtsein gelange und den Weg für eine Ethik freilege, die „nicht nur auf Menschen, sondern auch auf die Kreatur, ja überhaupt auf alles Leben, das in der Welt ist und in den Bereich des Menschen tritt", bezogen ist (ebd. 365). Offensichtlich ist Schweitzer davon überzeugt, die Auseinandersetzung mit der Naturphilosophie so führen zu können, daß die Ethik an dieser nicht zugrundegeht, also die Fallen zu vermeiden, in die die tradierte Ethik sich für ihn im Umgang mit der Naturphilosophie verfangen hat. Diese Fallen, an vielen Einzelpositionen diagnostiziert, lassen sich für ihn auf drei Grundtypen zurückführen:

„Das große Problem ist, das Universum und die Ethik zusammen zu denken. Die drei Weltanschauungstypen, die in den Weltreligionen auftreten, kehren auch in der abendländischen Philosophie wieder. Auch sie versucht, Ethik sei es in welt- und lebensbejahende, sei es in welt- und lebensverneinende Naturphilosophie hineinzulegen, oder sie geht darauf aus, von Naturphilosophie mehr oder weniger absehend, zu einer an sich ethischen Weltanschauung zu gelangen. Nur tut sie ihr möglichstes, um sich das Naive und Dualistische, das mit dem letzteren Verfahren tatsächlich gegeben ist, nicht einzugestehen und es zu verdecken." (ebd. 148)

Aus dieser Aussage läßt sich Schweitzers eigene Position verbindlich bestimmen: Als Ethiker durchaus dem ‚Dualismus' verpflichtet, also die sittlichen Normen im Gegensatz zum

Naturgeschehen verstehend, will er die Gefahr des ‚naiven' Dualismus meiden, welcher Normbegründung unter Ausblendung der Naturwirklichkeit anstrebt. Also muß er Naturphilosophie betreiben, doch dies darf für ihn nicht in die Versuchung münden, die Ethik als integralen Bestandteil eines naturphilosophischen Entwurfs zu entwickeln, ganz gleich, ob dieser nun lebens- und weltbejahend oder lebens- und weltverneinend angelegt ist. Sein Ziel ist es, Naturphilosophie und Ethik weder voneinander zu trennen noch die eine in der anderen aufgehen zu lassen, vielmehr will er die Spannung zwischen beiden in einen neuen Ethikentwurf eingehen lassen.

In diesem Sinne darf sein Abriß der Ethikgeschichte auch als eine Bestandsaufnahme der gescheiterten Bemühungen um eine überzeugende Verflechtung von Naturphilosophie und Ethik gelten. Kant etwa gilt ihm als der Prototyp des ‚naiven' Dualisten, weil er zwar „die Absolutheit der ethischen Pflicht" gegen alles Empirische setze, zugleich aber „mit der Herabsetzung der empirischen Welt" in der Erkenntnistheorie den realistischen Fragen der Naturphilosophie ausweiche (GW 2, 234–37). Schopenhauer dagegen erscheint Schweitzer als „überethisch" und „ruinös", weil er wie die Brahmanen und Buddha die Ethik in den Rahmen einer lebens- und weltverneinenden Naturphilosophie einspanne und es daher nur zur Empfehlung eines theoretisch-tatenlosen Mitleids bringe: „Das Elend der andern Kreatur zu lindern, vermag es nicht, da dieses ja in dem unrettbar leidvollen Willen zum Leben liegt." (ebd. 298)

Demgegenüber zieht Schweitzer eine lebens- und weltbejahende Naturphilosophie deutlich vor, allerdings auch hier mit dem Vorbehalt, daß man in selbige keine Ethik hineinlegen dürfe. Das Bejahungsmotiv als solches enthalte noch keine Ethik, ganz im Gegenteil: Wer hier nicht zu unterscheiden wisse, gefährde die Ethik, gelange zu einer „überethischen optimistischen Weltanschauung", wie sie neuzeitlich Georg Wilhelm Friedrich Hegel mit verhängnisvoller Wirkung inspiriert habe (GW 2, 266f.). Bei diesem werde die Ethik durch den „Glauben an immanenten Fortschritt" ersetzt (ebd. 273), zu einer „Phase in der Entwicklung der Geistigkeit" degradiert (ebd. 268) und damit letztlich der spekulativen Naturphilosophie geopfert: „Hegel schafft den zuversichtlichen Wirklichkeitssinn, in dem Europa in die zweite Hälfte des 19. Jahrhunderts hinaustaumelt, ohne gewahr zu werden, daß es die Ethik irgendwo liegengelassen hat." (ebd. 273) Damit beginnt für Schweitzer, was dann das spätere 19. Jahrhundert, vor allem Nietzsche und die Lebensphilosophie prägt: die fälschliche Identifizierung von Lebens- und Weltbejahung mit Ethik, also das Aufgehen der Ethik in der Naturphilosophie.

Sosehr er also Ethik nur vor dem Hintergrund einer lebens- und weltbejahenden Naturphilosophie als Tatethik für begründbar hält und so entschieden er sich von allen lebens- und weltverneinenden Deutungsmodellen distanziert, weil diese allesamt nur das Ideal der Tatenlosigkeit zuließen, so nachdrücklich verweist Schweitzer immer wieder darauf, daß eine optimistische Naturphilosophie zwar die Voraussetzung der Ethik, als solche aber noch keine Ethik sei: „Naturphilosophie kann als Sinn des Lebens nur die Steigerung und Vollendung des Lebens in irgendwelcher Art behaupten." (ebd. 330) In diesem Sinne muß auch der kulturkritisch diagnostizierte „Neoprimitivismus" (vgl. Kap. II. 3) als Resultat gewollter Naturhaftigkeit der verhängnisvollen Aufhebung der Ethik in der Naturphilosophie zugerechnet werden. Nicht zuletzt aus dieser zeitgenössischen Erfahrung heraus legt Schweitzer so großen Wert auf die Unterscheidung zwischen Lebens- und Weltbejahung einerseits und Ethik andererseits.

Vor dem skizzierten Hintergrund erhebt sich nunmehr die Frage, in welcher Weise Naturphilosophie und Ethik in Auseinandersetzung miteinander gebracht werden sollen, ohne sich in den Fallen zu verfangen, denen die tradierte Ethik anheimgefallen ist. Naturphilosophische Konzepte – ob optimistisch oder pessimistisch imprägniert – geben keine Ethik her, und eine in sich selbst zentrierte Ethik, die nach Kantischer Art vom Sittengesetz behauptet, „daß es mit der natürlichen Weltordnung nichts zu tun habe" (GW 2, 228), stellt für Schweitzer einen ‚naiven' Dualismus dar, der ethische Normativität gegen eine Wirklichkeit ins Feld führt, die er naturphilosophisch nicht ernsthaft zur Kenntnis nimmt. Also bleibt nur der Weg eines kritisch-reflektierten Dualismus, der die ‚natürliche Weltordnung' in Rechnung zieht und doch er selbst bleibt, d.h. in Beziehung zur Natur eine Sittlichkeit begründet, die gegen die Gesetze des Naturgeschehens gerichtet ist. Die Ethik der Ehrfurcht vor dem Leben soll in diesem Sinne naturphilosophisch orientiert, doch eigenständig fundiert sein, also auf die ‚natürliche Weltordnung' Bezug nehmen, ohne dieser monistisch zu verfallen. Dies ist auch aus Schweitzers eigener Sicht kein einfaches Unterfangen, denn Naturphilosophie ist nun einmal „von der Idee des geistigen Einswerdens mit dem unendlichen Sein beherrscht" (KPh III, 2. Teil 48) und insofern unheilbar monistisch: „Alles monistische Denken gehört irgendwie der Naturphilosophie an, und alle Naturphilosophie ist irgendwie monistisch." (ebd. 115) Von daher kann es keine Versöhnung zwischen Naturphilosophie und Ethik geben, und doch ist Schweitzer davon überzeugt, daß jene elementare und „unscheinbare Naturphilosophie", die „Welt und Natur läßt, wie sie sind" (GW 5, 470), just die Vorgaben liefert, welche die Ethik zu ihrem dualistischen Weg nötigen.

Diese Überzeugung erwächst aus der Akzentverschiebung, die er im Vergleich zu Goethe, seinem Kronzeugen bezüglich der elementaren Naturphilosophie (vgl. Kap. III. 1), vornimmt. Dessen immer wieder ausgesprochene Bewunderung für die überindividuelle Ordnung der Natur, für ihre grenzenlose Produktivität im Rahmen weniger Grundgesetze (vgl. Günzler 1981, 54f.) teilt er durchaus, doch daneben gewinnt für ihn die destruktive Schattenseite des Naturgeschehens ein solches Eigengewicht, daß er Goethes insgesamt harmonieorientierte Naturdeutung nicht zu akzeptieren vermag: „Schmerzvolles Rätsel bleibt es für mich, mit der Ehrfurcht vor dem Leben in einer Welt zu leben, in der Schöpferwille zugleich als Zerstörungswille und Zerstörungswille zugleich als Schöpferwille waltet." (GW 2, 381) Hinter solchen Grundsatzurteilen stehen sehr detaillierte Beobachtungen, die Schweitzer seiner als fruchtbar empfundenen ‚Urwaldeinsamkeit' verdankt. Schon in *Zwischen Wasser und Urwald* hatte er vom Lebenskampf des Kleingetiers, vor allem der Termiten und Wanderameisen, berichtet und resümiert: „Das Schauspiel ist grausig. Der Militarismus im Urwald hält fast den Vergleich mit dem in Europa aus." (GW 1, 447) Hatte Goethe als ontologisch orientierter Naturforscher hinter allem individuellen Schmerz und Elend die grandiose überindividuelle Ordnung gesucht, so kann Schweitzer das Schicksal der individuellen Lebewesen nicht zugunsten übergeordneter Gesetzmäßigkeiten relativieren. Ihn interesssiert beides, die Ordnung der Natur im ganzen wie die konkreten Lebensabläufe in ihr, und dies führt ihn folgerichtig zu einem zwiespältigen Naturverständnis.

Wie sehr Schweitzer darauf bedacht war, seine naturphilosophischen Hauptthesen immer wieder an elementaren Erfahrungen zu prüfen und zu veranschaulichen, zeigt besonders seine *Kulturphilosophie III*, die ohnehin stärker weltanschaulich-naturphilosophischen als ethischen Fragen gewidmet ist. Hier dokumentiert er sein ambivalentes Naturverständnis in so einfacher Weise, daß prima facie der Eindruck eines ganz und gar atheoretischen, eher erlebnishaft-subjektiven Zugangs zur Natur entstehen kann. So wird einerseits in hymnisch anmutenden Worten die bergend-beglückende Seite der Natur eingefangen, mit der sich der Alltagsmensch – und nicht nur er – so gern in Einklang empfinden möchte, andererseits kommt ebenso erlebnishaft die Schattenseite der Natur zur Sprache. Zunächst zum ersten Aspekt:

„Von dem Herrlichen und Schönen, das in der Welt ist, empfängt unser Wille zum Leben Stärkung und Freudigkeit. Die morgendliche Sonne, die dem Dunkel ein Ende setzt, das Scheiden des Tages in der abendlichen Dämmerung, der Frühling, der mit neuem Sprossen und Blühen über die Erde kommt, das Reifen in Sommer und Herbst, der Friede des stillen Wintertages, Wolken, die am Himmel aus unbekannten Fernen in unbekannte Fernen ziehen, flimmernde Sterne am Firmament, brausender Herbststurm, Frühjahrsföhn, der in den Winter einbricht, das Lied des milden Windes in den Bäumen, das Summen der Insekten, der Quell, der in sanftem

Murmeln aus blumiger Wiese Wasser zum fernen Meere entläßt, Vögel, die ihre Jungen füttern, Falter, die im Sonnenschein umhergaukeln, all solches kann uns zum beseligenden Gefühl der Verbundenheit mit dem sich in allem Leben kundgebenden unendlichen Willen zum Leben werden. Es gibt niemanden, den die Welt nicht immer wieder aufs neue mit ihrem Zauber berückt, umfängt, bestrickt und ihn von Entzücken berauscht sein läßt." (KPh III, 3. Teil, 25 f.)

Die elementaren Erfahrungen, die allen optimistischen Naturdeutungen vorausliegen, stellt also auch Schweitzer nicht in Abrede, doch er hält sie für nicht ausreichend, um der menschlichen Lebensbejahung ein dauerhaftes Fundament zu bieten, und dies deswegen, weil hier die destruktive Seite der Natur in illusionärer Weise ausgeblendet werde. Diese beschreibt er so: „Das Huhn, das in der Furche des Ackers geht, die Schwalbe, die in der Luft hin und her segelt, die Ameise, die im Grase ihren Weg sucht, die Spinne, die ihr kunstvolles Netz schafft: alle betreiben sie das Werk der Erhaltung eigenen Lebens und desjenigen von Wesen, mit denen sie sich verbunden fühlen, durch Vernichtung von anderem. Mit raffinierter Grausamkeit, die sie als Erbgut in ihrem Instinkte vorfinden, legen Insekten ihre Eier in bestimmte Lebewesen ab, daß diese nachher ihrer Brut als Nahrung dienen. Grauen vor dem Dasein erfaßt uns, wenn wir in das, was um uns vorgeht, Einblick nehmen." (ebd. 27f.)

Der vom Ordnungscharakter der Natur ‚beseligte‘ und ‚berauschte‘ Mensch wird also zur Realität zurückgerufen, sobald er sich auf die Wahrnehmung der Einzelvorgänge einläßt, und kann hier so intensiv vom Grauen erfaßt werden, daß er zu einer pessimistischen Naturdeutung à la Schopenhauer gelangt. Schweitzer will weder die eine noch die andere Seite der Natur verabsolutieren, sondern begnügt sich mit der Feststellung, daß „wir als Fremdlinge in der Welt" leben, insofern „unser Wille zum Leben anders geartet" ist, „als der, der uns in der Natur entgegentritt" (ebd. 28). Und verschärfend kommt für ihn hinzu, daß der Mensch die grausame Seite der Natur nicht nur als Fremdling zu registrieren hat, sondern selbst an ihr teilnimmt, weil auch sein Leben an die Destruktion von fremdem Leben gebunden ist: „Doppelt schwer tragen wir an diesem Fremd-Sein in der Welt, weil wir nicht freie, sondern geknechtete Fremdlinge sind. Nicht nur, daß sich unser ethisches Empfinden und Wollen in der Welt nicht begreifen kann: es befindet sich auch in der Unmöglichkeit, sich in ihr zu behaupten. Unser Tun ist nicht vom Naturgeschehen ausgenommen, sondern ihm unterworfen." (ebd. 28) Welche ethische Chance haben ‚geknechtete Fremdlinge' in der Welt, wie sie nun einmal ist? Dies ist die Frage, die sich für Schweitzer aus seiner elementaren Naturphilosophie für die Ethik ergibt, wobei er kraft seiner rationalistischen Prägung von der Prämisse ausgeht, daß der menschliche Lebenswille ‚anders geartet' ist als der die Natur beherrschende ‚Wille zum Leben'.

Es gilt also festzuhalten, daß Schweitzer die Natur als ein ambivalentes Phänomen, als ‚schmerzvolles Rätsel' deutet, dem weder ein lebensbejahender noch ein lebensverneinender Monismus gerecht zu werden vermag. Aus diesem Grunde hält er „die optimistisch-ethische Deutung der Welt" (GW 2, 334), wie sie die europäische Ethik dominiert hat, für gescheitert und fordert den Verzicht auf jederlei Bindung der Ethik an eine Deutung der Welt. Vor dem erörterten Hintergrund wird verständlich, warum Schweitzer das seinem ‚neuen Weg' gewidmete Kapitel 17 von *Kultur und Ethik* gerade mit dieser Thematik eröffnet. Hier findet sich auch eine längere Textpassage, die das Resümee seiner Naturphilosophie prägnant wiedergibt und deshalb unverkürzt angeführt wird:

„Die Aussichtslosigkeit des Unternehmens, den Sinn des Lebens in dem Sinn der Welt zu begreifen, ist zunächst damit gegeben, daß in dem Weltgeschehen keine Zweckmäßigkeit offenbar wird, in die das Wirken der Menschen und der Menschheit irgendwie eingreifen könnte. Auf einem der kleineren unter den Millionen von Gestirnen leben seit einer kurzen Spanne Zeit Menschenwesen. Auf wie lange? Irgendeine Herabsetzung oder Steigerung der Temperatur der Erde, eine Achsenschwankung des Gestirnes, eine Hebung des Meeresspiegels oder eine Änderung in der Zusammensetzung der

Atmosphäre kann ihrem Dasein ein Ende setzen. Was wir für die Erde bedeuten, wissen wir nicht. Wieviel weniger dürfen wir uns dann anmaßen, dem unendlichen Universum einen auf uns zielenden oder durch unsere Existenz erklärbaren Sinn beilegen zu wollen!

Es ist aber nicht nur die ungeheure Disproportion zwischen dem Universum und dem Menschen, die es uns unmöglich macht, die Ziele der Menschheit logisch in die des Universums hineinzustellen. Ein solcher Versuch wird auch schon dadurch zunichte gemacht, daß es uns nicht gelingt, eine allgemeine Zweckmäßigkeit des Weltverlaufs zu entdecken. Was wir an Zweckmäßigkeit in der Welt finden, ist immer nur isolierte Zweckmäßigkeit.

In dem Hervorbringen und Erhalten einer bestimmten Art von Leben verfährt die Natur jeweils in großartiger Weise zweckmäßig. Aber in keiner Weise erscheint sie darauf bedacht, diese auf Einzelzwecke gehenden Zweckmäßigkeiten in einer Gesamtzweckmäßigkeit zu vereinigen. Leben mit Leben zu einem Gesamtleben zusammenlaufen zu lassen, unternimmt sie nicht. Sie ist wunderbar schöpferische und zugleich sinnlos zerstörende Kraft. Ratlos stehen wir ihr gegenüber. Sinnvolles in Sinnlosem, Sinnloses in Sinnvollem: dies ist das Wesen des Universums." (GW 2, 335f.)

Hier meldet sich authentische Naturphilosophie zu Wort und läßt einen theoretischen Entwurf erkennbar werden, der weit über das Interesse für Lebewesen und Biosphäre hinausreicht. Trotzdem dürfen die erlebnishaft getönten Aussagen zur ‚beseligenden' und ‚Grauen' erregenden Natur demgegenüber nicht als periphere Stimmungsbilder abgetan werden, denn Schweitzer geht als Naturphilosoph induktiv vor: Die Vielzahl von Einzelbeobachtungen wie auch die Erkenntnisse von Geologie und Astronomie bilden die Grundlage seiner Naturdeutung, spekulativen Konstruktionen vermag er nichts abzugewinnen. Seine Erkenntnisgrundlagen aber lassen ihn zu der Überzeugung gelangen, daß die monistische Sehnsucht nach dem Einssein mit der Natur nur partiell befriedigt werden kann, im ganzen jedoch von der Naturphilosophie zum

Scheitern verurteilt wird. Ohne Frage zeugt diese Position auch von der Wirkung, die Charles Darwin mit seiner Theorie von Daseinskampf und Überlebenschance auf den naturwissenschaftlich gebildeten Schweitzer ausgeübt hat. Wie dieser sieht er die Natur vornehmlich als Kampffeld konkurrierender Lebensansprüche, also im Sinne dessen, was der Evolutionsbiologe Hubert Markl als ‚Ökonomiemodell' dem alten ‚Harmoniemodell' entgegengesetzt hat: „Mit einem Plan, mit einer vorbestimmten Harmonie scheint die zerstörerische Erratik aller Lebensentwicklung kaum vereinbar. Was als Problem der Theodizee die Philosophen plagte, ist der Biologie als Problem der Extinktion der Spezies nicht weniger vertraut. Das Leben stellt sich dar als *random walk*, der über Leichen geht, wenn jedes Leben ständig neue Wege aus den Lebensnöten sucht." (Markl 1986, 88f.) Dieses Darwinsche Erbe läßt sich für Schweitzer naturphilosophisch nicht ignorieren, stellt ihn freilich zugleich als Ethiker in eine schwierige Situation, die sich weder mit Kants naturenthobener Vernunft noch mit einer illusionären Einbettung der Ethik in naturphilosophische Harmoniemodelle und schon gar nicht mit der ethischen Kapitulation vor den leidhaltigen Strukturen des Lebenskampfes meistern läßt.

Über die Welt des Lebendigen hinaus erfährt diese Problematik eine Verschärfung von kosmischer Dimension, sofern die Resultate der Astronomie und Geologie naturphilosophisch ernst genommen werden. Dies versäumt zu haben, wirft Schweitzer der neuzeitlichen Philosophie von Descartes über Spinoza und Leibniz bis zu Kant und Hegel vor. Sie alle hätten die Menschheit „in den Mittelpunkt der Welt gestellt" und sich „nur mit dem Menschen und der Menschheit und der Erde als der Stätte ihres Auftretens" beschäftigt, während diese Möglichkeit „auf Grund der durch Galilei, Kopernikus und Kepler offenbar werdenden Unermeßlichkeit des Seins" doch längst obsolet gewesen sei und einem realistischen Wirklichkeitsverständnis hätte weichen müssen: „Das Denken, das mit der Wirklichkeit in Übereinstimmung bleiben will, muß stets gegenwärtig haben, wie klein die Erde in der Welt ist und wie wenig der Mensch auf der Erde bedeutet. Er ist etwas Vorübergehendes. Und auch die vergitterten Fenster der Irrenanstalten muß es im Auge behalten, um nicht zu vergessen, in welcher Abhängigkeit das geistige Wesen des Menschen sich zu seinem körperlichen Organismus befindet." (KPh III, 1. Teil, 164f.) Aus solchen Befunden seiner elementaren Naturphilosophie zieht Schweitzer die Schlußfolgerung, daß „der Weltgeist dem Menschengeist etwas Unergründliches bleibt und in dem Weltgeschehen nichts zu entdecken ist, das dem, was der Mensch als ethisch empfindet, entspricht." (ebd., 2. Teil, 192)

Als Fazit der Schweitzerschen Naturphilosophie ergibt sich also die Behauptung einer unüberbrückbaren Disproportion zwischen Mensch und Universum, ebendamit aber die Absage an jederlei Hoffnung, aus den harmonischen Aspekten der Natur sinngebende oder normbegründende Kriterien entnehmen zu können, also hier so etwas wie Direktiven für die Humanität entdecken zu wollen. Sosehr Schweitzer die Humanität als wesenseigene Aufgabe des Menschen und damit als zur menschlichen Natur gehörig begreift, sowenig vermag er dafür hilfreiche Prinzipien in der Gesamtnatur zu finden, d.h. der Mensch hat, obschon immer auch Naturwesen, seinen humanen Weg kraft seiner Rationalität selbst zu entwerfen und, soweit möglich, gegen das Naturgeschehen zu behaupten. So heißt es denn: „Die Natur ist inhuman, weil sie Natur ist. Der Mensch wird unnatürlich, wenn er inhuman wird." (ebd., 4.Teil, 154) Und ethisch bedeutet dies: „Ethik aus dem Weltgeschehen zu begründen, will heißen, das Wunder Mosis vollbringen, aus dem Felsen Wasser zu schlagen." (ebd., 2. Teil, 118)

Damit bestätigt sich Schweitzers schon mehrfach erwähntes Vertrauen auf die Kraft des Denkens, das auch im naturphilosophischen Kontext nicht abgeschwächt, sondern im Gegenteil als die einzige Möglichkeit des Menschen gesehen wird, zur Humanität zu finden. Bei allem Respekt vor der Leibgebundenheit alles Geistigen bis hin zu den ‚vergitterten Fenstern der Irrenanstalten' weicht er nie in eine naturphilosophische

Untermauerung der Ethik aus, sondern entnimmt der Naturphilosophie umgekehrt die Einsicht, daß Ethik sich unabhängig von, doch in Auseinandersetzung mit dieser fundieren müsse. Die Wurzel seines Postulats nach Verzicht auf jederlei Weltdeutung bei der Ethikbegründung liegt in diesem Resultat seines naturphilosophischen Denkens; die zweite und dritte Bedingung des ‚rechten Weges' in der Ethik, also das mystische und das kosmische Denken, sind nunmehr zu erörtern.

2. Ehrfurchtsmotiv und Hingebungspflicht: Zur Einheit von mystischer Tiefe und praktischer Verantwortung

Schweitzer beschreitet seinen mystisch-kosmischen Weg in dem Bewußtsein, „an einem Wendepunkte des Denkens" zu stehen und „eine mit den bisherigen Naivitäten und Unredlichkeiten aufräumende kritische Tat" vollziehen zu müssen: „Wir haben uns einzugestehen, daß wir mit der Lebensanschauung, weil sie aus in unserm Willen zum Leben gegebenen, durch das Erkennen der Welt aber nicht bestätigten Überzeugungen besteht, über die Erkenntnisse hinausgehen, die unsere Anschauung von der Welt ausmachen." (GW 2, 339) Sosehr er die naturphilosophische und – darin eingeschlossen – die naturwissenschaftliche Welterkenntnis ernst nimmt, so entschieden distanziert er sich von dieser, sobald es darum geht, den Geltungsanspruch ethischer Normen zu begründen. Die ‚Lebensanschauung' als Quelle der Handlungsorientierung basiert auf „Überzeugungen, die wir aus innerer Notwendigkeit denken", treibt uns „in eine Dualität" zum Weltgeschehen hinein und nötigt zum „Verzicht auf Weltanschauung im alten Sinne." (ebd. 339f.) Demzufolge hält Schweitzer eine Weltanschauung im neuen Sinne, d.h. eine neue Form des Einklangs mit der Welt für möglich und erhofft sie sich von der Anwendung der aus der Lebensanschauung heraus begründeten Richtlinie der Hingebung an Leben aus Ehrfurcht vor dem Leben. Dies macht die ‚kosmische' Dimension seiner Ethik aus, die freilich einen konsequenten mystischen Weg voraussetzt: das Sich-Vertiefen in die eigenen Lebensgrundlagen, ebendamit die Erzeugung desssen, was Schweitzer ‚Lebensanschauung' nennt.

Sein Programm der „ethischen Mystik" bzw. der „mystischen Ethik" (ebd. 370) unterliegt in besonders markanter Weise seiner Arbeitsdevise: „Mit Absicht vermeide ich philosophische Fachausdrücke. Ich wende mich an denkende Menschen und will wieder elementares Denken über die in jedem Menschenwesen aufsteigenden Fragen des Daseins wecken." (GW 1, 210) Dies scheint ihm, wie die große Zahl seiner weltweit anzutreffenden Anhänger zeigt, in der Tat gelungen zu sein, und insofern stellt sein Programm eine kaum abzuleugnende Herausforderung für die Fachphilosophie dar. Als Denker im Elfenbeinturm hat sich Schweitzer nie verstanden; dies gilt es zu respektieren, obschon seine Argumentation durch eine Berücksichtigung der philosophischen Fachterminologie sicherlich an begrifflicher Eindeutigkeit hätte gewinnen können, ohne den elementaren Anspruch zu verlieren. Dies beweisen die ebenfalls elementar angelegten Spätschriften seines Freundes Ernst Cassirer. Nichtsdestoweniger läßt sich der Schweitzerschen Normbegründung auch unter fachphilosophischen Kriterien ein nachvollziehbarer Argumentationsgang entnehmen, und der soll nunmehr interpretativ herausgearbeitet werden.

Daß der von Rationalismus und Aufklärung inspirierte Schweitzer als Mystiker nicht die Gefühlstiefe sucht, sondern einer Denkmystik zuneigt, läßt sich den entsprechenden Passagen von *Kultur und Ethik* unschwer entnehmen. Außerdem hat er dies in Briefen immer wieder hervorgehoben, um nicht mißverstanden zu werden, so in einem Brief vom 18. November 1925 an den Prager Philosophen Oskar Kraus. Hier findet sich eine längere Passage, die über den Mystikbegriff hinaus Schweitzers Philosophieverständnis insgesamt kennzeichnet und daher ungekürzt wiedergeben werden soll (Brief einsehbar im Schweitzer-Zentralarchiv Gunsbach/Elsaß):

„Ich komme nochmals auf Mystik zu reden. Auch ich betrachte Mystik nicht als Wissenschaft. Aber darum ist sie mir doch nicht eine Dekadenzerscheinung der Philosophie, sondern nur der Ausdruck dessen, daß unsere Weltanschauung in ihren letzten bestimmenden Gedanken eine ‚Tat des Denkens‘, nicht eine logische Operation ist. Das Denken selbst führt uns bis an den Rand dieser Tat. Aber die Grenze bleibt unscharf gezogen. Dann kann Mystik, wie ich sie als ‚Ende‘ logischen Denkens erfasse (wenn man vorher den Weg des logischen Denkens zurückgelegt hat), die Fühlung mit allem wertvollen Denken behalten und auch mit dem Denken in ehrfürchtiger Freundschaft leben, das alles logisch zu begründen sich getraut. Dieser Rationalismus und die rationalistische Mystik (d.h. die durch den Rationalismus hindurchgegangene Mystik) sind absolut eins in der Ablehnung alles Romantischen, d.h. der auf Stimmungen sich begründenden Weltanschauungen und ebenso der Weltanschauung, die ein Gemisch von Meinungen ist. Was mich beschäftigt, ist das ‚Warum‘ in dem Prozeß von Aristoteles zur Stoa. Warum verliert die Stoa, mit Aristoteles verglichen, die ‚Wissenschaftlichkeit‘? Warum sind Hegel und Schopenhauer weniger wissenschaftlich als Descartes und Locke? Weil sie etwas in der Weltanschauung aussprechen, das weiter und tiefer geht als was jene sagten. Sie erfassen das Verhältnis des Ich zum Universum lebendiger als jene. Das ist das Verhältnis der ‚Philosophie als Wissenschaft‘ und der ‚Mystik‘, das tragische Verhältnis. Sie haben bemerkt, wie ich in allem, was ich schreibe, den Zusammenhang mit dem ‚Rationalismus‘ wahre, obwohl dieser heute verpönt ist. Dies nur um zu bekunden, daß mein Ideal ‚Philosophie als Wissenschaft‘ ist, und daß ich niemals, weil ich die Mystik als das große Denkerlebnis bekenne, irgendwie deswegen mit den alten und neuen Romantikern und Vermittlungsmenschen etwas zu tun haben will. Was ich erstrebe, ist die geläuterte, durch das *Denken* und ‚Wissen-Wollen‘ hindurchgegangene Mystik."

Hier werden die Gewichte mit großer Prägnanz verteilt: Schweitzer läßt sich nicht – wie gelegentlich zu lesen – sowohl dem Irrationalismus wie der Aufklärung und am ehesten noch der Lebensphilosophie zuordnen (vgl. Pleitner 1992, 250f.), sondern präferiert ganz unzweideutig den Rationalismus, die ‚Philosophie als Wissenschaft'. Dies hindert ihn aber nicht zuzugestehen, daß die Voraussetzung aller logischen Operationen selbst nicht logisch erfaßt werden kann, sondern Sache eines ‚Denkerlebnisses' ist, das nur demjenigen zuteil wird, der den Weg des logischen Denkens bis zum Ende durchlaufen hat. Nur er begreift, daß ‚die letzten bestimmenden Gedanken' im Leben eines Menschen sich einer ‚Tat des Denkens' verdanken, also trotz aller denkerischen Bemühung nicht logisch herleitbar, sondern nur erlebnishaft adoptierbar sind. Der Unterschied zu allen Irrationalismen liegt darin, daß diese von Anfang an auf emotionale Zugänge zur Wirklichkeit bauen, während Schweitzer das rationale Denken bis zu seiner Grenze ausloten möchte und erst dann über diese Grenze hinaus in das Erlebnishaft-Arationale vorstoßen will, um die Beziehung zwischen Ich und Universum ‚lebendiger' zu erfassen, als es die pure Rationalität vermag. In diesem Sinne versteht er Mystik als Denkmystik, eben als ‚die durch den Rationalismus hindurchgegangene Mystik'.

Diese wendet er im Rahmen seiner Grundlegung der Ethik an und setzt sich dabei zunächst gegen alle Formen der Identitätsmystik ab, die im eigenen Inneren das Eine, Absolute, Gott zu finden hofft: „Der Inbegriff des Seins, das Absolute, der Weltgeist, und alle derartigen Ausdrücke bezeichnen nichts Wirkliches, sondern etwas in Abstraktionen Erdachtes, das deswegen auch absolut unvorstellbar ist. Wirklich ist nur das in Erscheinungen erscheinende Sein." (GW 2, 372) Wahre Mystik muß für ihn daher „die gewohnten Abstraktionen von sich werfen" und „die Bekehrung zur Mystik der Wirklichkeit durchmachen", und so bekennt er denn: „Das Absolute darf ihr so gleichgültig werden wie einem bekehrten Neger sein Fetisch." (ebd. 373) Das zu Ende gedachte und dann in Mystik übergehende Denken mündet also nicht in die Vereinigung mit Gott, sondern bleibt auf diesseitsimmanente Gegebenheiten bezogen, auf Erfahrungen, die nicht weiter erhellt werden können und daher als „das letzte Wissen, in dem der Mensch das eigene Sein in dem universellen Sein begreift", lediglich akzeptiert werden können: „Das letzte Wissen, nach dem wir trachten, ist das Wissen vom Leben. Unser Erkennen erschaut das Leben von außen, unser Wille von innen. Weil das Leben letzter Gegenstand unseres Wissens ist, wird das letzte Wissen notwendigerweise denkendes Erleben des Lebens." (ebd. 83) Hier bekundet sich erneut Schweitzers Prägung durch die Schopenhauerische Naturphilosophie, zugleich aber auch und weit darüber hinausgehend sein bereits in der Theologie entwickeltes Verständnis der Mystik (vgl. Frey 1993, 109-126). In seiner *Geschichte der Leben-Jesu-Forschung* hatte er die Mystik als „ein Verstehen von Wille zu Wille" definiert (GW 3, 883) und die „Jesusmystik" gegen den „Jesuskult" im Sinne des ‚Du aber folge mir nach!' abgegrenzt: „Keine Persönlichkeit der Vergangenheit kann durch geschichtliche Betrachtung oder durch Erwägungen über ihre autoritative Bedeutung lebendig in die Gegenwart hineingestellt werden. Eine Beziehung zu ihr gewinnen wir erst, wenn wir in der Erkenntnis eines gemeinsamen Wollens mit ihr zusammengeführt werden, eine Klärung, Bereicherung und Belebung unseres Willens in dem ihrigen erfahren und uns selbst in ihr wiederfinden. In diesem Sinne ist überhaupt jedes tiefere Verhältnis zwischen Menschen mystischer Art." (ebd. 886)

Überwindung des Fremdseins, Verbundenheit, eine den ganzen Menschen erfassende Beziehung – dies macht für Schweitzer das mystische Denkerlebnis aus, und es kann nur im Hinblick auf „das in Einzelwesen in Erscheinung tretende Sein" gelingen (GW 2, 372f.). Dies gilt für die Jesusmystik, doch es zeichnet ebenso Schweitzers philosophischem Mystikbegriff die Kontur vor. Nicht der Weltgeist oder das Sein, nicht die brahmanische All-Seele, Laotses Tao oder Buddhas Nirwana kommen für ihn als Ziele des mystischen Wegs in Frage, sondern allein Mystik als „innerliche Naturphilosophie" (KPh III, 1. Teil, 147), als denkendes Sich-Vertiefen in den eigenen Lebenswillen als Grundlage allen Handelns und als Quelle der Beziehung zu fremdem Lebenswillen. Ausdrücklich erkennt er dabei die auf Vereinigung mit dem Absoluten abzielenden Mystikentwürfe als bedeutende Mystik an, zunächst in *Kultur und Ethik* die indischen und chinesischen, dann in der *Kulturphilosophie III* explizit auch die mittelalterlich-christlichen, doch kritisiert deren monistische Tendenz, den „Zauber der Innerlichkeit", dem sie zu Lasten der „lebendigen Ethik" verfallen seien, und plädiert für einen erweiterten Mystikbegriff: „Mystik liegt überall da vor, wo das Denken in unmittelbarer Weise mit der großen Frage unseres geistigen Eins-Werdens mit dem unendlichen Sein beschäftigt ist." (KPh III, 2. Teil, 167) Dieses Eins-Werden läßt sich für Schweitzer monistisch-passiv, aber auch unter Wahrung einer in dualistischer Spannung zur Seinswirklichkeit entworfenen Ethik angehen: „Das Ich, das in dem Absoluten aufgeht, ist nicht das wirkliche, sondern ein unwirklich und unlebendig gewordenes, wie auch das Absolute ein imaginäres, seiner Wirklichkeit und seines Lebens verlustig gegangenes unendliches Sein ist." (ebd. 176) Dem imaginären Ich im imaginären Absoluten möchte Schweitzer entgehen, möchte die die „Beziehung zum sachlichen Denken" (ebd. 178) wahren und vor allem die Hingebung an das unendliche Sein „in ethischem Wirken" (ebd. 179) vorbereiten.

Seine eigene „Mystik ethischer Welt- und Lebensbejahung" (GW 2, 446) soll also nicht den direkten Weg zur Identität mit dem Absoluten gehen, sondern ist gewissermaßen einer indirekten, nur partiellen Identität verpflichtet: Über die Vertiefung in das individuell erscheinende Sein und über das mystische Erleben der Verbundenheit zwischen diesen Individualitäten soll in einem zweiten Schritt auf dem Weg einer ‚lebendigen Ethik' die Erfahrung des Einswerdens mit dem Sein wenigstens punktuell ermöglicht werden, nämlich immer dann, wenn das aus mystischer Tiefe gespeiste sittliche Handeln sich fürsorgend und helfend fremdem Leben zuwendet. In dieser Weise hofft Schweitzer monistische Identität mit dualistischer Ethik zu vermitteln, was seinen Ethikentwurf nicht gefährdet, wohl aber sein Bemühen um eine neue Weltanschauung in unlösbare Widersprüche verstricken wird.

Was freilich die Mystik betrifft, so läßt sich kaum in Abrede stellen, daß Schweitzer sich zu Recht als Mystiker versteht. Den mystischen Weg nach innen geht er durchaus traditionsgemäß, sogar in viel höherem Maße, als er selbst es annimmt, doch das ureigene Ziel aller europäischen wie asiatischen Mystik, die direkte Vereinigung mit dem Absoluten, wandelt er aus ethischen Gründen in essentieller Weise ab: Weil er eine „Ethik des Wirkens" und nicht nur eine „Ethik der Reinigung" anstrebt (GW 2, 180), sucht er das „In-Harmonie-Sein mit der Natur" (KPh III, 2.Teil, 168) nicht auf dem Weg der direkten Versenkung in das Absolute, sondern über die Aktivität immer neuer ‚Hingebung' an fremden und doch mystisch mit dem eigenen verbundenen Lebenswillen, also über das verantwortliche Handeln im Umgang mit dem „in Einzelwesen in Erscheinung tretenden Sein." (GW 2, 372f.) Nur eine solche Mystik läßt sich für Schweitzer mit der „ethisch-dualistischen Weltanschauung des Christentums" vereinbaren, und so gelangt er denn philosophiegeschichtlich zu dem kritischen Urteil:

„Zu den größten der christlichen Mystiker gehören Johannes Scotus (auch Johannes Eriugena genannt), Bernhard von Clairvaux, Raimundus Lullus, Meister Eckhardt, Heinrich Suso und Johannes Ruysbroek. Auch die großen Scholastiker Hugo von St.Viktor, Albertus Magnus und Thomas von Aquin suchen der Mystik angehörende Gedankengänge mit der Kirchenlehre in Einklang zu bringen.

Aber der fundamentale Unterschied zwischen dem Dualismus des Christentums und dem Monismus der Mystik läßt sich nicht aufheben, sondern nur mehr oder weniger gut zudecken. Weil das Monistische in der Mystik des Johannes Scotus und der Meister Eckhardts zu stark hervortritt, wird sie von der Kirche verurteilt". (KPh III, 2. Teil, 172f.)

Es sind also auch theologische Motive, die Schweitzer als philosophischen Ethiker dazu bewegen, in den mystischen Bedingungen seines Ethikentwurfs auf „einen abstrakten Inbegriff des Seins" zu verzichten und stattdessen „auf das wirkliche Sein" auszugehen (GW 2, 366). Christliches Denken erscheint ihm als unauslöschbar dualistisch, d.h. als bei aller Spiritualität immer auch moralisch und insofern als unabdingbar auf Weltdistanz festgelegt: „Jede denkende Religion hat zu wählen, ob sie ethische Religion sein will oder Religion, die die Welt erklärt. Wir Christen wählen das erstere als das Wertvollere. Die logische, in sich geschlossene Religiosität geben wir preis. Auf die Frage: Wie kann ich zugleich in der Welt und zugleich in Gott sein? antwortet das Evangelium Jesu: Indem du in der Welt lebst und wirkest als einer, der anders ist als die Welt." (GW 2, 709)

Diese Aussage in dem 1922 vor Missionaren gehaltenen Vortrag *Das Christentum und die Weltreligionen* läßt deutlich werden, wie bruchlos religiöse und philosophisch-ethische Motive bei Schweitzer ineinander übergehen: Anders sein als die Welt und doch in der Welt bleiben und wirken, Distanz und Zugehörigkeit, Dualismus und Monismus – ebendies macht die gespannte Einheit aus, die er als Prediger wie als Ethiker verficht.

Sicherlich läßt es sich nicht als eine überspitzte Akzentuierung abtun, wenn Schweitzer derart massiv auf dem Anspruch der Ethik gegenüber der Mystik besteht, denn Mystik kann in der Tat zur puren Weltabgeschiedenheit, zur Einsiedelei, eben zum Quietismus verleiten, und eine Spitalgründung wie die seinige in Lambarene wäre dann nicht möglich. Andererseits aber täuscht ihn diese Sorge über die eigene Nähe gerade zu den bedeutenden Mystikern, weil diese den inneren Menschen zwar in den Mittelpunkt rücken, deswegen aber den äußeren Menschen keineswegs unterschlagen. Hans-Joachim Werner hat jüngst eine Vielfalt gemeinsamer Strukturmerkmale der christlichen Mystik des Mittelalters und derjenigen Schweitzers herausgearbeitet, vor allem auf die Polarität von „kontemplativer Versenkung in das Eine" und „tätiger Zuwendung zur Welt" verwiesen (Werner 1990, 200) und als Resümee festgehalten:

„Lehnt man Schweitzers Versuch, Ethik und Mystik miteinander zu verbinden, grundsätzlich als undurchführbar ab, so muß man auch die entsprechenden Versuche eines Meister

Eckhart, eines Heinrich Seuse, eines Johannes Tauler, einer Hildegard von Bingen und vieler anderer Autoren aus der mystischen Tradition verbannen. Man hätte dann zwar die dogmatische Willkür immunisierender Definitionsstrategien, aber nur eine einseitig selektierte Geschichte auf seiner Seite. Sinnvoller wäre es, endlich anzuerkennen, daß Albert Schweitzer sich zumindest unter der grundsätzlichen Perspektive einer Vereinigung von Mystik und Ethik innerhalb der mystischen Tradition bewegt." (ebd. 219)

Für diese Deutung sprechen Schweitzers eigene Aussagen zur Mystik allesamt, sowohl die in den publizierten Texten wie auch die im unveröffentlichten Nachlaß und in Briefen. Wenn er die ethisch unerläßliche Mystik zugleich als den „Feind der Ethik" bezeichnet und eine Auszehrung der Ethik durch die Mystik befürchtet (GW 2, 370), so kennzeichnet dies seinen Versuch, kontemplative Versenkung und aktive Weltgestaltung miteinander zu verbinden. Um der Tiefe willen bedarf die Ethik der Mystik, um der Aktivität willen darf sie sich dieser nicht ausliefern. In der mittelalterlichen Mystik vermag er nur „den Anschein von Ethik" zu entdecken, weil hier „der Zauber der Innerlichkeit" dominiere und „die Armut ihrer Lebens- und Weltanschauung nicht zuzudecken" vermöge (KPh III, 2. Teil, 101), und sieht sich daher von den christlichen Mystikern weiter entfernt, als er es tatsächlich ist. Zweifelsohne haben diese in theologischer Absicht die Vereinigung mit Gott aller praktischen Aktivität vorgeordnet, während Schweitzer in ethischer Absicht die mystische Tiefe von vornherein auf die Orientierung des Handelns bezieht, doch es läßt sich kaum in Abrede stellen, daß der Versuch, die Beziehung zwischen Ethik und Mystik nicht zu sprengen, den Ehrfurchtsethiker mit der chistlichen Mystik des Mittelalters im Grundsatz verbindet.

Der entscheidende Unterschied zwischen Schweitzer und der traditionellen Mystik liegt also weder im Weg noch in der Deutung des Verhältnisses zwischen Mystik und Ethik, sondern im Ziel des mystischen Wegs nach innen. Schweitzer sucht ausdrücklich nicht die „Hingebung an das Absolute", sondern bekennt: „Nur ein unendlich kleiner Teil des unendlichen Seins kommt in meinen Bereich. Das andere treibt an mir vorbei, wie ferne Schiffe, denen ich unverstandene Signale mache. Dem aber, was in meinen Bereich kommt und was meiner bedarf, mich hingebend, verwirkliche ich die geistige, innerliche Hingebung an das unendliche Sein und gebe meiner armen Existenz damit Sinn und Reichtum. Der Fluß hat sein Meer gefunden." (GW 2, 373) Den Weg, auf dem die ‚Hingebung' an alles, was zuwendungsbedürftig in den eigenen Bereich fällt, zur strengen Vorschrift wird, in rationaler Weise zu fundieren, also der mystischen Versenkung nach innen normative Kategorizität aufzuerlegen und damit die aktive Verantwortung nach außen zu entbinden, ebendieser Versuch macht den Dreh- und Angelpunkt der Ethik der Ehrfurcht vor dem Leben aus.

Ohne Frage steht Schweitzer hier vor einem schwierigeren Problem als mit seiner Jesusmystik, denn das „Verstehen von Wille zu Wille" (GW 3, 883) bezieht sich bei ihm auf eine Jesusgestalt, die als solche unmittelbar zur Nachfolge aufruft, also Nächstenliebe als praktische Barmherzigkeit einfordert. Der Schweitzersche Jesus ist nicht so sehr der Stifter einer „Glaubenslehre", legt niemanden „auf irgendwelche dogmatische Richtigkeit hin" fest, sondern er entzündet mit seiner Bergpredigt die handelnde Frömmigkeit des denkenden Christen: „Die Wahrheit, daß das Ethische das Wesen des Religiösen ausmacht, ist durch Jesu Autorität sichergestellt." (GW 1, 75) Jesusmystik trägt also stets schon den ethischen Imperativ in sich, verbindet den Mystiker mit einem Willen, der ihn direkt und eindeutig auf das christliche Liebesgebot verpflichtet. Dies aber vermag der Lebenswille, den Schweitzer auf dem Weg seiner rational-philosophischen Mystik sucht, nicht zu leisten, denn dieser ist – im Schopenhauerischen Sinne – eine arational-blinde Gegebenheit, die keinerlei ethische Signale ausstrahlt. So problemlos also in der Jesusmystik die Versenkung in den fremden Willen mit ethischen Handlungsdirektiven zusammenfällt, so kompliziert gestaltet sich die Vermittlung zwischen mystischer Tiefe und ethischer Praxis auf philosophischem Terrain, und doch hat Schweitzer dieser Aufgabe im Laufe seines Lebens mehr und mehr den Vorrang eingeräumt, weil er seine Ethik eben nicht nur Christen, sondern jedem denkenden Menschen zugänglich machen wollte. Es ist dieser Gesichtspunkt, der deutlich werden läßt, daß Schweitzer mit rein theologischen Mitteln nicht einzuholen ist, sondern als Vertreter einer genuin philosophischen Argumentation gewürdigt werden muß.

Philosophisch steht er also vor der Frage, wie die sich in die eigenen Lebensgrundlagen vertiefende Subjektivität zu einer objektiven Handlungsorientierung gelangen, wie die Erfahrung des eigenen Lebenswillens mit überindividuellen ethischen Prinzipien verflochten werden kann. Mystische Innerlichkeit und rational fundierte Ethik – diese beiden Pole gilt es für Schweitzer zu einem Gesamtentwurf zu synthetisieren, wobei eben die Mystik hier – im Unterschied zur religiösen Mystik – ethisch nichts hergibt. Daß er sie dennoch für unverzichtbar hält, folgt aus seiner Absicht, die ganze, erkennend-erlebende Innenseite des Menschen zu berücksichtigen und nicht von einem abstrakten Erkenntnissubjekt auszugehen, das es realiter nicht gibt. So grenzt er sich denn in den entscheidenden Passagen seines Ethikentwurfs zuallererst gegen Descartes ab:

„Bei Descartes geht das Philosophieren von dem Satze aus: ‚Ich denke, also bin ich.‘ Mit diesem armseligen, willkürlich gewählten Anfang kommt es unrettbar in die Bahn des Abstrakten. Es findet den Zugang zur Ethik nicht und bleibt in toter Welt- und Lebensanschauung gefangen. Wahre Philosophie muß von der unmittelbarsten und umfassendsten Tatsache des Bewußtseins ausgehen. Diese lautet: ‚Ich bin Leben, das leben will, inmitten von Leben, das leben will.‘ Dies ist nicht ein ausgeklügelter Satz. Tag für Tag, Stunde für Stunde wandle ich in ihm. In jedem Augenblick der Besinnung steht er neu vor mir. Wie aus nie verdorrender Wurzel schlägt fort und fort lebendige, auf alle Tatsachen des Seins eingehende Welt- und Lebensanschauung aus ihm aus. Mystik ethischen Einwerdens mit dem Sein wächst aus ihm hervor." (GW 2, 377)

Der mystische Weg nach innen erbringt also ein bemerkenswert ambivalentes Ergebnis: Obschon einerseits mit der kontemplativ-weltflüchtigen Innerlichkeit das ethische Handeln stets gefährdend, initiiert er andererseits doch die Sensibilität für ‚alle Tatsachen des Seins' und verschafft so der ‚Mystik des ethischen Einswerdens mit dem Sein' die geistige Voraussetzung für ihren praktischen Weg:

„Das zum Erleben werdende Erkennen läßt mich der Welt gegenüber nicht als rein erkennendes Subjekt verharren, sondern drängt mir ein innerliches Verhalten zu ihr auf. Es erfüllt mich mit Ehrfurcht vor dem geheimnisvollen Willen zum Leben, der in allem ist. Indem es mich denkend und staunend macht, führt es mich immer höher hinan auf die Höhen der Ehrfurcht vor dem Leben. Hier läßt es meine Hand los. Weiter kann es mich nicht geleiten. Nun muß mein Wille zum Leben seinen Weg in der Welt allein suchen." (ebd.)

Mystik stiftet also vertiefte Lebensbejahung und ebendamit die Einsicht, daß der eigene Lebenswille in einen universalgeheimnisvollen Lebenswillen eingebunden ist, und ist insofern „der Kelch", aus dem die Ethik als „Blume" hervorwächst (ebd. 372), doch sie ist eben selbst noch nicht die Ethik. Dies erscheint auch insofern bedeutsam, als das Ehrfurchtsmotiv bereits auf der Ebene der Mystik auftaucht und demnach noch nichts über die ethische Qualität des Handelns aussagt. Die Ehrfurcht vor dem Leben kann zu einer Ethik führen, wie sie Schweitzer dann entwickelt, doch sie muß es nicht, weshalb seine eigene Ethik mit diesem Stichwort nur partiell gekennzeichnet ist.

Wie also gelangt Schweitzer von der Mystik zur Ethik? Um diesen zunächst sehr eigenwillig erscheinenden Schritt in seinem Allgemeinanspruch zu verdeutlichen, sei noch einmal an seine Goethe-Rede von 1932 erinnert (vgl. Kap. III. 3). Hier verbindet Schweitzer Goethes „eigentliche philosophische Bedeutung" mit der Einsicht, daß das „Edel-Werden", das „wahre Er-Selbst-Werden" des Menschen mit dem „Gut-Werden" zusammenfallen müsse (GW 5, 499), und ebendies entspricht der eigenen Überzeugung der Zusammengehörigkeit von Selbstvervollkommnungsethik und Hingebungsethik respektive von Mystik und Ethik. Das ‚Edel-Werden' ist Sache des mystischen Wegs nach innen, der den gedankenlosen Willen zum Leben von der „Unwissenheit, unter die die Welt getan ist," befreit, diesen also wissend von sich selbst und „von dem andern Willen zum Leben" werden läßt und so zur Ehrfurcht inspiriert (GW 2, 381 f.). Unter diesem Aspekt der individuellen Weite und Tiefe des Denkens heißt es: „Die Ethik der Selbstvervollkommnung gehört mit der Mystik innig zusammen. In dem Schicksal der Mystik entscheidet sich das ihre. Die Ethik der Selbstvervollkommnung denken, heißt nichts anderes als Ethik aus Mystik zu begründen versuchen." (ebd. 369)

Freilich wäre es für Schweitzer eine Selbstbeschneidung der Ethik, wenn sie bei der Selbstvervollkommnung stehenbliebe, und so definiert er denn sein eigenes Leitprinzip als „Hingebung an Leben aus Ehrfurcht vor dem Leben" (GW 2, 374), und dies im Zeichen des Anspruchs, das „Wesen des Ethischen" bestimmt zu haben, denn dieses fordere, „Ethik als Hingebung an Leben zu bestimmen, die durch Ehrfurcht vor dem Leben motiviert" sei (ebd. 380). Aus dem mystisch gewonnenen Ehrfurchtsmotiv soll also praktische Hingebung erwachsen, doch damit dies geschieht, bedarf es der Begründung einer universalen Richtlinie, wie sie das Ehrfurchtsmotiv als solches noch nicht hergibt. Der moralexterne Wille zum Leben nötigt dem denkend-erlebenden Menschen zwar Ehrfurcht ab, läßt aber keinerlei Direktiven erkennbar werden, die sittliches Handeln fundieren könnten. In *Aus meinem Leben und Denken* hebt Schweitzer klarer als in *Kultur und Ethik* hervor, daß der Mensch sich zu entscheiden habe, „wie er sich zu seinem Willen zum Leben verhalten" wolle, und räumt zwei grundsätzliche Alternativen ein: die Lebensverneinung und die Lebensbejahung. Erstere lehnt er in deutlicher Distanz zu Schopenhauer mit dem Argument ab, es sei unnatürlich, unwahr und undurchführbar, „den Willen zum Leben sich in den zum Nichtleben wandeln" zu lassen, ein Versuch „voller Inkonsequenzen" also, weil das lebensverneinende Denken immer wieder praktische Zugeständnisse an den „weiterbestehenden Willen zum Leben" machen müsse (GW 1, 170). Immerhin aber hält Schweitzer diese lebensverneinende Position angesichts der naturphilosophisch konstatierten Leidstruktur des universalen Willens zum Leben für möglich, gewissermaßen als den Versuch, aus Ehrfurcht vor dem Leben auf das individuelle Leben zu verzichten.

Für ein Denken allerdings, das „in natürlicher und wahrhaftiger Weise" verfährt, bleibt nur der Weg, die Lebensbejahung als „eine bereits im instinktiven Denken vollzogene Tat" im bewußten Denken zu wiederholen (ebd.). Ob Lebensverneinung oder Lebensbejahung – es geht stets um eine „geistige Tat", um die persönliche Entscheidung des Individuums, wie es mit der mystischen Erfahrung des Lebens inmitten von Leben umzugehen gedenkt (ebd.). Das „grausige Schauspiel der Selbstentzweiung des Willens zum Leben" fordert eine bewußte Stellungnahme (ebd. 171), und die kann für Schweitzer in begründeter Weise nur im Zeichen von Humanität und Leidüberwindung gegeben werden (ebd. 172). Um in diesem Sinne zu einer handlungsleitenden Direktive zu kommen, um also aus der Tiefe des mystischen Denkerlebnisses zu einer allgemeinverbindlichen Antwort auf die Frage ‚Was soll ich tun?' zu gelangen, greift er auf sein Kantisches Erbe zurück: „Daß Kant Wahrhaftigkeit gegen sich selbst so in den Mittelpunkt der Ethik rückt, zeugt für die Tiefe seines ethischen Empfindens. Aber weil er in dem Suchen nach dem Wesen des Ethischen nicht bis zur Ehrfurcht vor dem Leben vordringt, kann er den Zusammenhang von Wahrhaftigkeit gegen sich selbst und tätiger Ethik nicht erfassen." (GW 2, 384) Für Schweitzer hat Kant also die Wahrhaftigkeit zwar als eine zentrale Tugend, nicht aber als die ausschlaggebende Vermitttlungsinstanz zwischen denkender Selbsterfahrung und sittlichem Handeln erfaßt, und dieses Problem konnte sich für Kant auch gar nicht stellen, denn seine apriorische Vernunft war als solche, d.h. frei von empirisch-individuellen Denkinhalten als Prüfkriterium für Handlungsrichtlinien vorgegeben. Schweitzer hingegen muß sich von der mystischen Erfahrungsbasis erst noch zu einem solchen Prüfkriterium hinaufarbeiten. Anders gesagt: Hatte Kant sein Ethos der Wahrhaftigkeit mit einer als lebensenthoben vorausgesetzten Vernunft verbunden und der unbestechlichen Prüfung von empirisch orientierten Handlungsmaximen zugrundegelegt, so will Schweitzer umgekehrt den Weg von seinem empirisch gewonnenen Ehrfurchtsmotiv zur Ebene unbedingter Geltungsansprüche erst noch finden, also mit Hilfe der Wahrhaftigkeit die mystisch erschlossene Sensibilität für die empirische Erscheinungsvielfalt des Lebenswillens nachträglich unter einen rational begründeten Normanspruch bringen.

Was die beiden gegenläufigen Argumentationsrichtungen miteinander verbindet, ist die Überzeugung von der Wahrhaftigkeit als Pflicht gegen sich selbst, also ein individualethisches Postulat, wie es Kant in der Tugendlehre seiner Schrift *Die Metaphysik der Sitten* entwickelt. Wenn er dort dem lügenden Menschen die „Wegwerfung und gleichsam Vernichtung seiner Menschenwürde" und damit „ein Verbrechen des Menschen an seiner eigenen Person" attestiert (Kant 1983, 562f.), so hat er Schweitzers Zustimmung auf seiner Seite. Wahrhaftigkeit, Ehrlichkeit, Aufrichtigkeit – dies sind ganz im Sinne Kants Strukturmerkmale des Denkens, ohne die auch für Schweitzer der denkende Mensch nicht möglich ist. Dieser Überzeugung ist seine Behauptung verpflichtet, daß „die Ethik der Wahrhaftigkeit gegen sich selbst unmerklich in die der Hingebung an andere" übergehe (GW 2, 384), allerdings überschreitet er damit Kants Postulat der Achtung vor der Würde aller vernünftigen Subjekte erheblich, rekurriert auf den Willen zum Leben und plädiert für eine wahrhaftige Anerkennung der Lebensansprüche alles dessen, was lebt.

Daß er – durchaus in Analogie zu Kant – die Wahrhaftigkeit auch innermenschlich zum Kriterium erhebt, zeigt seine Deutung des Verzeihens:

„Warum verzeihe ich einem Menschen? Die gewöhnliche Ethik sagt, weil ich Mitleid mit ihm habe. Sie läßt die Menschen sich im Verzeihen furchtbar gut vorkommen und erlaubt ihnen, Verzeihen zu üben, das von Demütigung des anderen nicht frei ist. So macht sie Verzeihen zu einem versüßten Triumph der Hingebung. Mit dieser ungeläuterten Ansicht räumt die Ethik der Ehrfurcht vor dem Leben auf. Alle Nachsicht und alles Verzeihen ist ihr eine durch die Wahrhaftigkeit gegen sich selbst erzwungene Tat. Ich muß grenzenloses Verzeihen üben, weil ich im Nichtverzeihen unwahrhaftig gegen mich selbst sein würde, indem ich damit täte, als wäre ich nicht in derselben Weise schuldig, wie der andere mir gegenüber schuldig geworden ist." (GW 2, 384)

Diese radikale Nivellierung der Schuldquote zwischen dem wahrhaftigen Ich und dem verzeihungsbedürftigen Du hätte Kant sicherlich nicht mitvollzogen, sondern statt dessen den Gesamtsachverhalt einer objektiv-personunabhängigen Analyse unterzogen, doch seinen Respekt hätte er dem Schweitzerschen Wahrhaftigkeitsethos wohl kaum versagt. Die dann folgenden Schritte Schweitzers entfernen sich allerdings unüberbrückbar vom Boden Kantischer Vernunftphilosophie, kommt es dem Ehrfurchtsethiker doch darauf an, das Ethos der Wahrhaftigkeit auch über die Grenzen der Species ‚Mensch' hinaus zur Triebfeder für die Anerkennung fremder Ansprüche zu machen. Der Lebenswille, als Inhalt eines Denkerlebnisses ehrfurchtsvoll bejaht, wird auf den unbedingten Anspruch der Wahrhaftigkeit bezogen und erweist sich so als eine ethisch anzuerkennende Realität, ganz gleich, ob diese im eigenen Selbst oder in fremdem, also auch nichtmenschlichem Leben auftritt. Es ist der Begriff der Analogie, der hier in Verbindung mit dem Wahrhaftigkeitspostulat den Schritt über die menschliche Artgrenze erzwingt:

„Wie in meinem Willen zum Leben Sehnsucht ist nach dem Weiterleben und nach der geheimnisvollen Gehobenheit des Willens zum Leben, die man Lust nennt, und Angst vor der Vernichtung und der geheimnisvollen Beeinträchtigung des Willens zum Leben, die man Schmerz nennt: also auch in dem Willen zum Leben um mich herum, ob er sich mir gegenüber äußern kann oder ob er stumm bleibt.

Ethik besteht also darin, daß ich die Nötigung erlebe, allem Willen zum Leben die gleiche Ehrfurcht vor dem Leben entgegenzubringen wie dem eigenen. Damit ist das denknotwendige

Grundprinzip des Sittlichen gegeben. Gut ist, Leben erhalten und Leben fördern; böse ist, Leben vernichten und Leben hemmen." (GW 2, 378)

Schweitzer nutzt wiederholt den Begriff der Analogie, um diese Argumentation methodisch zu orten, d.h. er behauptet nirgendwo eine qualitative Gleichförmigkeit des Lebenswillens in den verschiedenen Erscheinungen des Lebens, sondern ist sich sehr wohl bewußt, daß mit dem Begriff ‚Lebenswille' höchst heterogene Lebensformen zusammengefaßt werden, vom blinden Selbsterhaltungsdrang bei den niederen Lebewesen über das mit Bewußtsein und Emotion ausgestattete Leben der hochentwickelten Tiere bis hin zum wissend-selbstbewußten Leben des homo sapiens. Wenn er dennoch alle Lebensstufen dem Begriff ‚Lebenswille' subsumiert, dann nicht, um hier eine naturphilosophische Beschreibung der Realität vorzulegen, sondern in der Absicht, die mystische Erfahrung der geheimnisvollen Verbundenheit alles Lebendigen für die Ethik fruchtbar werden zu lassen. So wehrt er sich auch gegen den Vorwurf einer biologischen Überschätzung des Lebens in seiner Ethik:

„Beanstandet wird an ihr auch, daß sie dem natürlichen Leben einen zu großen Wert beilege. Darauf kann sie erwidern, daß es der Fehler aller bisherigen Ethik war, nicht das Leben als solches als den geheimnisvollen Wert erkannt zu haben, mit dem sie es zu tun hat. Alles geistige Leben tritt uns in natürlichem entgegen. Die Ehrfurcht vor dem Leben gilt also dem natürlichen und dem geistigen Leben miteinander. Der Mann im Gleichnis Jesu rettet nicht die Seele des verlorenen Schafes, sondern das ganze Schaf. Mit der Stärke der Ehrfurcht vor dem natürlichen Leben wächst die vor dem geistigen." (GW 1, 242)

Daß Schweitzer den spöttischen Kommentar seiner Freunde akzeptiert, er errette „in Afrika alte Neger, in Europa alte Orgeln" (GW 1, 94), entspricht diesem weitgefächerten Respekt vor dem natürlichen wie geistigen Leben, und besonders aufschlußreich erscheint ein Kurzkommentar zu den letzten Zeilen von Friedrich Schillers Drama *Die Braut von Messina*: „Oh was hat der Dichter mit der Sentenz ‚Das Leben ist der

Güter höchstes nicht' für Verwirrung angerichtet. Die Sentenz darf ich auf mich beziehen, aber von dem Leben des anderen gilt sie für mich nicht, denn sein Leben ist ja gerade das Einzige, womit ich mit ihm in Beziehung trete. Sein Leben muß mir als sein höchstes Gut gelten." (Brief an O. Pfister vom 19. 12. 1926, in: Schweitzer 1987, 90) Die Ehrfurcht vor dem Leben bezieht sich also zuallererst auf das natürliche Leben, doch keineswegs in biologistischer Weise exklusiv auf dieses. Daß mir das Leben des anderen als sein höchstes Gut gelten soll, bedeutet keineswegs eine Leugnung aller über das Leben hinausgehenden Zielsetzungen, sondern meint lediglich, daß ohne das natürliche Leben derartige Zielsetzungen gar nicht erst verfolgt werden können. Schweitzers Lebensbegriff dient also der Kennzeichnung der durch nichts anderes ersetzbaren Voraussetzung allen Denkens und Handelns, umreißt also kein höchstes Ziel, wohl aber ein unverzichtbares und insofern ‚höchstes' Gut, nämlich – im Sinne Kants – die Bedingung der Möglichkeit des Handelns, und auf das Handeln kommt es dem Ethiker Schweitzer vor allem anderen an.

Hat er nun mit seinem „Gut ist, Leben erhalten und Leben fördern; böse ist, Leben vernichten und Leben hemmen" das Grundprinzip des Sittlichen als ‚denknotwendig' aufgewiesen? Offensichtlich nicht, und ein zentraler Stellenwert kommt dieser Frage auch nicht zu. Wie Schweitzer selbst einräumt, bieten sich dem denkenden Individuum unterschiedliche Wege an, auf das Bewußtsein des Lebens inmitten von Leben praktisch zu antworten, und so kann das Konzept der ‚Hingebung an Leben aus Ehrfurcht vor dem Leben' nicht als denknotwendig, also alle Alternativen ausschließend akzeptiert werden. Nichtsdestoweniger ist es plausibel, nämlich folgerichtig dann, wenn man via rationale Mystik in einem Denkerlebnis auf den Lebenswillen stößt, dadurch zur Ehrfurcht inspiriert wird und nun unter der Nötigung durch die Wahrhaftigkeit die Bejahung der eigenen Lebensgrundlagen analog auch allem fremden Leben als ethisch zu berücksichtigenden Anspruch zubilligt.

Offenbar ist Schweitzer mit seinem Insistieren auf der Denknotwendigkeit unkritisch rationalistischen Letztbegründungsintentionen verfallen (vgl. Lenk 1991, 143–45), hat er ein letztes, oberstes, zweifelsfreies Prinzip der Ethik gesucht und übersehen, daß er dies von seinen Prämissen her niemals leisten konnte, sehr wohl aber zu einem weitaus bescheideneren und gerade deshalb realitätsnahen Ethikentwurf gelangt war. Im Zeichen der Problemgeschichte, der er sich so sehr verpflichtet fühlte, unterbreitet er eine durchaus plausible, auch fachlich diskussionswürdige und zudem viele Menschen inspirierende Ethik, geht von Hypothesen aus, die sich kaum in Abrede stellen lassen, und unterzieht diese empirischen Annahmen dann einer unbestreitbar rationalen Normsetzung. Dies ist unter den Bedingungen des frühen 20. Jahrhunderts eine originale Leistung, vernünftig und zugleich voller Respekt vor dem Alltagsbewußtsein, doch Denknotwendigkeit läßt sich diesem Entwurf nun einmal nicht attestieren, und zudem darf die Epoche solcher Geltungsansprüche als längst ausgeklungen gelten. Diesbezüglich ist Schweitzer ein sich selbst mißverstehender Nachreiter überholter Höhenflüge, doch mit dem normativen Gehalt seiner Ethik muß er als bedeutender Vorreiter heutiger Fragestellungen ernst genommen werden. Seine Ethik – in der Fundierung eine naturbezogene Vernunftethik, im Handlungsbezug eine motivationale Haltungsethik – hat als Impuls für eine rational-biophile Humanität eher gewonnen als verloren. Wenden wir uns daher den normativen Ansprüchen im einzelnen zu!

3. Ethik der Lebensnöte: Das denkende Ich zwischen allgemeingültigem Prinzip und subjektiver Verantwortung

Der Schweitzerschen Ethik ist immer wieder vorgeworfen worden, daß sie sich eher appellativ an den Leser wende als argumentativ Normen begründe, so neuerdings von Jean-Claude Wolf, der in der Ehrfurcht „primär ein Motiv, eine Haltung oder Einstellung, und nicht ein spezifisches Verhalten" erblickt (Wolf 1993, 367) und davon ausgeht, „daß Schweitzer von der paränetischen Wirksamkeit des von ihm verkündigten und vorgelebten Ethos fest überzeugt war" (ebd. 370). Wolf resümiert: „In der paränetischen Suggestion liegt die eigentliche Stärke der Ehrfurcht vor dem Leben. Das geht bereits daraus hervor, daß es sich dabei weniger um ein Prinzip oder eine Norm als vielmehr um eine ‚Tugend' handelt." (ebd. 376)

War der Ethiker Schweitzer also letztlich doch nur ein Prediger, ein Mahner und Ermunterer für die allzu gedankenlos Dahinlebenden? Wir hoffen im vorhergehenden Kapitel gezeigt zu haben, daß eine solche Deutung weder Schweitzers philosophischem Selbstverständnis noch den argumentativen Linien seines Ethikentwurfs gerecht wird. Drei Bemerkungen seien vor der Untersuchung des normativen Gehalts der Ehrfurchtsethik dieser Kritik entgegengehalten! Erstens steht fest, daß Schweitzer gerade nicht auf das von ihm gegebene und in den Hagiographien gefeierte Beispiel gelebter Sittlichkeit baute, sondern sich als einen Begünstigten sah, dessen Lebensleistung sich nicht als Vorbild für jedermann eigne (vgl. GW 1, 105–108). In diesem Sinne hat er seiner Ethik stets einen von seiner humanitären Praxis essentiell unabhängigen Eigenanspruch zugemessen und weitaus stärker auf diese als auf das eigene Beispiel vertraut. Zweitens muß philosophisch daran erinnert werden, daß die Ehrfurcht für Schweitzer in der Tat eine Haltung, ein Motiv und kein Verhalten darstellt, ebendeswegen aber auch noch nicht die Ethik, sondern nur die empirische Voraussetzung für die rationale Normbegründung ausmacht. Erst in der ‚Hingebung', d.h. in der verantwortlichen Fürsorge für das fremde Leben wird eine Verhaltensrichtlinie faßbar, die zwar aus dem Ehrfurchtsmotiv gespeist ist, dieses aber zugleich auch ganz andersartigen, eben rational-universellen Kriterien unterzieht. Außerdem hat Schweitzer sich von den Termini ‚Tugend' und ‚Wert' stets entschieden distanziert und statt dessen den Begriff der Pflicht ins Zentrum gerückt. Drittens ist zu bedenken, daß Schweitzer aus dem paränetischen Impetus seines ethischen Denkens nie einen Hehl gemacht und sogar ethische Predigten gehalten (vgl. Schweitzer 1986), nichtsdestoweniger aber – bei allem Respekt vor dem intuitiv-religiösen Denken – das „kritisch-analysierende Suchen" der philosophischen Ethik von Anfang an als verbindlich für den eigenen Weg akzeptiert hat: „Wo religiöse Ethiker in einem gewaltigen Worte bis auf die fließenden Wasser der Tiefe kommen, hebt die philosophische Ethik manchmal nur eine flache Mulde aus, in der sich ein Tümpel bildet. Dennoch aber ist das rationale Denken allein imstande, in stetiger und sicherer Weise auf das Grundprinzip der Ethik auszugehen. Es muß dazu gelangen, wenn es nur tief und elementar genug wird." (GW 2, 143)

Wie kommt es zu der auffälligen Diskrepanz zwischen dem, was Schweitzer im Lichte seines rationalistisch-aufklärerischen Erbes als Substanz seines Denkens begreift, und dem von Kritikern immer wieder attestierten Gegenteil? Blieb beim Ehrfurchtsethiker die rational-diskursive Arbeitsweise eine bloße Intention, und ist er statt dessen in der Ausführung seiner Ethik beim Gegenteil angelangt, der persönlich imprägnierten Paränese? Oder läuft die Kritik an den Angelpunkten der Schweitzerschen Ethik vorbei? Für beide Aspekte lassen sich Befunde in dieser Ethik ausfindig machen. Kritiker wie J. Cl. Wolf stützen sich vornehmlich auf die beiden Schlußkapitel von *Kultur und Ethik* (Kap. 21 u. 22), blenden in der Annahme, hier die Struktur der Schweitzerschen Ethik komprimiert vorzufinden, den vorausliegenden Gang durch die Problemgeschichte der Ethik aus und vermögen so den rationalen Gehalt hinter dem in der Tat paränetischen Charakter dieser Kapitel nicht zu erfassen. Schweitzer selbst aber leistet diesem Mißverständnis Vorschub, indem er im Schlußteil fortlaufend appelliert, anstatt wie in früheren Kapiteln zu argumentieren, und so die sachliche Auseinandersetzung zugunsten von ‚Wir'- und ‚Ich'-Sätzen zurücktreten läßt. Dazu ein Beispiel: „Nie dürfen wir abgestumpft werden. In der Wahrheit sind wir, wenn wir die Konflikte immer tiefer erleben. Das gute Gewissen ist eine Erfindung des Teufels." (GW 2, 388) Wer nur diesen Schweitzer zur Kenntnis nimmt, kann sich kaum des Verdachts expressiver Verkündigung zu Lasten der rationalen Argumentation enthalten. Dennoch finden sich an gleicher

Stelle auch so wichtige Akzente wie der Rückgriff auf Kants Wahrhaftigkeitsethos und die Bestimmung der Ethik als „Hingebung an Leben, die durch Ehrfurcht vor dem Leben motiviert ist" (ebd. 380). Dies sollte nun wiederum den fachphilosophischen Leser zu einer gründlichen Auseinandersetzung mit dem Gesamtentwurf Schweitzers anregen, was aber nur selten geschieht. Kurzum: So sehr Schweitzer den kritischen Vorwurf verdient, daß von den großen Themen der ersten 20 Kapitel in den beiden Schlußkapiteln von *Kultur und Ethik* nur noch wenig anklingt und systematische Rückbezüge fast vollständig ausbleiben, so deutlich ist andererseits zu betonen, daß sich ein ethischer Gesamtentwurf nicht allein von den beiden letzten, zudem bewußt appellierend abgefaßten Schlußkapiteln her angemessen würdigen läßt.

a) Die Alltagswelt und ihre motivationale Potenz für das individuelle Denken

Kehren wir also im Horizont der bisher dargestellten Fragenkreise zum normativen Gehalt der Schweitzerschen Ethik zurück.

Das Programm einer mystischen Ethik zielt, wie im vorhergehenden Kapitel ausgeführt, auf eine Verbindung von Mystik und Ethik, von vertiefter Innerlichkeit und tatfreudiger Weltverantwortung, und so muß es denn Schweitzer darauf ankommen, den Leser sowohl zum mystischen Weg nach innen wie auch zur Bindung seines Handelns an ein rational plausibles Prinzip zu inspirieren. Der zweite Aspekt ist allen Ethikentwürfen zu eigen, der erste hingegen kennzeichnet eine philosophische Außenseiterposition, und die Verbindung beider verlangt einen in der Ethikgeschichte bis heute einmaligen Balanceakt. Daß Schweitzer gerade da, wo es ihm um inhaltliche Beispiele für den normativen Anspruch seiner Ethik geht, eine appellative Sprache benutzt, hängt offensichtlich mit der mystischen Dimension seines Denkens zusammen. Hier gelangt eine programmatische Aussage zur Wirkung, die bereits zu Beginn von *Kultur und Ethik* (Kap. 3) unter dem Thema

„Das ethische Problem" auf die im Schlußteil angebotene Lösung hindeutet:

„Die Schwäche aller bisherigen Ethik, der religiösen wie der philosophischen, liegt darin, daß sie sich in dem einzelnen nicht in unmittelbarer und natürlicher Weise mit der Wirklichkeit auseinandersetzt. In vielem redet sie an den Tatsachen vorbei. Sie geht nicht auf das Erleben des einzelnen ein. Darum übt sie keinen ständigen Druck auf ihn aus. So kommen ethische Gedankenlosigkeit und ethische Phrase auf. Das wahre Grundprinzip des Ethischen muß bei aller Allgemeinheit etwas ungeheuer Elementares und Innerliches sein, das den Menschen, wenn es ihm einmal aufgegangen ist, nicht mehr losläßt." (GW 2, 143)

Hier scheint eher ein Motivationstheoretiker denn ein Ethiker zu sprechen, jemand, dem es stärker darauf ankommt, Handlungsenergien zu entbinden als in intellektueller Klarheit Normen zu begründen, doch man darf nicht übersehen, daß die Allgemeinheit des ethischen Prinzips mit keinem Wort zugunsten einer inspirierten Innerlichkeit in Frage gestellt wird. Es geht vielmehr um die Vermittlung der beiden heterogenen Bezugspunkte: Das allgemeingültige, also rational begründete Prinzip soll von der Innerlichkeit adoptiert werden, damit es nicht als wirkungslose Verlautbarung auf höchster Prinzipienstufe jeden Handlungsbezug verliert. Als Motivationstheoretiker ist Schweitzer zugleich auch Paränetiker, hat den Mut, wie er bekennt, „die große Melodie von der wahren, vollständigen Geistigkeit, so gut ich sie zu erlauschen vermochte und wiedergeben kann, in Menschenseelen hineinzusingen" (KPh III, 1. Teil, 7). Mit einem Abschied von der rationalen Normbegründung in der Ethik hat dies nichts zu tun.

In mystischer Weise zu geistiger Tiefe inspirieren und in ethischer Argumentation eine allgemeinverbindliche Handlungsrichtlinie aufzeigen – ebendies umreißt das Doppelziel, das Schweitzer mit seiner Ethik verfolgt. Offenbar wurde ihm bewußt, daß er dazu mehr als nur die spärlichen anthropologischen Annahmen benötigte, die er in *Kultur und Ethik* angedeutet hat (vgl. GW 2, 341 f.). Bezeichnenderweise eröffnet er die *Kulturphilosophie III* 1931 mit einem Anthropologie-Kapitel, das weit über alles bisher Gesagte hinausgeht und vor allem eine Persönlichkeitstheorie entwickelt, die der Humanitätsidee und damit auch der Ethik ebenjene handlungsleitende Kraft verleihen soll, die Schweitzer am bisherigen Humanitätsdenken vermißt (vgl. Kap. III. 3). Hatte er in Kultur und Ethik immer wieder die Rolle des Denkens beschworen und das „Ethisch-Werden" als „wahrhaft denkend werden" definiert (GW 2, 375), so bemüht er sich jetzt in der *Kulturphilosophie III* um die noch ausstehende Operationalisierung dieser Programmidee. Es gilt zu zeigen, wie der Alltagsmensch in das Denken hineingeführt und so für die Ethik geöffnet werden kann, und dazu bedient sich Schweitzer des polar verstandenen Begriffspaars ‚gesunder Menschenverstand' und ‚Denken': „Der gesunde Menschenverstand und das Denken gehören zusammen wie die Vorberge und das Hochgebirge. Niemals darf sich der gesunde Menschenverstand anmaßen, die Rolle des Denkens spielen zu wollen. Niemals darf das Denken den Zusammenhang mit dem gesunden Menschenverstand verlieren. Nur solange es ihn wahrt, bleibt es natürlich." (KPh III, 2. Teil, 80) Es geht also um zweierlei: das denkerische Transzendieren der alltäglichen Lebensbindungen und die grundsätzliche Wahrung der Lebensbindung allen Denkens. Von den Vorbergen heißt es ins Hochgebirge aufzubrechen, ohne den Bezug zu den Vorbergen zu verlieren, denn hier, d.h. in der Welt des Alltagshandelns hat sich die denkerische Orientierung zu bewähren.

Dieses Motiv des Zusammenspiels von gesundem Menschenverstand und Denken durchzieht die gesamte *Kulturphilosophie III*, und Schweitzer läßt auch gleich zu Beginn des ersten Teils deutlich werden, welche deskriptiven Befunde dieser Theorie zugrundeliegen. Das geistige Erwachen im Jugendalter – so konstatiert er – weicht „unter dem Einfluß der Vielen, die sich als ernüchterte Menschen ungeistig mit dem Leben abgefunden haben", dem Skeptizismus und Spott (KPh III, 1. Teil, 3). Damit ist der Sieg des gesunden Menschenverstandes über das suchende Denken vollzogen, freilich nicht unabdingbar:

„Die einen werden durch Unglück oder durch Krankheit dazu gebracht, daß sie sich mit sich selber beschäftigen und aus ungeistigen geistige Menschen werden. Andere kommen auf denselben Weg dadurch, daß sie durch Glück und Erfolg, die sie anderen beneidenswert machen, zuletzt dennoch nicht befriedigt werden. Wieder andere werden durch den Gedanken der Nichtigkeit und Vergänglichkeit des menschlichen Daseins ergriffen. Oder die Einsicht, daß sie ein inhaltsloses und unnützes Leben führen, arbeitet an ihnen. Oft auch ist es eine auf ihm lastende Schuld, die einen Menschen in eine andere Bahn zwingt." (ebd. 4)

Es ist also die Vielfalt existentieller Erfahrungen, die für Schweitzer „das in der Jugend in Brand gekommene Feuer des geistigen Lebens" auch im Erwachsenenalter neu zu entfachen und so das „Verfallen in das Dahinleben der Erwachsenen" zu durchbrechen vermag (ebd. 3f.). Wenn dies aber so ist, dann muß sich die Anregung zum Denken auch über existentielle Fragen von Jedermannsinteresse vollziehen lassen, und Schweitzer ist überzeugt davon, daß es die Fragen nach dem Glück und dem Recht sind, die den gesunden Menschenverstand animieren können, seine Aufgabe zu erfüllen: „Der rechte gesunde Menschenverstand ist derjenige, der über sich selber hinausführt." (KPh III, 2. Teil, 81) Was sich anthropologisch an der existentiellen Individualerfahrung zeigt, soll also in ethischer Absicht zu einem Weg verallgemeinert werden, auf dem jeder Mensch via gesunder Menschenverstand in das Denken hereingezogen werden kann. Modellhaft verdeutlicht Schweitzer, wie er sich das Zusammenspiel von gesundem Menschenverstand und Denken vorstellt, zuerst am reflexiven Umgang mit der Glücksfrage und danach an dem mit der Frage nach Recht und Unrecht:

„Wie merkwürdig sind doch die Erfahrungen, in denen sich uns im Verlaufe unseres Daseins die Problematik des Glücklich- und Nicht-Glücklich-Seins enthüllt! Fort und fort, obwohl wir es immer wieder vergessen wollen, erleben wir es in der mannigfachsten Weise, daß jede Befriedigung von sinnlicher Lust zugleich Aufhebung derselben ist. Der mit besten Speisen vollgegessene Mensch ist kein glückliches Geschöpf.

Ferner gibt es eine Gewöhnung an Wohlergehen. Wir laufen Gefahr, es nicht mehr nach seinem wahren Werte zu empfinden, wenn es uns auf irgendwelchem Gebiete einigermaßen dauernd zuteil wird. Voll Staunen müssen wir auch immer wieder feststellen, daß je nach den Umständen unscheinbarste Geschehnisse ein unverhältnismäßig starkes Glücksempfinden bei uns auslösen, während an sich bedeutungsvolle von uns nicht in entsprechender Weise bewertet werden. Noch mehr: ein Opfer, das wir bringen, kann uns froher machen als der herrlichste Glücksfall, der uns begegnet. Und zuletzt, um die Paradoxie voll zu machen: es kommt vor, daß wir in einer Lage, in der uns die Menschen als unglücklich ansehen müssen, uns als glücklicher erleben als in einer, die ihnen als glückliche erscheint. Überhaupt: In Lagen, in denen wir es nicht für möglich halten, bekennen sich Menschen als glücklich. Auf jede Weise bekommen wir es also zu erfahren, daß Glück und Unglück nicht einfach Auswirkung dessen sind, das uns widerfährt, sondern auch dessen, was wir in uns selber und mit uns selber erleben." (KPh III, 1. Teil, 24 f.)

Hier geht es in unverkennbarer Weise darum, in jener elementaren Sprache, die Schweitzer an den Stoikern so schätzte, das Alltagsbewußtsein anzusprechen und von daher die pragmatische Kurzsichtigkeit des gesunden Menschenverstands auf eine vertiefte Selbstdeutung hin zu überschreiten. Und obschon auch hier über die Wir-Form Verbundenheit mit dem Leser gestiftet wird, läßt sich wohl kaum behaupten, daß das persönliche Ethos des Autors suggestiv auf den Leser übertragen werden soll. In analoger Weise verfährt Schweitzer bei der Frage nach Recht und Unrecht:

„Der gesunde Menschenverstand will dem Menschen einreden, daß er mit dem Grundsatz ‚Tue Recht und scheue niemand' durchkommen könne, aber wer es unternimmt, auch nur 48 Stunden lang im Ernste nach ihm leben zu wollen, bekommt zu erfahren, daß er nicht ausreicht. In so und so vielen Entschließungen, die wir zu treffen haben, läßt er uns im Stich.

Unter dem Rechten versteht der gesunde Menschenverstand das, was jeder von dem Seinen dazu beitragen muß, damit den elementaren Forderungen des Gemeinwohls Genüge getan und eine Gesellschaft möglich wird, deren Mitglieder voreinander Achtung haben können. Wie viel würden wir leisten, wenn wir uns einfach danach verhielten, und wie viel wäre damit erreicht!

Aber daß die scheinbar so einfache und klare Regel in Wirklichkeit nicht einfach und klar ist, erfahre ich, wenn ich sie im Ernste zu befolgen versuche. Da taucht nämlich die unscheinbare Frage auf, in welchem Verhältnis das Rechte und das Gute zueinander stehen. Bin ich ernstlich bestrebt, das Rechte zu tun, so kann ich nicht anders, als über das Rechte nachdenklich werden. Meine Vorhaben im Tun und im Unterlassen begeben sich nicht von selbst vor das Gericht, das über Recht und Unrecht entscheidet, sondern sie werden von meinem Gewissen – dem Organ für Recht und Unrecht, das ich in mir trage – vor es gebracht. Und mein Gewissen stellt sich nicht einfach auf die geltende Anschauung von Recht und Unrecht ein, sondern es wird umso empfindlicher, je ernstlicher ich bestrebt bin, das Rechte zu tun. Durch mein Gewissen geleitet, erlebe ich *Verantwortungen*, die mir die geltende Anschauung vom Recht-Tun nicht aufzuerlegen vermag, und muß mich Forderungen unterwerfen, die sie nicht zwingend aufzustellen vermag. Immer mehr erkenne ich, daß das, was als Recht-Tun gilt, ein unklares und unhaltbares Mittelding ist zwischen dem, was als Recht gesetzlich festlegbar und forderbar ist, und dem, was wahrhaft gut ist.

Versucht mein gesunder Menschenverstand, sich davon Rechenschaft zu geben, was für mich zum Recht-Tun gehört, so kann er nicht, wie er gerne möchte, sich darauf beschränken, Ehrlichkeit, Gerechtigkeit, Wahrhaftigkeit und was sonst noch zur Ehrbarkeit gehört, anzuführen, sondern er muß auch noch subjektive und subjektivste Tugenden wie Lauterkeit, Friedfertigkeit, Gütigkeit, Barmherzigkeit, Liebe dazu nehmen." (ebd. 26f.)

Heutige Ethiker und Rechtsphilosophen würden diesen Text wohl bestenfalls als einen propädeutischen Beitrag zum Philosophieren mit Kindern und Jugendlichen, nicht aber als ein diskussionswürdiges Desiderat für die akademische Philosophie akzeptieren, fehlt doch – wie meistens bei Schweitzer – die terminologisch korrekte Bezugnahme auf die einschlägigen Theorieentwürfe. Gerade dies aber ist der Grund dafür, daß seine Aussage zum Recht wie auch die zum Glück hier so ausführlich zitiert werden, denn es geht in diesem Kontext nicht um die Darbietung exzeptioneller philosophischer Einsichten, sondern um die Verfahrensweise, mit der Schweitzer die Denkfähigkeit des am gesunden Menschenverstand orientierten Individuums anregen und so die „wahre, wirkende Philosophie", die in allgemeinverständlicher Form dem „suchenden Denken in der Menge" entgegenkommt (GW 2, 29), fördern will. Gerade in den anthropologisch-motivational akzentuierten Textpassagen tritt dieses auf das Jedermannsdenken abzielende Verständnis des Philosophierens überdeutlich zutage, verbunden mit der Absage an jede Art der „Selbstbesinnung, die zu Geringschätzung der Masse führt", und untermauert mit immer neuem Zuspruch an den ‚Bruder Mensch', so hier: „Bruder Mensch, verzichte nie auf dein Recht, du selber zu sein. Aber werde du selber zuerst als einer, der gesammelter, stiller und innerlicher wird." (KPh III, 1. Teil, 13) Mit solchen Appellen möchte Schweitzer seine Leser zur „Fahrt ins Weite" inspirieren, zum Abschied vom „System genau bestimmbarer und geordnet nebeneinander verlaufender Tugenden und Pflichten" und zur Einsicht in das Gute als „Bestimmtsein durch unbegrenzbare Verantwortung" (ebd. 28). An Fragen, denen sich der gesunde Menschenverstand nicht entziehen, die er aber auch nicht beantworten kann, soll das persönliche Denken entzündet werden, um das Individuum weit über die vermeintlich einfachen und klaren Regeln der Alltagswelt hinaus und mystisch in die eigene Innerlichkeit hineinzuführen, letztlich bis hin zur Gewißheit des „Ich bin Leben, das leben will, inmitten von Leben, das leben will." (GW 2, 377) Nur aus diesem Abstand zur Alltagswelt heraus – von Schweitzer auch als „Sanftmut des Andersseins als die Welt" beziehungsweise als „Resignation" definiert und in diesem Sinn interpretiert als „die Halle, durch die wir in die

Ethik eintreten" (ebd. 382f.), – kann der Zugang zu einer Ethik gefunden werden, die nicht der Cartesischen „Bahn des Abstrakten" verfällt (ebd. 377), sondern dem Anspruch gerecht wird: „Ethik ist lebendige Beziehung zu lebendigem Leben." (ebd. 372)

Die ‚Bruder Mensch'-Appelle entspringen also durchaus systematischer Überlegung: Sie sollen das Individuum animieren, denkend die eigene Lebenserfahrung auf die tragenden Grundlagen hin zu vertiefen, also sich als Leben inmitten von Leben zu begreifen, um sodann auf dem Weg der rationalen Verallgemeinerung die universelle Richtlinie „Hingebung an Leben aus Ehrfurcht vor dem Leben" (ebd. 374) als plausibel einsehen und persönlich annehmen zu können. Das Vertrauen auf das denkende Ich – ob nun im Sinne des aufklärerischen Optimismus selbstverständlich oder unter dem gegenwärtigen Vorzeichen einer manipulativen Informations- und Publicitygesellschaft illusionsverdächtig – markiert also den entscheidenden Dreh- und Angelpunkt der Schweitzerschen Ethik. Unter der Voraussetzung des denkenden Ichs gewinnt diese Ethik ihre Konsistenz, ohne diese bleibt sie in der Tat nur ein edler Appell, bestenfalls ein Modell für emotional angesprochene Minderheiten. Schweitzers Absage an Systeme von Tugenden und Pflichten resultiert aus dieser grundsätzlichen Prämisse: Das denkende Ich, so es denn erweckbar ist und den Weg zur allgemeingültigen Richtlinie tatsächlich findet, bedarf danach keiner untergeordneten Normen oder Regeln mehr, sondern trifft seine konkreten Entscheidungen unmittelbar vom Leitprinzip her. Wo andere Ethiken die höchste Allgemeinheitsebene der Prinzipien um der Anwendungsnähe willen durch Werthierarchien, Regelsysteme oder Tugendordnungen mit der Realität vermitteln, baut Schweitzer exklusiv auf die subjektive Verantwortung des vom Prinzip geleiteten Ichs. Dieses muß entscheiden, wie es seine konkrete Verantwortung unter dem Anspruch des Prinzips zu realisieren hat; normative Subsysteme können ihm dabei nicht helfen, ja würden die Verantwortung eher entschärfen.

Dieter Birnbacher hat jüngst um der „Effektivierung der

Normbefolgung" (Birnbacher 1988, 20) willen eine Unterscheidung zwischen idealen Normen und Praxisnormen vorgeschlagen: „Ideale Normen sind Normen, die so formuliert sind, als seien sie an ideale Akteure adressiert. Sie machen an die kognitiven und motivationalen Fehlbarkeiten ihrer potentiellen Anwender keine Zugeständnisse und treffen gegen sie keine Vorsorge. Praxisnormen dagegen sind Normen, die so formuliert sind, daß sie die Fehlbarkeit ihrer Adressaten von vornherein berücksichtigen und Anwendungsdefiziten zuvorkommen." (ebd. 18) Auch Schweitzer hat die Fehlbarkeit der Adressaten vor Augen; er formuliert sein Prinzip für den idealen Akteur, der laut Birnbacher aus seinen Prinzipien in jeder Entscheidungssituation „die richtigen Konsequenzen" zieht und dann auch entsprechend handelt (ebd. 17), doch er hält es für ausgeschlossen, durch realitätsnäher gefaßte Unternormen dem Leitprinzip zur Anwendungseffektivität zu verhelfen und zieht statt dessen das denkende Ich mit seiner subjektiven Verantwortung als Vermittler zwischen Prinzipienebene und Entscheidungsebene vor.

b) Von der Tierquälerei bis zum Welthunger: Zum Geltungsanspruch der Ehrfurchtsethik

Warum dies so ist und was es bedeutet, soll an einigen normativen Einzelaussagen verdeutlicht werden, die sich teilweise mit Schweitzers Biographie verbinden, teilweise aber auch in allgemeinerer Weise in seiner Ethik präsentiert werden. Die autobiographischen Mitteilungen beziehen sich allesamt auf den Versuch, unter den Bedingungen des afrikanischen Urwalds eine denkend verantwortete Lebenspraxis zu realisieren. Da beklagt Schweitzer einerseits die „ohnmächtige Wut" im „Kampf mit dem kriechenden Getier" (GW 1, 446) und beschwört die Notwendigkeit, das eigene Spital „jedes Jahr aufs neue gegen die Wildnis, die ihr Eigentum zurückhaben will", zu verteidigen (ebd. 354), andererseits läßt er beim Hausbau äußerste Rücksicht walten: „Ehe der Pfahl ins Loch kommt, sehe ich nach, ob nicht Ameisen, Unken oder andere Tiere hineingeraten sind, und hole sie mit der Hand heraus, daß sie nicht vom Pfahle zermalmt werden oder nachher beim Einstampfen von Stein und Erde zugrunde gehen." (ebd. 667) Analog dazu läßt er die auf dem Bauplatz wachsenden Ölpalmen ausgraben und verpflanzen, „aus Mitleid mit den Palmbäumen", um das Bekenntnis anzuschließen: „Daß man mit Tieren Erbarmen hat, verstehen meine Schwarzen. Daß ich ihnen aber zumute, die schweren Palmbäume zu transportieren, damit sie am Leben bleiben, statt umgehauen zu werden, erscheint ihnen eine verfahrene Philosophie." (ebd. 672) Ähnlich verfahren wirkt Schweitzers Handeln auf die Einheimischen, wenn er zwar Schlangen und Raubvögel schießt, niemals aber Affen oder andere Vögel. Seine Begründung lautet: „Vögel, die über dem Wasser ihre Kreise ziehen, mag ich nicht schießen. Die Affen vollends sind vor meinem Gewehr sicher. Oft kann man drei oder vier nacheinander erlegen oder verwunden ohne in ihren Besitz zu kommen. Sie bleiben im dichten Geäste des Baumes hängen oder fallen in Buschwerk, das in unbetretbarem Sumpf steht. Und findet man den Leichnam, so findet man oft zugleich ein armes kleines Äffchen, das sich mit Geschrei an die erkaltende Mutter klammert.

In der Hauptsache habe ich mein Gewehr nur, um Schlangen zu schießen, von denen es in Lambarene im Grase um mein Haus eine Unzahl gibt, und um die Raubvögel zu töten, die die Nester der Webervögel in den Palmen vor meinem Hause plündern." (ebd. 383)

Der Kriterienkatalog, an dem Schweitzer seine Entscheidungen in den genannten Beispielen orientiert, läßt keine verbindliche Struktur erkennen. Der Schutz von Ameisen, Unken und Palmbäumen ist offenkundig prinzipienethisch motiviert, insofern für ihn einer Handlung immer dann sittliche Qualität innewohnt, wenn sie der ‚Hingebung an Leben aus Ehrfurcht vor dem Leben' entspricht. Von daher überrascht es, wenn die Schonung der Affen nicht in gleicher Weise gerechtfertigt, sondern vom fragwürdigen Jagderfolg und den gegebenenfalls verwaisten Jungtieren her begründet, also nicht prinzipienethisch, sondern folgenethisch abgestützt wird. Darf man Affen bei sicherem Jagderfolg und ohne Jungtiergefährdung schießen? Kommt ihnen nicht der gleiche Anspruch zu wie Unken oder Palmbäumen? Selbstredend werden solche Fragen Schweitzers Intention nicht gerecht, doch er schließt sie seinerseits kraft seiner methodischen Diffusität auch nicht aus. Konsistenz zeigt sich wiederum bei den Schlangen- und Raubvogelbeispielen wie auch beim Kampf gegen das kriechende Getier, denn hier repräsentiert das Töten ebenjene prinzipienethische Antinomie, die Schweitzer in den Mittelpunkt seiner Ethik rückt: Dem Prinzip zu folgen, kann auch – freilich nicht im Regelfall – heißen, das Prinzip zu verletzen. Die Hingebung an Leben wird mit der Notwendigkeit des Tötens konfrontiert, weil in einer Natur der konkurrierenden Lebensansprüche Leben sich häufig nur auf Kosten anderen Lebens erhalten läßt (Raubvogel versus Webervögel) und dem Menschen bei Tötungsverzicht (Schlangen) nur die Selbstaufgabe als ethischer Ausweg bliebe. Dies aber widerspräche der Ehrfurcht vor dem eigenen Leben als unabdingbarem Ferment der Schweitzerschen Ethik.

Die Problematik des Schädigens und Tötens von fremdem Leben hat den Ehrfurchtsethiker offenbar so stark belastet, daß ihm im Einzelfall jedes Argument willkommen war, das dazu beizutragen vermochte, einen Tötungsakt als unbegründet zu erweisen. So kommt die philosophische Methodik im Einzelfall auch hier zu kurz, nicht allerdings in den Grundsatzaussagen, denn da benennt Schweitzer das verbindliche Kriterium für die Frage des Schädigens und Tötens von fremdem Leben in unmißverständlicher Weise:

„Wo ich irgendwelches Leben schädige, muß ich mir darüber klar sein, ob es notwendig ist. Über das Unvermeidliche darf ich in nichts hinausgehen, auch nicht in scheinbar Unbedeutendem. Der Landmann, der auf seiner Wiese tausend Blumen zur Nahrung für seine Kühe hingemäht hat, soll sich hüten, auf dem Heimweg in geistlosem Zeitvertreib eine Blume am Rande der Landstraße zu köpfen, denn damit vergeht er sich an Leben, ohne unter der Gewalt der Notwendigkeit zu stehen." (GW 2, 388)

In diesem Beispiel, so rigoros sein ethischer Gehalt erscheinen mag, stellt die Anlegung des Notwendigkeitskriteriums keine besonderen Reflexionsansprüche, doch liegt eine gleiche Notwendigkeit vor, den Raubvogel zu töten, um die Webervögel zu schützen? Schweitzer ist sich der Tatsache bewußt, daß hier ein beachtlicher interpretatorischer Spielraum offenbleibt, und schildert ein selbstvollzogenes Beispiel:

„Ich kaufe Eingeborenen einen jungen Fischadler ab, den sie auf einer Sandbank gefangen haben, um ihn aus ihren grausamen Händen zu erretten. Nun aber habe ich zu entscheiden, ob ich ihn verhungern lasse oder ob ich täglich soundso viele Fischlein töte, um ihn am Leben zu erhalten. Ich entschließe mich für das letztere. Aber jeden Tag empfinde ich es als etwas Schweres, daß auf meine Verantwortung hin dieses Leben dem andern geopfert wird." (GW 1, 243)

Hier zeigt es sich, daß „die Verantwortung für alles Leben, das in seinem Bereich ist" (ebd. 244), den Menschen mit der naturphilosophisch konstatierten Leidstruktur (vgl. Kap. IV. 1) kollidieren läßt, mit dem „Gesetz der Selbstentzweiung des Willens zum Leben" (ebd. 243). Die Natur läßt sich nicht ethisieren, sondern bestenfalls sehr partiell zum Ausdruck menschlicher Geistigkeit und Sittlichkeit transformieren, doch der Preis ist nicht selten hoch: Die Rettung des einen Lebewesens (Fischadler) schließt den Tod anderer Lebewesen ein (Fische). Damit gerät die Ehrfurchtsethik in eine Art Prinzipienfalle, insofern die Befolgung des Prinzips hier seine Verletzung dort nach sich zieht. Dennoch kommt Schweitzer nie auch nur im entferntesten auf die Idee, sich von seinem Prinzip zu verabschieden oder es zumindest durch Binnendifferenzierungen auf konflikthaltige Entscheidungsfälle hin zu spezifizieren. Vielmehr deklariert er: „Nur das Grundprinzip des Ethischen ist einfach und allgemeingültig. Ihm einfache und allgemeingültige Ausführungsbestimmungen beizugeben, ist unmöglich. Von Fall zu Fall, aus tiefstem und stets lebendigem Verantwortungsgefühl heraus, hat der Einzelne zu entscheiden, wie ihm Genüge zu tun sei. Ethik ist das Absoluteste auf subjektivste und relativste Weise verwirklicht." (KPh III, 2. Teil, 19)

Das Vertrauen auf das denkende Ich und seine subjektive Verantwortung verbindet sich also mit einem der Handlungspraxis zugestandenen Relativismus, allerdings unter der Voraussetzung, daß diese Praxis unter dem Anspruch des allgemeingültigen Prinzips vollzogen wird. Davon erhofft sich Schweitzer motivationstheoretisch eine stärkere handlungsleitende Kraft des Prinzips als von dessen Differenzierung in ein System anwendungsnäherer Unterregeln. Anders gesagt: Das aus mystischer Tiefe gespeiste und von einem allgemeingültigen Prinzip geleitete Verantwortungsgefühl des Individuums vermag für ihn die sittliche Praxis eher zu gewährleisten als der Versuch, das Prinzip zu den verschiedenen Anwendungsfeldern hinabzukonkretisieren, ob nun durch Regelsysteme, Werthierarchien oder Tugendordnungen. In diesem entscheidenden Punkt bricht Schweitzer mit der ethischen Tradition, hält universelle Normen, die zugleich anwendungsnah sind, für illusorisch und baut statt dessen auf die subjektiv-relative Umsetzung dessen, was sich auf der Prinzipienebene als allgemeingültige Richtlinie begründen läßt. Bezeichnend für diese Überzeugung sind eine Reihe von handschriftlichen Randbemerkungen, die er in den vom ihm gelesenen Büchern zur Wertphilosophie anbringt. (einsehbar im Zentralarchiv Gunsbach) Wenn August Messer in seiner Schrift *Deutsche Wertphilosophie der Gegenwart* von vierundzwanzig Wertarten spricht, in die sich der eine Wert bei H. Münsterberg verzweige (Messer 1926, 98), so notiert Schweitzer hier: „Da schwindelt einem ja! 24 Wertarten! Die kann ich ebensowenig behalten als das große Einmaleins!" Und wo es in Nicolai Hartmanns *Ethik* um das ideale Ansichsein der Werte geht (Hartmann 1926, 137), annotiert Schweitzer: „Immer die Angst vor Subjektivismus", um auf einem eingeklebten Zettel hinzuzufügen: „Ethik so objektiv wie Mathematik! Das will er!" Die wissenschaftliche Erzeugung von universellen Normen für die Entscheidungsebene hielt er also für unmöglich und zog statt dessen als das realistischere Modell das subjektive und relative Handeln des prinzipienorientierten Individuums vor.

Daß es dabei nicht nur um motivationale, sondern auch um genuin ethische Aspekte geht, belegen die normativen Aussagen, die in *Kultur und Ethik* wie auch in den unter dem Titel *Friede oder Atomkrieg* zusammengefaßten Rundfunkansprachen von 1958 im Namen der Ehrfurchtsethik vorgetragen werden. Im Unterschied zu den autobiographischen Zeugnissen des persönlichen Entscheidens legt Schweitzer hier allgemeine Empfehlungen vor, die sich für ihn zwingend aus dem Prinzip seiner Ethik ergeben, auch wenn die praktische Umsetzung dann wiederum eine Sache der subjektiven Verantwortung ist. Dabei reicht die Spannweite der Normierungsversuche in *Kultur und Ethik* vom Tierversuch bis zur wirtschaftlichen Gerechtigkeit und setzt sich in *Friede oder Atomkrieg* auf dem Feld der völkerrechtlich-weltpolitischen Probleme fort. Wenigstens skizzenhaft sollen die genannten Akzente nachfolgend belegt werden:

– Unter dem Thema „Mensch und Kreatur" verwirft Schweitzer tierquälerische Roheiten bei Viehtransporten wie auf dem Schlachthof, bindet Tierversuche an eine streng zu prüfende medizinische Notwendigkeit, fordert eine höchstmögliche Linderung des Schmerzes beim Versuchstier und leitet aus der Opferrolle des Tiers eine Wiedergutmachungspflicht des Menschen gegenüber der Kreatur ab (GW 2, 389 f.).

– Sozialethisch betont er den Vorrang der persönlichen vor der überpersönlichen, also der universalmoralischen vor der aufgabenspezifischen Verantwortung. Wer kraft seiner institutionellen Position – etwa in der Arbeitswelt – „etwas von seiner Menschlichkeit opfern" muß, ist damit nicht ethisch gerechtfertigt, sondern „unegoistisch schuldig" (ebd. 395–397). Analog dazu wird jeder einzelne aufgefordert zu prüfen, ob ihm „das innerliche Recht" zustehe, jeden Erfolg zu suchen, der mit gesellschaftlich erlaubten Mitteln möglich ist (ebd. 392).

– Die „Maßstäbe der wirtschaftlichen Gerechtigkeit" sollen in der Ehrfurchtsethik fundiert werden, den „Menschenwert" und die „Menschenwürde" eines jeden Menschen respektie-

ren und daher dem Grundsatz verpflichtet sein, „daß nie ein Mensch als Menschending den Verhältnissen geopfert werden soll" (ebd. 409).
- Völkerrechtlich wird das Recht der atomwaffenbesitzenden Mächte bestritten, „Erprobungen von Waffen vorzunehmen, die sämtliche Länder der Welt in schwerster Weise zu schädigen vermögen" (GW 5, 586). Das Verbot einer Schädigung des Lebens wird also unmittelbar auch auf überindividuell-institutionelle Phänomene wie das der radioaktiven Bestrahlung bezogen.
- In ähnlicher Weise rückt Schweitzer auch das Welthungerproblem in den Horizont seines Prinzips der Hingebung an Leben aus Ehrfurcht vor dem Leben. Er hält dieses Problem auf friedlichem Wege nur über das ethische Denken der Individuen für lösbar: „Das Ziel, auf das von jetzt bis in alle Zukunft der Blick gerichtet bleiben muß, ist, daß die Entscheidung in völkerentzweienden Fragen nicht mehr Kriegen überlassen bleibt, sondern friedlich gefunden werden muß. Nur durch einen uns noch unvorstellbaren allgemeinen geistigen Fortschritt aller Völker der Menschheit kann es einmal dazu kommen, besonders da für die Zukunft überaus schwere Fragen zu erwarten sind. Die schwerste wird die des Rechtes auf nährenden fremden Boden sein, wie sie die fortschreitende Überbevölkerung mancher Länder mit sich bringen wird." (ebd. 611)

Soviel zu Schweitzers normativen Akzentuierungen. Je nach Standpunkt mag man diese als ziemlich plakativ und unverbindlich werten oder aber auch die Hellsichtigkeit bewundern, mit der heute geläufige Leitorientierungen vorweggedacht werden, so etwa schon 1958 in der Aussage zum Welthungerproblem die Idee der Weltfamilie und der Weltinnenpolitik. Für unseren Gedankengang wichtiger ist die Reichweite, die Schweitzer dem Geltungsanspruch seiner Ethik zumißt. Das Modell einer aus allgemeingültigem Prinzip und subjektiver Verantwortung konstituierten Handlungspraxis entspringt keineswegs nur motivationalen Überlegungen, sondern resultiert ebenso aus der Überzeugung, daß die unmittelbare Bindung der Entscheidungsebene an das Prinzip auch der Ethik selbst ein höheres Maß an normativer Dynamik verleihe als ein festgefügtes System von anwendungsnahen Regeln. In diesem Sinne bescheinigt Schweitzer der „Geschichte der Ethik geradezu eine Angst vor dem Nichtreglementierbaren" (GW 2, 357) und plädiert statt dessen für eine Ethik „aus innerer Notwendigkeit", die zwar Erfolg haben wolle, aber nicht davon lebe und dem sittlich handelnden Menschen eine unabschließbare Perspektive auferlege: „Er sät wie einer, der nicht darauf zählt, die Ernte zu erleben." (ebd. 347f.) Jederlei Reglementierung durch irgendwelche Ausführungsbestimmungen wird also zugunsten der Prinzipienorientierung verworfen, weil nur von dieser eine schrittweise Ausweitung des Anwendungsfeldes der Ethik zu erwarten sei, wie die oben genannten Beispiele sie skizzieren. Vor diesem Hintergrund wird deutlich, was Schweitzer mit seinem Postulat der grenzenlosen Verantwortung meint, und er spezifiziert es – obschon selbst einer Verantwortung für alles Lebendige verpflichtet – in seiner Kritik an der traditionellen Ethik zunächst auf das rein Zwischenmenschliche als Anwendungsfeld hin:

„Wenn die Augen unseres Herzens sehend sind, nehmen wir eine solche Vielheit von Menschen wahr, denen wir etwas sein könnten und sein sollten, daß wir es als unmöglich ansehen müssen, an ihnen allen Nächstenpflicht zu üben. Nur für einen kleinen Teil können wir dies tun. Täglich machen wir so die schmerzliche Erfahrung der Grenzenlosigkeit des Gebietes der Ethik.

In derselben Weise erleben wir die Grenzenlosigkeit ihrer Forderungen. In keinerlei Überlegungen können wir zur beruhigenden Einsicht gelangen, was wir den Menschen, mit denen wir es zu tun haben, noch schulden und nicht mehr schulden, welche Verantwortungen uns ihnen gegenüber noch zufallen und nicht (mehr) zufallen, welches Nachgeben und Verzeihen noch geboten und nicht mehr geboten ist, und dergleichen mehr." (KPh III, 4.Teil, 107)

Metaphorisch wird dieser Gedanke dann auf die Formel gebracht: „Die Ethik gebietet ohne Rücksicht auf völlige Durchführbarkeit. Sie ist eine Hydra, der immerfort neue Köpfe nachwachsen." (ebd.) Das Bewußtsein der grenzenlosen Verantwortung soll also einem doppelten Defizit vorbeugen: einmal der selbstgenügsamen Begrenzung des Anwendungsbereichs der Ethik und sodann der Abblendung noch offener angesichts bereits erfüllter Forderungen in dem gegebenen Anwendungsbereich. Mit einer Überforderung des Individuums über dessen Können hinaus hat dies alles nichts zu tun. So wird hier die ethische Verpflichtung auf die Menschen bezogen, „mit denen wir es zu tun haben" (ebd.), und schon in *Kultur und Ethik* hatte Schweitzer wiederholt den einzelnen auf die „subjektive, extensiv und intensiv ins Grenzenlose gehende Verantwortlichkeit für alles in seinen Bereich tretende Leben" (GW 2, 374) verpflichtet und die Vermeidung, Milderung und Aufhebung von Leid gefordert, „soweit mein Einfluß reicht" (ebd. 382). Diesen Einfluß auszuschöpfen, d.h. die tatsächlichen Handlungspotenzen ernsthaft auszuloten, ebendies ist die Leitorientierung, zu der die Ehrfurchtsethik anregen soll. Schweitzer zieht also durchaus die Begrenztheit menschlicher Handlungsmöglichkeiten in Betracht und fordert keine übermenschliche Moralanstrengung, doch gerade um den Handlungsspielraum des Menschen ethisch zu erproben, hält er eine pragmatische Verkürzung der sittlichen Ansprüche auf überschaubare Minimalpflichten für ein Hindernis, das zugunsten der kalkulierbaren Praktikabilität die weitere Entwicklung der Ethik blockiert. Schon in der ethischen Tradition hat für ihn die Neigung zu den „Grenzen des Festlegbaren" (KPh III, 4.Teil, 109) die Unbegrenzbarkeit ethischer Ansprüche nur mühsam überdeckt, erst recht aber werde diese Unbegrenzbarkeit sich zeigen, wenn der Ethik ihr „letzter entscheidender Schritt" gelingt: die Anerkennung von „Pflichten und Verantwortungen der Kreatur gegenüber" (ebd. 118). Problemgeschichtlich sieht Schweitzer sich als denjenigen, der diesen Schritt vollzieht, und zwar nicht im Sinne einer Zusatzaufgabe für die herkömmliche Ethik, sondern unter dem Vorzeichen eines von der Grundlegung her neuartigen ethischen Entwurfs. „Wie auf Verabredung", so meint er, hätten die bisherigen Ethikentwürfe „nur die Reihe der herkömmlichen Fragen der

Ethik" behandelt, „die Frage des Ethischen nie in ihrer Ganzheit aufgerollt" und hätten, „so anregend und interessant sie in ihren Darlegungen auch sein können, keinen rechten Widerhall in uns" geweckt (ebd. 109).

c) Resümee: Zu Profil und Originalität der Schweitzerschen Position

Wird Schweitzer nun diesem seinen eigenen Anspruch gerecht? Eine Wertung seiner Ethik wollen wir erst im übernächsten Kapitel im Zusammenhang mit der Kritik an Schweitzer vornehmen, doch einige Wesenszüge der Ehrfurchtsethik sollen am Ende dieses Kapitels als Resümee festgehalten werden. Die These, daß diese Ethik „eine einseitige Haltung" verabsolutiere, eine „Art von ‚altmodischer Ärztemoral', in der die Ideale des Helfens und Schonens, Rettens und Bewahrens dominieren", ethisch verallgemeinere und die normative Ethik in eine „diffuse Haltungsethik" auflöse (Wolf 1993, 369), läßt sich sicherlich nicht halten, denn sie wird weder Schweitzers problemgeschichtlichem Bewußtsein noch der rationalen Struktur seiner Gedankenführung gerecht. Eher erscheint es angemessen, hier den Versuch einer fraglos ungewöhnlichen, aber im Anspruch doch diskussionswürdigen Begründung von Ethik anzuerkennen und auf seine Tragfähigkeit hin zu prüfen.

Die Besonderheit des Schweitzerschen Entwurfs liegt darin, daß er nach dem Vorbild Kants ein singuläres allgemeingültiges Prinzip als unbedingt verbindlich verficht, zugleich aber einräumt, daß dieses Prinzip nicht in allen Entscheidungssituationen anwendbar ist (vgl. Becker 1994, 16 f.). Grund dafür ist die naturphilosophische Einsicht, daß die natürlichen Lebensbedingungen dem allgemeingültigen Prinzip in vielen Entscheidungssituationen die Realisierungschance versperren, ohne deshalb aber das Prinzip in Frage stellen zu können. Obschon dessen Geltung – jedenfalls für Schweitzer – rational zwingend begründet ist, unterliegt seine Anwendung der naturphilosophisch konstatierten Leidstruktur der Natur. Leben vollzieht sich stets als Konkurrenz der verschiedensten Lebensansprüche, d.h. die Realität, in der die Ethik zur Wirkung kommen soll, ist eine Welt der Lebensnöte, und ebendies in der Ethik in Rechnung zu stellen, fordert Schweitzer mit seiner Aussage, daß die Ethik sich mit der Naturphilosophie auseinanderzusetzen habe (vgl. Kap. IV. 1). Von ethischen Machbarkeitsansprüchen nach dem Vorbild anwendungsorientierter Wissenschaften ist er unüberbrückbar weit entfernt, und so läßt er sich denn als ein Prinzipienethiker bezeichnen, in dessen Denken das prinzipienethische Dilemma schon bei der Grundlegung seiner Ethik eine wichtige Rolle spielt: Leben zu fördern und zu erhalten, das kann prinzipiengerecht und ohne Brüche gelingen, doch es kann eben auch das Gegenteil seiner selbst, das Schädigen und Töten, einschließen.

Schweitzer konzipiert seine Ethik also von vornherein als Konfliktethik, die, soweit möglich, auftretende Konflikte verantwortlich und kontrolliert lösen soll, zudem aber auch die Möglichkeit vorsieht, mit Konflikten konfrontiert zu werden, die sich jeder ethischen Lösbarkeit entziehen. Hier zeigt sich der gravierende Unterschied zu Kant, dem sich Schweitzer in der Suche nach einem einzigen Leitprinzip der Ethik so sehr verbunden fühlt. Kant hielt seinen Kategorischen Imperativ als Prüfkriterium für Handlungsmaximen für universell anwendbar und übersah, daß dies zwar für Handlungen gilt, die durch nur ein ethisch relevantes Merkmal gekennzeichnet sind, nicht aber für komplexe Handlungen. Dazu Günther Patzig: „Kant hat zwar bestritten, daß es irgendeine Situation geben könnte, in der es erlaubt sein könnte zu lügen oder die Unwahrheit zu sagen. Aber er geht dabei von der irrigen Voraussetzung aus, es sei eine Handlung unter Menschen durch einen ihrer Charaktere schon voll bestimmt. Aber in Fällen, in denen uns die sittliche Entscheidung schwerfällt, ist es regelmäßig anders. Da wäre eine Handlung zwar vielleicht einerseits eine Lüge, aber andererseits der einzige Weg, einen Menschen zu retten." (Patzig 1971, 59)

Schweitzer geht im Horizont seiner naturphilosophischen Einsichten davon aus, daß der Konflikt nicht nur als Pflichtenkollision das menschliche Handeln, sondern weit darüber hinaus als Konflikt der konkurrierenden Lebensansprüche die natürliche Welt insgesamt bestimmt. Die Chancen der Ethik sind also von vornherein eng bemessen: Eingebettet in das „Weltgeschehen", das sich „in der Nacht des Nicht-Ethischen" abspielt (KPh III, 2. Teil, 102), hat der Mensch kraft seiner Vernunft seine ethischen Möglichkeiten bis zur Grenze auszuloten, doch das Weltgeschehen zu verändern vermag er nicht.

Vor diesem Hintergrund wirkt es verwunderlich, daß Schweitzer sich nicht mit einer ethischen Direktive für die Regelung der zwischenmenschlichen Beziehungen begnügt, sondern der Ethik die Last auferlegt, in die „Nacht des Nicht-Ethischen" auch noch die Verantwortung für das nichtmenschliche Leben hineinzutragen, weiß er doch, daß die Quote des ethischen Scheiterns dadurch immens erhöht wird. Daß für ihn ein Rückzug auf die weniger verworrene Welt des Zwischenmenschlichen nicht in Frage kommt, ergibt sich aus den mystischen Prämissen seiner Ethik. Eröffnet die nach außen gewandte Naturphilosophie die Einsicht in die Natur als eine Welt der Konkurrenzen und Lebensnöte, so führt die Mystik als „innerliche Naturphilosophie" (KPh III, 1. Teil, 147) den einzelnen in das Denkerlebnis des Verbundenseins mit allem Lebendigen hinein: „Wir haben nicht nur Kenntnis von anderem Sein, sondern wir erleben Verbundenheit mit ihm." (KPh III, 2. Teil, 2) Das Ich als die „geheimnisvolle Einheit von Wollen, Fühlen und Erkennen" (ebd. 67) vermag sich, sofern es den mystischen Weg geht, nicht in sich selbst zu verriegeln, sondern landet bei der „Liebe", die freilich „kein Affekt, sondern Bewußtsein der Zusammengehörigkeit" ist (ebd. 215).

Das Zusammengehörigkeitsbewußtsein stellt also die Voraussetzung dar, bei der die Begründung des ethischen Prinzips auf dem Wege der rationalen Verallgemeinerung anzusetzen hat: „Die Fundamentaltatsache der Ethik ist, daß wir nicht imstande sind, unser Leben völlig für uns zu leben. Irgendwie und in irgendwelchem Maße fühlen wir uns mit anderem Leben solidarisch. Wir erleben es mit dem unseren und in dem unseren. Durch das Interesse und die Sympathie, die uns mit ihm verbindet, werden wir dahin gebracht, uns für seine Erhaltung und Förderung einzusetzen wie für die unseres eigenen Lebens." (ebd. 89) Dieses Gefühl der Solidarität nicht dem individuellen Zufall zu überlassen, sondern es unter dem Anspruch des verallgemeinernden Denkens für die universelle Richtlinie zu öffnen, ebendarin sieht Schweitzer die Aufgabe der philosophischen Ethik.

Aus der Kombination der beiden genannten Wesensmerkmale der Schweitzerschen Ethik, dem Postulat des verantwortlichen Handelns in einer Welt der Lebensnöte und der Verwurzelung dieses Handelns in einem mystisch erschlossenen Bewußtsein des Verbundenseins, ergibt sich zwangsläufig die zentrale ethische Aufgabe: der verantwortliche und situationsbewußte Umgang mit den „Konflikten, die zwischen innerer Nötigung zur Hingabe und notwendiger Selbstbehauptung entstehen" (GW 2, 386). Inwieweit der einzelne jeweils seiner Fürsorgepflicht gerecht werden kann, ohne seine Selbstbehauptung zu gefährden, läßt sich nicht im voraus reglementieren: „Nur subjektive Entscheide kann der Mensch in den ethischen Konflikten treffen. Niemand kann für ihn bestimmen, wo jedesmal die äußerste Grenze der Möglichkeit des Verharrens in der Erhaltung und Förderung von Leben liegt. Er allein hat es zu beurteilen, indem er sich dabei von der aufs höchste gesteigerten Verantwortung gegen das andere Leben leiten läßt." (ebd. 388)

Sosehr in dieser Aussage das alte Vertrauen in das mündige Subjekt der Aufklärung Pate steht, so deutlich wird auch, daß Schweitzer den Akzent in seinen mystischen Prämissen entscheidend verschiebt, denn hier wird dem mündigen Subjekt der ethischen Entscheidung das vom Verbundenheitsgefühl ergriffene Ich vorausgeschickt. Damit distanziert sich Schweitzer von der durch Descartes und Leibniz etablierten Subjektphilosophie, wie sie das neuzeitliche Denken bestimmt. Das rationale Subjekt ist für ihn erst etwas Zweites, das seine tieferen Grundlagen im lebendigen Ich hat, und dieses kann sich nicht wie das erstere in sein Für-sich-Sein zurückziehen, sondern erfährt sich nur im Bewußtsein der Zusammengehörigkeit mit dem Kreis alles Lebendigen. In den mystischen Voraussetzungen seiner Ethik macht Schweitzer also andere Annahmen als die traditionelle Ethik, und dies mußte zu mancherlei Mißverständnissen seitens der Fachphilosophie führen. Das ganzheitlich-lebendige Ich in seinem Verbundenheitsgefühl erinnert eher – worauf Hans-Joachim Werner hinweist – an die Ausgangsbedingungen der Buberschen Dialogik, an das Innewerden anderen Seins, an die existentielle Erschlossenheit des Du, an das Angesprochenwerden durch das Andere (Werner 1994, 63 f.). Auch Martin Buber setzt sich kritisch vom isolierten Subjekt der neuzeitlichen Philosophie ab und geht von Prämissen aus, die dem Schweitzerschen Gedanken des Verbundenseins nahe kommen, obschon er sich im Unterschied zu Schweitzer nicht als Mystiker verstanden wissen wollte und auch keine normative Ethik entwickelt hat.

Daß Schweitzer „begründungstheoretisches Neuland" betritt, ist neuerdings auch von Manfred Ecker dargelegt worden (Ecker 1995, 92). Er sieht den Menschen bei Schweitzer „interexistential" in die Welt der Lebewesen verflochten und deutet die „Interexistentialität" als eine apriorische Voraussetzung, die aposteriorisch thematisiert werde (ebd.). Dem können wir insofern zustimmen, als in der Tat der mystische Weg nach innen zum Bewußtsein der Interexistentialität führt, nur kommt dieser damit noch keine apriorische, also erkenntniserzeugende Kraft zu. Vielmehr handelt es sich um eine naturhafte Voraussetzung des menschlichen Denkens und Handelns, die es in Form einer empirischen Hypothese zu erfassen gilt, die aber selbst keineswegs als erfahrungsfreie Quelle allgemeingültiger Aussagen zu dienen vermag. Letzteres bleibt der Vernunft überlassen, die die empirische Hypothese zwar in Rechnung zieht, in ihrem Verallgemeinerungsverfahren aber autark bleibt. So finden sich auch bei Schweitzer selbst gelegentlich entschiedene Absagen an das „infame Apriori-Gedudel" (KPh III, 2. Teil, 422), und er hält die Unterscheidung zwischen a priori und a posteriori für ein philosophiegeschichtlich überholtes Instrumentarium (ebd. 336). Wenn er dann an anderer Stelle notiert: „Nur ein a priori: unser Wille zum Leben" (ebd. 342), so bekundet er damit eine trotzige Verfälschung des Begriffs, denn der Wille zum Leben ist im Sinne des Aristoteles das der Natur nach Frühere, allen Einzelaktivitäten Zugrundeliegende, aber nicht die Stätte eines Systems von erfahrungsfreien Erkenntnisprinzipien. Umgekehrt setzt Schweitzer wiederum trotz seiner Absage an das Apriorische selbiges voraus, wenn er in seiner ethischen Argumentation mit Hilfe der verallgemeinernden Vernunft die Absolutheit und Denknotwendigkeit seines Leitprinzips sicherstellen will. Auch hier manifestiert sich seine schon des öfteren angesprochene methodische Nonchalance, was aber dem besonderen Stellenwert seines Ethik-Entwurfs den gedanklichen Reiz nicht zu nehmen vermag.

Die Originalität dieses Entwurfs liegt in dem Versuch, eine Balance zwischen dem mystisch erschlossenen Verbundenheitsbewußtsein und der vom rationalen Subjekt zu leistenden Begründung eines allgemeingültigen Prinzips herzustellen, also der Ethik einen breiten Lebensbezug zu verleihen, ohne die Tradition des einsichtig handelnden Subjekts preiszugeben. Deshalb verfällt Schweitzer auch nicht einem konturlosen Gefühl der Naturverehrung, sondern möchte ganz im Gegenteil das vernünftige Subjekt inspirieren, seine Selbstbehauptung in der Natur reflektiert und verantwortlich zu betreiben. Dies kann es nur, wenn es sich auch als ein der Natur zugehöriges Naturwesen begreift, das ebendeshalb als ethisches Vernunftwesen diese Zugehörigkeit nicht hinter sich lassen darf (vgl. hierzu Günzler 1987). Schweitzer darf also nicht vorschnell als Biozentriker vereinnahmt werden, denn obschon das mystische Bewußtsein der Verbundenheit mit allem Lebendigen biozentrisch getönt ist, erfolgt die ethische Normbegründung doch unzweideutig anthropozentrisch, nämlich nach altbewährter Methode vom normstiftenden rationalen Subjekt her. Soweit also der normative Gehalt der Ethik zur Debatte steht, läßt sich behaupten, daß Schweitzer unter biozentrischen Prämissen eine anthropozentrische Ethik entwirft, eine biophile Vernunftethik, die gerade dadurch biophil wird, daß sie die Möglichkeiten der persönlichen Vernunft bis zur äußersten

Grenze nutzt. Das Resultat ist – über die Artgrenze des Menschen hinaus – die Verantwortung für alles Lebendige; der Humanitätsgedanke ist vom „Mittelgebirge" in das „Hochgebirge" transponiert worden: „Die Idee der Menschheit ist nur das Mittelgebirge, hinter dem sich das Hochgebirge der Idee der Zusammengehörigkeit aller Wesen erhebt." (KPh III, 1. Teil, 230)

Der Balanceakt zwischen mystischer Tiefe und ethischer Aktivität führt also zu einem ethischen Modell, dessen Schwächen im Detail offenkundig sind, dem aber in seinen Hauptlinien die innere argumentative Konsistenz nicht abzusprechen ist. In welchen Punkten die Kritik diesen Entwurf trifft und in welchen nicht, soll im übernächsten Kapitel geprüft werden. Zunächst ist zu klären, welche Rolle Schweitzers theologisches Denken für seine Ethik spielt.

4. Ehrfurchtsethik und Nächstenliebe: Schweitzers theologischer Hintergrund

Schweitzers Reputation in der Theologie übertrifft zwar die unter Fachphilosophen bei weitem, doch bei aller Anerkennung für seine wissenschaftliche Leistung in der Leben-Jesu- und der Paulus-Forschung hat er mit der darin vertretenen Position überwiegend Kritik und nur selten ungeschmälerte Zustimmung gefunden. Erst recht betrifft dies seine eigenwillige Verbindung von Theologie und Philosophie, die Werner Picht auf die knappe Aussage bringt: „Das zentrale geistige Anliegen ist Theologie. Das ethische Philosophieren setzt ein, wo dieses im Stich läßt." (Picht 1960, 43) Dies ist ein Fehlurteil, wobei Picht zugute gehalten werden muß, daß er bei Abfassung seines insgesamt eindrucksvollen Schweitzer-Buchs die heute zugänglichen Nachlaßmanuskripte noch nicht kennen konnte. Diese lassen deutlich werden, was in den großen theologischen Werken wie auch in *Kultur und Ethik* nur komprimiert zum Vorschein kommt: Schweitzer versteht sich nicht als Grenzgänger zwischen Theologie und Philosophie, der zur letzteren greift, wenn die erstere an Grenzen stößt, sondern als einen grenzüberschreitenden Denker, der von vornherein vorgegebene Reviere ignoriert und denkend nach der einen Wahrheit sucht, ganz gleich, ob diese nun in theologischem oder philosophischem Gewand zutage tritt (vgl. Kap. I. 3).

Es ist dieser Gesichtspunkt, der für unseren Versuch, ein Porträt des Schweitzerschen Denkens zu erarbeiten, die ausschlaggebende Rolle spielt. Was die bedeutenden Leistungen in der historisch-kritischen Exegese angeht, so sei auf die einschlägige theologische Literatur verwiesen, vor allem auf das von Erich Gräßer vorgelegte Standardwerk *Albert Schweitzer als Theologe* (Tübingen 1979). Hier werden Schweitzers Schriften zur Leben-Jesu- und Paulus-Forschung detailliert erörtert und in ihrer Wirkungsgeschichte kritisch weiterverfolgt. Der Cantus firmus dieser theologischen Schriften ist die immer wieder betonte Überzeugung Schweitzers, daß sich die Grundideen des Christentums als mit dem Denken vereinbar, ja als ‚denknotwendig' erweisen lassen müssen, weshalb Erich Gräßer in der Schweitzerschen Theologie eher eine Religionsphilosophie erblickt (Gräßer 1979, 261). Paradigmatisch wird diese Überzeugung in der *Kulturphilosophie III* auf die Formel gebracht: „Wie das wahre Denken religiös, so ist die wahre Religion denkend." (KPh III, 2. Teil, 60. Ähnlich auch: GW 1, 247; GW 2, 672, 714 f.) Frömmigkeit und Denken, Herz und Kopf, Religion und Rationalismus lassen sich für Schweitzer also nicht voneinander trennen, d. h. er versteht sich als rationalistischen Pietisten beziehungsweise als pietistischen Rationalisten. Daß diese Selbstdeutung sich weit von der theologischen Dogmatik entfernt und mit dem Kirchenglauben in Konflikt geraten muß, läßt sich durch nichts beschönigen, doch Schweitzer setzt dagegen: „Nur eine Zeit, die den Mut der Wahrhaftigkeit aufbringt, kann Wahrheit besitzen, die als geistige Kraft in ihr wirkt. Wahrhaftigkeit ist das Fundament des geistigen Lebens." (GW 1, 233)

Dieses Motiv treibt ihn als Theologen ebenso an wie als Ethiker, und so zwingt ihn denn die eigene Leben-Jesu-Forschung dazu, diese Forschung insgesamt in Frage zu stellen, nämlich alle Modernisierungen und damit Verkleinerungen der Jesusgestalt zu verwerfen:

„Es ist der Leben-Jesu-Forschung merkwürdig ergangen. Sie zog aus, um den historischen Jesus zu finden, und meinte, sie könnte ihn dann, wie er ist, als Lehrer und Heiland in unsere Zeit hineinstellen. Sie löste die Bande, mit denen er seit Jahrhunderten an den Felsen der Kirchenlehre gefesselt war, und freute sich, als wieder Leben und Bewegung in die Gestalt kam und sie den historischen Menschen Jesus auf sich zukommen sah. Aber er blieb nicht stehen, sondern ging an unserer Zeit vorüber und kehrte in die seinige zurück." (GW 3, 873)

Für Schweitzer bleibt Jesus also ein historisch Fremder, ein Kind der spätjüdischen Religiosität seiner Zeit und entzieht sich damit allen Aktualisierungen. Doch auf historische Annäherbarkeit kommt es auch gar nicht an, vielmehr auf das schon erörterte „Verstehen von Wille zu Wille" (ebd. 883, vgl. Kap. IV. 2), das Erfahren des jesuanischen Willens, der das „Vorstellungsmaterial" der spätjüdischen Religiosität durchdringt und in die Gegenwart hineinzuwirken vermag (ebd. 876f.). Ebendiesen Akt des Erlebens eines gemeinsamen Wollens nennt Schweitzer Jesusmystik, wobei auf die hermeneutischen Probleme einer willentlichen Verbundenheit mit einer Gestalt, die historisch fremd bleibt, hier nicht eingegangen werden kann (siehe Frey 1993, 109f.). Vermag die praktisch-barmherzige Frömmigkeit Jesu einen Menschen des 20. Jahrhunderts mystisch zur Frömmigkeit zu inspirieren, wenn dieser Jesus allen historischen Zugriffsweisen unzugänglich bleibt? Schweitzer bejaht dies und hält fest: „Jesus ist unserer Welt etwas, weil eine gewaltige geistige Strömung von ihm ausgegangen ist und auch unsere Zeit durchflutet. Diese Tatsache wird durch eine historische Erkenntnis weder erschüttert noch gefestigt." (GW 3, 874)

Auch in der theologischen Exegese dominiert also Schweitzers ethisches Interesse; nicht die „Glaubenslehre", sondern das Nachdenken über Religion ist es, womit „das Feuer ethischen Glaubens" entzündet werden kann, und seine Berufungsinstanz für diese Deutungsperspektive ist eben Jesus: „So ist die Bergpredigt die unanfechtbare Rechtsurkunde des freisinnigen Christentums. Die Wahrheit, daß das Ethische das Wesen des Religiösen ausmacht, ist durch Jesu Autorität sichergestellt." (GW 1, 75)

Nicht das Leben Jesu, sondern seine geistig-sittliche Autorität bildet also das Fundament der denkenden Religiosität, und es kommt für Schweitzer alles darauf an, daß sie im Vorstellungsmaterial der jeweiligen Zeit als das befeuernde Element wirkt. Ansonsten müßte jede Glaubenslehre ein totes Gebilde bleiben. Es erscheint müßig, darüber zu streiten, ob nun der Theologie oder der Philosophie die Priorität im Denken Schweitzers zufällt, unbestreibar und zugleich wichtiger ist die Tatsache, daß für ihn beide Disziplinen demselben Ziel verpflichtet sind: der Förderung der praktischen Barmherzigkeit aus frommem Denken. Diese unbefangene Verflechtung von Philosophie und Theologie wurde Schweitzer sicherlich auch dadurch erleichtert, daß er sich als von der Aufklärung geprägter Philosoph die Programmatik einer den Glauben prüfenden und klärenden, ihn aber keineswegs verneinenden Vernunft angeeignet hatte und als Theologe in der elsässischen Kirche herangewachsen war, die ihren Mitgliedern kein verbindliches Glaubensbekenntnis vorgibt. So macht er denn das denkende Ich, welches philosophisch die Voraussetzung für die persönliche Aneignung des ethischen Leitprinzips ausmacht, theologisch zur Bedingung für die Annahme des Christentums: „Empfänglich für das Unvergängliche seiner Gedanken ist nur eine Zeit, in der aus dem Denken kommende elementare Frömmigkeit vorhanden ist. Wie der Strom vor dem Versickern dadurch bewahrt wird, daß er von einer Grundwasserströmung getragen wird, also bedarf das Christentum der Grundwasserströmung elementarer Denkfrömmigkeit. Zu wirklich geistiger Macht gelangt es nur, wenn den Menschen der Weg vom Denken zur Religion nicht versperrt ist." (GW 1, 247)

Als denkendes Individuum in der Nachfolge Jesu zu handeln, war das Ziel des Christen Schweitzer, und der Philosoph Schweitzer war fest davon überzeugt, daß sich eine analoge Leitorientierung in rational plausibler Weise auch dem Nichtchristen einsichtig machen lasse: „Die Ethik der Ehrfurcht vor dem Leben ist die ins Universelle erweiterte Ethik der Liebe. Sie ist die als denknotwendig erkannte Ethik Jesu." (ebd. 241. Vgl. auch GW 2, 659f.) Was Philosophie und Religion miteinander verbindet, ist die „Frömmigkeit aus innerer Nötigung" (GW 2, 712), ein inneres Müssen, das philosophisch über mystische Selbstversenkung und rationale Verallgemeinerung zustande kommt, und theologisch aus der Jesusmystik resultiert. Wenn man auch hier von dem unhaltbaren Anspruch der Denknotwendigkeit absieht, so bleibt immerhin ein praxeologisch nicht uninteressanter Versuch, ethische Orientierung und religiöse Bindung in eins zudenken. In dieser Verflechtung von Moralität und Spiritualität sieht Schweitzer zugleich die Überlegenheit des christlich geprägten Denkens über die indische Religiösität. In *Die Weltanschauung der indischen Denker* (1935) gelangt er zu dem Ergebnis, daß die indische Religiosität der „modernen christlichen Frömmigkeit" insofern überlegen sei, als sie „die Menschen zur Sammlung" erziehe, während das Christentum zu sehr auf die Tätigkeit abhebe (GW 2, 694), führt dies aber eben auf die Veräußerlichung der ‚modernen' Frömmigkeit zurück und nicht auf Jesus selbst: „Die Brahmanen und Buddha sagen zu dem Menschen: Als ein Erstorbener, für den nichts in der natürlichen Welt mehr Interesse hat, lebe in der Welt der reinen Geistigkeit. Das Evangelium Jesu sagt zu ihm: Werde von der Welt und von dir selber frei, um als eine wirkende Kraft Gottes dich in der Welt zu betätigen." (ebd. 691)

Die hier hervorgehobene ethische Potenz des Christentums verbindet sich bei Schweitzer mit einem komplexen problemgeschichtlichen Hintergrund, an dem die neuzeitliche Philosophie einen unverzichtbaren Anteil hat. Zwar trägt das dem Evangelium Jesu innewohnende Liebesgebot der Möglichkeit nach das Christsein als wirkende Kraft in der Welt in sich, doch Jesus selbst nimmt diese Möglichkeit nicht wahr, und es bedarf vieler Jahrhunderte, bis dann die Renaissance-Philosophie die schlummernde christliche Weltverantwortung zu entbinden vermag. Der Grund für die ethische Selbstbescheidung Jesu liegt für Schweitzer in dessen „Begrenztheit des Wissens", in der Bindung an die spätjüdische Religiosität: „Der historische Jesus gibt sich als in natürlicher Weise in den Anschauungen seiner Zeit stehend. Er tut nicht, als ob er sie teilte, sondern er teilt sie tatsächlich." (GW 5, 370) Dies bedeutet, daß Jesus im Gleichklang mit seinen Zeitgenossen das Weltende als unmittelbar bevorstehend erwartete, ebendamit das Eintreten des Reichs Gottes als eines kosmisch-überethischen Ereignisses, auf das es sich vorzubereiten galt. Deshalb wendet sich seine Ethik an „die Angehörigen der letzten Generation der Menschheit" (GW 4, 622), soll diesen also als Interimsethik für die letzte Strecke in der Welt des Vergänglichen Hilfe bieten und ist infolgedessen nicht auf verantwortliche Gestaltung einer ohnehin zu Ende gehenden Welt hin ausgerichtet: „Jesu Ethik hat es nur mit dem innerlich Vollkommener-Werden zu tun. Sie verzichtet auf das ethische Wirken. Etwas in der Welt auszurichten, nimmt sie sich nicht vor." (ebd. 627)

Daß Jesus sich geirrt hat, kann für Schweitzer nur die stören, die ihm eine „göttliche Irrtumslosigkeit" beilegen, tatsächlich ist er „so groß, daß auch die an ihm zutage tretende Zugehörigkeit zu seiner Zeit ihm nichts anhaben kann. Er bleibt unser geistiger Herr." (GW 5, 371f.) Die irrtümliche Naherwartung lebt dann auch bei Paulus weiter, der angesichts von Tod und Auferstehung Christi das Reich Gottes als latent bereits angebrochen annimmt, also keine Ethik „zum Eingehen in das Reich", sondern eine der „Betätigung des Seins im Reiche" entwirft (GW 4, 711), im übrigen aber die Zeitspanne bis zur Wiederkunft Christi und dem sichtbaren Anbrechen des Reichs Gottes gleichfalls als eine kurze ansetzt. Da die Wiederkunft Christi in den nachfolgenden Jahrhunderten ausblieb (Parusieverzögerung), weitete die Christenheit die Naherwartung zur Fernerwartung, anstatt die für Schweitzer notwendigen denkerischen Konsequenzen zu ziehen:

„Wirkliche Erfüllung bleibt aber dem Erwarten des von selbst kommenden Reiches versagt. Jahrhunderte hindurch schaut die Christenheit vergeblich auf es aus. Mit dieser Tatsache kann sie sich nicht einfach abfinden. Sie muß zu begreifen suchen, was ihr zu entnehmen ist.

Wenn sie sich daran macht, die Zeichen der Zeit zu deuten, kann sie sie nicht anders verstehen, als daß ihr Verzichten und Umlernen beschieden ist. Es ist ihr auferlegt, den Glauben an das von selbst kommende Reich hinter sich zu lassen und sich dem des zu verwirklichenden hinzugeben." (GW 4, 731)

Die schon bei Paulus vorbereitete Ethisierung des Reich-Gottes-Gedankens soll also konsequent zu Ende gedacht werden, die „Erlösungs-Frömmigkeit" als „unvollständiges Christentum" (ebd. 492) bedarf der Ergänzung durch ein weltgestaltendes Tatchristentum: „Was not tut, ist, daß wir alle an dem Entstehen eines Christentums arbeiten, das denen, die ihr Leben durch Christum bestimmt sein lassen, nicht erlaubt, für die Zukunft der Welt kleingläubig zu sein, wie es uns die Verhältnisse eingeben, sondern sie zwingt, das Christsein als Ergriffensein von einem sich der Wirklichkeit entgegenwerfenden Hoffen auf das Reich Gottes und Wollen desselben zu betätigen." (ebd. 494f.) Es ist also nicht die Werkgerechtigkeit, auf die Schweitzer hinauswill, wohl aber die Werkfreudigkeit, die Mitarbeit am Kommen des Reiches Gottes, die selbiges nicht herbeizwingen kann, nichtsdestoweniger aber die menschliche Verantwortung für die Welt des Vergänglichen als unabdingbares Element der Erlösungshoffnung umreißt.

Unter Theologen herrscht wohl Einhelligkeit darüber, daß Schweitzers Jesus-Bild, einmal fixiert, zu unhaltbaren Konstruktivismen in der Exegese führt, zugleich aber auch fruchtbare Fragen für die weitere Theologie- und Religionsgeschichte aufwirft (vgl. Gräßer 1979, 132). Aus philosophischer Sicht liegt zumindest dann, wenn man die Problemgeschichte ernst nimmt und ethische Entwürfe nicht allein anhand des methodischen Gegenwartsinstrumentariums bewerten will, ein hochinteressanter Versuch vor, die Tradition der christlichen Liebesethik mit der rationalen Ethikbegründung der Philosophie zu versöhnen. Die entscheidenden Voraussetzungen dafür erblickt Schweitzer in der philosophischen Entwicklung vom 15. bis zum 18. Jahrhundert: Die hier aufkommende Lebens-

und Weltbejahung bedeute auch eine „Neuorientierung der christlichen Weltanschauung", die „aus Pessimismus geborene urchristliche und augustinisch-mittelalterliche Vorstellung des Reiches Gottes" werde außer Kraft gesetzt und die Einsicht gewonnen, „daß der Geist Jesu diese Welt nicht aufgeben, sondern umgestalten wolle" (GW 2, 183). Dank philosophischer Impulse wird also die Kleingläubigkeit bezüglich der Zukunft der Welt überwunden, wobei freilich die Ethik Jesu selbst günstige Voraussetzungen bietet. Zwar war sie ursprünglich im Rahmen der eschatologischen Naherwartung in Lebens- und Weltverneinung eingebettet, hatte aber immer schon kraft ihres Liebesgebots eine Disposition zur Lebens- und Weltbejahung und damit zur Tatethik in sich getragen. In dem 1995 erstmals publizierten zweiten Teil von *Reich Gottes und Christentum* läßt Schweitzer diese Deutung der Problemgeschichte besonders markant zur Sprache kommen. Die christliche Lebens- und Weltverneinung, so heißt es da, sei nie „absolut, wie die indische, sondern nur relativ" gewesen, weil sie das „lebendige Sein" nicht zugunsten der „Rückkehr in ein ursprüngliches, reines, unbewegtes, qualitätsloses Sein" verneint habe, sondern „im Hinblick auf den Herrlichkeits- und Vollkommenheitszustand, der ihm im Reiche Gottes zuteil werden soll und der die Vollendung der Schöpfung darstellt" (Schweitzer 1995, 445). Die relative Lebens- und Weltverneinung des Urchristentums wird also durch die neuzeitliche Philosophie zugunsten einer ungeschmälerten Lebens- und Weltbejahung überwunden und ebendamit die dem Liebesgebot innewohnende Tatenergie aus ihrer Restriktion befreit. So bezieht denn das Christentum aus der Philosophie seine neuen Rahmenbedingungen, gibt dieser aber auch die Reich-Gottes-Idee mitsamt dem Liebesgebot:

„In diesem Sich-Begegnen sind beide, das Denken und das Christentum, empfangend und gebend zugleich. Weil es unter den Einfluß eines vom Humanitätsideal beherrschten Denkens gerät, empfängt das Christentum den Anstoß und die Kraft, von Zugeständnissen, die seine Ethik in antiker und mittelalterlicher Zeit dem Geiste der Inhumanität gemacht hatte, frei zu werden. Während es bisher die Folter und die Hexenprozesse geduldet hatte, kommt es jetzt dazu, sich mit dem Denken für ihre Abschaffung einzusetzen." (ebd. 446)

Schweitzers von Anfang verfochtene Überzeugung, daß Religion und Humanität zusammenzufallen hätten, erstere somit Ethik in glaubensgeprägtem Vorstellungsmaterial sei und daher von der denkerisch gewonnenen normativen Leitidee der Humanität nicht abweichen könne, wird hier also problemgeschichtlich verwurzelt. Umgekehrt vermittelt die Religion dem philosophischen Denken die von diesem nicht erzeugbare Reich-Gottes-Idee:

„Das Wollen und Erhoffen des Reiches Gottes schenkte das neuzeitliche Christentum dem neuzeitlichen Denken als etwas, das es selber in seiner ursprünglichen Bedeutung neu entdeckt hatte. Das im Gefolge der Reformation aufgekommene Lesen der Bibel brachte es mit sich, daß die dem Reiche Gottes geltenden Reden und Gleichnisse Jesu die Aufmerksamkeit auf sich zogen und die Geister zu beschäftigen anfingen. In diesen trat es als etwas ganz anderes auf als in dem überlieferten Glauben. Es war nicht die in das Ende der Zeiten gehörige Größe, sondern etwas, das als die Gegenwart angehend Hauptgegenstand des Glaubens war und diese beherrschte." (ebd. 447)

Die Begegnung von Christentum und Philosophie erschließt also dem Christentum die Perspektive aktiver Weltgestaltung und der Philosophie die Chance religiöser Tiefe. Nur vor diesem Hintergrund läßt sich begreifen, daß Schweitzer seine eigene Ethik als die säkulare Fassung der christlichen Liebesethik definiert, freilich über die Grenze des Innermenschlichen hinaus erweitert zu einer Ethik der Verantwortung für alles Lebendige. Denken und Glauben sollen so auf das innigste miteinander verflochten werden, und es verwundert daher nicht, wenn Schweitzer kulturkritisch notiert: „Die modernen Philosophen reden von Religion wie ein Pianist von Orgeln. (Haben) nie einen stillen Nachmittagsgottesdienst mitgemacht. Wissen nicht mehr, was das ist." (KPh III, 4. Teil, 582) Umgekehrt mißtraut er einer Frömmigkeit, die die Ethik als pure

„Herzenssache" versteht, und legt im Rückblick auf die Überwindung von Folter, Hexenprozessen und Sklavenhandel dem gläubigen Christen ans Herz: „Ethik der Liebe wird erst aktiv durch Rationalismus." (KPh III, 3. Teil, 342)

Schweitzers Ethik der Hingebung an Leben aus Ehrfurcht vor dem Leben stellt also eine höchst eigenwillige Synthese von religiösen und philosophischen Momenten dar: Spiegelt sich in seinem philosophischen Postulat der absoluten, denknotwendigen Ethik ohne Frage die religiöse Absolutheit der Nachfolge Jesu wider, so scheint andererseits die praktische Wirksamkeit des christlichen Liebesgebots wiederum nicht ohne die Rationalität des philosophischen Denkens möglich zu sein. Aus der Sicht der theologischen Dogmatik muß die hermeneutisch gewaltsame Verengung der Jesus-Gestalt auf ethische Zwecke hin sicherlich inakzeptabel erscheinen, philosophisch dagegen bietet sich hier die Chance, einen auch in der Ethik häufig zu eng gefaßten Rationalitätsbegriff zu überprüfen und den Anwendungsbezug theoretisch erörterter Normentwürfe über den Weg der Denkfrömmigkeit zu verstärken. Unabhängig davon aber scheint die These nicht ungerechtfertigt zu sein, daß Schweitzer unter den heutigen Bedingungen postmoderner Beliebigkeit mit seinem Appell an das persönliche Denken eher mit Aufmerksamkeit rechnen kann als die Präsentation fertiger Ethikentwürfe oder vorgegebener Glaubenslehren.

5. Im Widerspruch zum Zeitgeist: Schweitzers Ethik und ihre Kritiker

„Mit dem Geist der Zeit befinde ich mich in vollständigem Widerspruch, weil er von Mißachtung des Denkens erfüllt ist." (GW 1, 228) Dieses Bekenntnis findet sich im Epilog von Schweitzers 1931 publizierter Selbstdarstellung *Aus meinem Leben und Denken*, und im Lichte seines aufklärerischen Vertrauens auf die Denkfähigkeit jedes einzelnen erläutert er seinen Standort gegenüber dem irrational-kollektivistischen Abschied von der persönlichen Vernunft knapp und prägnant: „Durch den Geist der Zeit wird der heutige Mensch also zum Skeptizismus in bezug auf das eigene Denken angehalten, damit er für autoritative Wahrheit empfänglich werde." (ebd. 230)

Im Namen autoritativer Wahrheiten traten denn auch die ersten Kritiker von *Kultur und Ethik* (1923) auf, und zwar mit Argumenten, die vordergründig treffsicher erschienen, tatsächlich aber eine dürftige Textkenntnis bezeugten: Erich Brock und Bernhard Bavink. Daß sich ihnen gründlich argumentierende Philosophen wie Oskar Kraus und August Messer zugesellten, vermochte unter den damaligen Zeitgeistbedingungen das fachphilosophische Interesse nicht zu wecken; Schweitzer blieb ein philosophischer Außenseiter und ist bis heute in kaum eine Geschichte der Philosophie aufgenommen worden. Erst seit etwa 1985 findet er im Rahmen der Debatte zu Ökologie und Ethik eine deutlich zunehmende Aufmerksamkeit, freilich oft begrenzt auf einige wenige Leitbegriffe und ohne Beachtung des Kontextes, in dem diese entwickelt werden. Zwischen der Phase der ersten Resonanz nach 1923 und der Wiederentdeckung am Ende des 20. Jahrhunderts sind zwar gewichtige Gesamtwürdigungen des Schweitzerschen Denkens wie die von Werner Picht (1960) und Helmut Groos (1974) erschienen und in bedeutenden philosophischen Werken auch Rückgriffe auf Schweitzer erfolgt (H. Reiner 1964, 201f. und W. Schulz 1972, 738f.), doch läßt sich bis heute nicht von einer durchgängigen Tradition der philosophischen Auseinandersetzung mit seinem Denken sprechen. Auch Ernst Cassirers gewichtiger Schweitzer-Rekurs von 1935 blieb diesbezüglich ohne Wirkung (vgl. Kap. II.2). So scheint denn die systematische Auseinandersetzung mit der Schweitzerschen Kulturphilosophie und Ethik noch auszustehen, möglicherweise wird sie sich an der demnächst erscheinenden *Kulturphilosophie III* entzünden.

Daß Schweitzer die zeitgenössische Ethik-Diskussion bereichern könnte, hoffen wir im bisher Erörterten gezeigt zu haben. Welche kritischen Einwände in der Deutung seines

Werks vorgebracht werden und inwieweit diese aufweisbare Schwächen treffen oder aber am Argumentationsgang des Ehrfurchtsethikers vorbeilaufen, soll das Thema dieses Kapitels sein. Dabei werden kritische Stimmen verschiedener Epochen aus systematischen Gründen unter den sie bestimmenden Leitfragen zusammengefaßt. Kritisches Allgemeingut ist der auch in diesem Buch mehrfach erhobene Vorwurf, daß es dem Schweitzerschen Denken an terminologischer und gelegentlich auch begrifflicher Klarheit mangele. Darauf soll nicht noch einmal Bezug genommen werden. Im übrigen aber scheinen sich die Einwände bei aller Verschiedenheit ihrer philosophischen Hintergründe und trotz oft überdeutlicher Zeitgeistprägungen kontinuierlich auf zwei Fragen zu konzentrieren:

1. Ist das Prinzip ‚Hingebung an Leben aus Ehrfurcht vor dem Leben' hinlänglich begründet und zudem praktisch brauchbar?

2. Kann eine Ethik, die die Verantwortung für alles Lebendige postuliert, auf eine Wertrangordnung der Lebewesen verzichten, ja diese, wie Schweitzer es tut, radikal ablehnen?

Alle anderen Angriffspunkte der Kritik wie Schweitzers Freiheits- oder Schuldbegriff, sein Natur- und Lebensverständnis, sein Postulat einer absoluten Ethik und dergleichen mehr lassen sich den beiden Leitfragen zuordnen. So signalisieren schon die harschen Verdikte von Erich Brock und Bernhard Bavink die Zurückweisung des Schweitzerschen Leitprinzips, und zwar auf einem Argumentationsniveau, das im Licht der gegenwärtigen Ethikdiskussion obsolet erscheint. Wenn sie hier dennoch erwähnt werden, so deshalb, weil sie den Zeitgeist der 20er Jahre konturiert widerspiegeln und zudem noch 1974 in die Schweitzer-Kritik von Helmut Groos aufgenommen worden sind (Groos 1974, 538f. und 575f.).

Brock wie Bavink repräsentieren das, was Schweitzer eine „Theorie der naturhaften Lebens- und Weltbejahung" nennt und als den unmöglichen Versuch ablehnt, die Ethik aus der Biologie herzuleiten, also „das Werk der Natur auf dem Gebiete des Menschen und mit den Mitteln des Menschen zu betreiben" (KPh III, 2. Teil, 132f.). Die philosophische Methodologie bezeichnet dies als einen naturalistischen Ethikansatz, der das, was natürlich ist, ebendeshalb für gut erklärt, also die Frage umgeht, ob das Natürliche gut ist, und schon gar nicht à la Kant und Schweitzer zu der Einsicht gelangen kann, daß das Gute in Unabhängigkeit von und in Gegensatz zum Natürlichen definiert werden muß. So ist denn für Brock wie Bavink das Gesetz des natürlichen Lebens bis hin zum Lebenskampf der Vaterländer zugleich der Kern der ethischen Normativität, und der Elsässer Schweitzer, dem „die Geschichte das Vaterland innerlich unter den Füßen weggezogen hat", verkörpert mit seiner Hingebungsethik eben „ein Stück Grenzlandtragik" (Brock 1924/25, 268) beziehungsweise muß als „Bürger zweier Vaterländer", denen er sich gleichermaßen verpflichtet fühlt, „ein ausgesprochener Pazifist" werden (Bavink 1929, 40).

Brock erblickt in der Schweitzerschen Ethik „eine tiefe Verknechtung durch konstitutionelle Angst" (Brock 1924/25, 268), und Bavink befürchtet vom Schweitzerschen „Relativismus und Subjektivismus" gar „eine moralische Knochenerweichung im Volksleben" (Bavink 1929, 42).

Es lohnte sich nicht, diese plumpe, aus einem nationalisierten Naturalismus gespeiste Kritik ernst zu nehmen, wenn nicht ihr entlehnte Momente bis heute die Kritik an Schweitzer durchzögen. Brock behauptet wider alle Aussagen in *Kultur und Ethik*, daß „eine absolute Ehrfurcht vor dem Leben zum sofortigen Verhungern führen" müsse, betont, daß „in Wahrheit Leben wesentlich von Leben" lebe, und resümiert zu Schweitzer: „Diese Moral vergeudet sich damit, Insekten einzeln zu bewahren, welche die Natur in einer warmen Sommernacht zu Milliarden ausbrütet und am Morgen im nächsten Tümpel ersäuft." (Brock 1924/25, 266) Damit wird die innere Systematik der Schweitzerschen Ethik völlig ignoriert und jenes bis heute wiederkehrende Bild von Schweitzer als „Schutzpatron jeder Kakerlake" (Steffahn 1987, 134) etabliert. Auf die Analyse und Zurückweisung dieses Mißverständnisses bei Harald Steffahn sei hier ausdrücklich verwiesen (ebd. 132f.).

Bavink wirft Schweitzer vor allem eine Mißachtung der naturwissenschaftlichen Welterkenntnis vor, insbesondere der

Einsicht in eine „Rangordnung" der Lebewesen: „Die ganze Natur ist offensichtlich so eingerichtet, daß stets das niedere Leben dem höheren (im großen Durchschnitt genommen) dienen muß." (Bavink 1929, 38) Diese biologische Aussage wird dann mit theologischem Erbe überhöht: Über der „Ehrfurcht vor dem Leben" stehe „das Gebot der unbedingten Unterordnung unter den Willen Gottes" und dessen Schöpfungsplan entspreche es, „ein Leben dem anderen opfern zu müssen" (ebd. 44). Damit ist neben der Kritik an Schweitzers Leitprinzip auch der Vorwurf der Ausblendung jedweder Wertrangordnung formuliert. Freilich soll damit nicht behauptet werden, daß alle spätere Kritik bei gleicher Zielrichtung auch den gleichen fragwürdigen Hintergründen entstammt, doch es erscheint bemerkenswert, daß in dem umfangreichen, in der Belesenheit eminent gründlichen und stilistisch um ein abgewogenes Urteilsklima bemühten Buch von Helmut Groos die kritischen Kernaussagen von Brock und Bavink aufgenommen und an die Gegenwartsdiskussion weitergegeben werden. Beide werden bei Groos zustimmend zitiert (Groos 1974, 518f.) und in das eigene Urteil integriert: „Es bleibt also dabei: Die Forderung der Ehrfurcht vor dem Leben im Sinne Schweitzers widerspricht der Eigenart eben dieses Lebens, sie steht im Gegensatz zum Wesen der Natur. Wenn das Töten zum Leben notwendig, völlig unvermeidlich ist, kann es nicht aus Ehrfurcht vor diesem für böse erklärt werden." (ebd. 530)

Vor diesem Hintergrund stellt sich denn auch noch für Groos die Frage, die die 20er Jahre schon bestimmt hatte: „Es erscheint völlig unverständlich, wie ein Denker, der erstens gewissermaßen schon von Natur auf kein Problem so sehr angelegt war wie auf das der Ethik, der zweitens immer für ein elementares, lebensnahes Philosophieren eingetreten ist und sich drittens als scharfsinniger und kenntnisreicher Kritiker des bisherigen ethischen Denkens ausgewiesen hat, sich in eine derart unmögliche Ethik verrennen konnte." (ebd. 539) Auch hier bekundet sich also eine völlige Unkenntnis des Schweitzerschen Versuchs, Ethik zwar in Auseinandersetzung mit der Naturphilosophie, doch in normativer Unabhängigkeit von dieser zu begründen (vgl. Kap. IV. 1) und so die „dunkle Wolkenwand" der Naturphilosophie, die sich im 19. Jahrhundert verfinsternd vor die „Sonne der Ethik" geschoben habe, wieder zu entfernen (GW 2, 330). Dies haben Kritiker wie Brock, Bavink und Groos offenbar nicht zur Kenntnis nehmen wollen, weil sie von ihren eigenen naturalistischen Prämissen allzu naiv gefangen waren. Dabei ist Groos der Vorwurf zu machen, daß er bei aller Akribie im Detail in seinen Grundsatzurteilen noch 1974 die kritischen Einwände der 20er Jahre übernimmt, ohne deren politisch-ideologischen Hintergrund in Rechnung zu ziehen. Was seine theologische Kritik an Schweitzer betrifft, so sei hier auf die erhellende Rezension von Hans-Hinrich Jenssen hingewiesen. (Jenssen 1978)

Von den bisher genannten Kritiken hebt sich die philosophische Auseinandersetzung mit Schweitzer im letzten Jahrzehnt wohltuend ab. In argumentativer Redlichkeit prüft man Stärken und Schwächen – häufig allerdings auf der Basis unzureichender Textkenntnis –, sucht nach Möglichkeiten der Verbesserung und Weiterentwicklung des Schweitzerschen Ansatzes oder legt diesen gar in neuer Interpretation der eigenen Konzeption zugrunde wie zuletzt Günter Altner (Altner 1991, 44f.) und Ekkehard Martens (Martens 1994). Versuche, Schweitzers Theorie durch Rückgriffe auf seine Biographie als einmalige Individualperspektive zu entlarven und damit philosophisch zu entwerten, finden sich nur noch selten, und wenn doch, dann mit Sympathie für seine Person (Wolf 1993). Ansonsten knüpft die Kritik zum Teil an Einwände an, die schon früher in seriöser Weise entwickelt worden sind – so bei Oskar Kraus (1926), August Messer (1926), Werner Picht (1960) oder Hans Reiner (1964) –, führt aber andererseits auch neue Gesichtspunkte ein, an denen sich das Schweitzersche Denken in der Tat messen lassen muß.

Es ist vor allem die Metaethik, ein Zweig der analytischen Philosophie, die hier innovatorisch wirkt. Sie entwickelt selbst keine normativen Aussagen, sondern prüft, ob und wie sich normative Urteile rechtfertigen lassen, und liefert so Kriterien, an denen vorliegende Ethikentwürfe auf die Schlüssigkeit ihrer

Begründung hin beurteilt werden können. Zentrale Bedeutung kommt dabei dem Nachweis eines naturalistischen Fehlschlusses zu, der dann vorliegt, wenn das sittlich Gute mit einer empirischen Gegebenheit identifiziert wird, ganz gleich, ob diese nun wissenschaftlich (biologisch, psychologisch, soziologisch etc.) oder naturphilosophisch behauptet wird. Schon die plakative Losung ‚Ehrfurcht vor dem Leben‘, unter der Schweitzer seine Ethik stets präsentiert, weckt den Verdacht, daß hier das biologische Phänomen ‚Leben‘ als sittlich gut deklariert und die Ehrfurcht vor diesem dann als Sollen aus dem empirischen Befund hergeleitet wird. Ist Schweitzer also einem naturalistischen Fehlschluß aufgesessen? Hans Lenk sieht dies so und darf als repräsentativ für diesen kritischen Einwand angeführt werden:

„Letztlich soll doch so etwas wie ein Schluß vom ‚Sein‘ des Lebenwollens und der Lebensbejahung in mir auf das ethische Sollen geführt werden – also sozusagen ein versteckter ‚naturalistischer Fehlschluß‘ geleistet werden. Ähnlich wie bei Kant soll Ethik im Sinne einer erkenntnismäßig strukturierten, deduktiven Disziplin theoretisch-axiomatisch fundiert werden. Die fundamentalen Differenzen zwischen Normativem und Deskriptiv-Kognitivem werden ignoriert und überspielt, gleichsam durch einen Taschenspielerkunsttrick dennoch einer rationalistischen Einheitslösung zugeführt." (Lenk 1990, 38f., vgl. auch Müller 1993, 141f.)

Daran ist sicherlich richtig, daß Schweitzer als Erbe des Rationalismus zu einem einzigen Leitprinzip neigt, aus dem dann alle Einzelentscheidungen interpretierend hergeleitet werden sollen, doch dieses Prinzip selbst wird keineswegs aus deskriptiv-kognitiven Befunden deduziert, sondern gerade in Gegensatz zu diesen begründet und nur in seinem Anwendungsbezug auf diese hin gedeutet. Schweitzer sieht sehr klar, daß sein normatives Leitprinzip der Humanität (vgl. Kap. III.3) nur in Widerspruch zu den Gesetzen des Lebendigen praktiziert werden kann, und will eine Ethik entwickeln, die die menschliche Vernunft anregt, die möglichen Handlungsspielräume bis zur Grenze auszuloten. Er will also nicht, wie Lenk meint,

„der Natur Ethik beibringen oder predigen", was als „Projektion einer Ethik in die Natur unerlaubt", ja „unerhört" wäre (Lenk 1991, 141), sondern in den Maßen des menschlichen Könnens eine lebenserhaltende Verantwortung entbinden. Dieses normative Ziel aber läßt sich nicht aus dem natürlichen und mithin blinden Lebenswillen deduzieren, denn „die Natur kennt keine Ehrfurcht vor dem Leben" (Schweitzer 1986, 30). So ist es denn der von Kant inspirierte Gedanke einer „Ethik der Wahrhaftigkeit gegen sich selbst" (GW 2, 384), also ein streng rationales Verallgemeinerungsverfahren, mit dem Schweitzer die mystisch erfahrene Bejahung des eigenen Lebens und die per analogiam angenommene Lebensbejahung bei nicht-menschlichen Lebewesen unter ein allgemeingültiges ethisches Prinzip bringt (vgl. Kap. III.2 und IV.2).

Der Vorwurf des naturalistischen Fehlschlusses scheint uns von Schweitzers Texten her also zwingend widerlegbar zu sein, wohingegen zutrifft, was Dieter Birnbacher in folgende Aussage gefaßt hat: „Das Argument des naturalistischen Fehlschlusses wird vielfach als eine Art ‚knock down'-Argument gegen jederlei Form von ethischem Naturalismus verwendet. Dieses Argument kann gegen die wichtigsten Formen des ethischen Naturalismus jedoch nur wenig ausrichten, da diese die Natur regelmäßig zwar zum Kriterium, nicht aber zur Quelle moralischer Werte machen. Für sie soll das richtige Handeln zwar sein Maß an der Natur haben, dieses Maß wird dabei – explizit oder implizit – jedoch nicht als etwas der Natur Immanentes betrachtet, sondern als Ausdruck menschlicher Setzung. Nicht jeder ethische Naturalismus ist zugleich ein metaethischer Naturalismus. Während der metaethische Naturalismus moralische Wertungen aus *deskriptiven* Aussagen über die Natur herzuleiten versucht, leitet der ethische Naturalismus moralische Wertungen aus einem *normativen* Prinzip her, das es dem Menschen zur Pflicht macht, der Natur zu folgen." (Birnbacher 1991, 68)

Schweitzers „Ethik der ethischen Persönlichkeit" (GW 2, 357) vermag angesichts der „ungeheuren Disproportion zwischen dem Universum und dem Menschen" (ebd. 335) zwar nicht zu fordern, der Natur zu folgen, doch insofern sie den naturphilosophisch-mystisch in allen Lebewesen angenommenen Lebenswillen zum Kriterium der Moralität erhebt, trägt sie die Züge eines ethischen Naturalismus. Nichtsdestoweniger lehnt sie „die empirisch-psychologische Betrachtungsweise" in der Normbegründung ab und will daher keineswegs „die Verpflichtung zum Sittlichen aus dem Inhalte des Sittlichen ableiten" (ebd. 204f.), sondern besteht auf der normsetzenden Rationalität als Quelle des ethischen Leitprinzips. Obschon Schweitzer begründungstheoretisch in der Teminologie Mängel aufweist und sich auch nicht gerade durch eine systematische Argumentation auszeichnet, läßt sich der Verdacht eines naturalistischen Fehlschlusses also nicht aufrechterhalten.

Die Schwäche der Ehrfurchtsethik liegt auf einem anderen Gebiet: Schweitzers im Letztbegründungsrationalismus verwurzelte Überzeugung, daß aus einem einzigen ethischen Prinzip heraus das gesamte Feld der sittlichen Entscheidungen zu erfassen sei, zeugt von einer verkürzten, weil rein naturphilosophischen Wahrnehmung der Realität und übersieht die soziale, vor allem die gesellschaftlich-institutionelle Wirklichkeit mit den ihr eigenen Konflikten. Es soll nicht bestritten werden, daß viele Entscheidungen in Sozialpolitik und Gesundheitswesen, in Rechtsprechung, Wirtschaft, Wissenschaft, Sport etc. auch vom Prinzip der Hingebung an Leben aus Ehrfurcht vor dem Leben tangiert werden, doch allein in dieser ethischen Perspektive lassen sie sich nicht lösen. Das Ethos des ehrlichen Kaufmanns, des fairen Sportlers oder des verantwortlichen Demokraten mag in bestimmten Bereichen dem Ehrfurchtsprinzip zuzuordnen sein, doch im Grundsatz gilt dies nicht. Wer seine Versicherung aus moralischen Gründen nicht betrügt oder als Turner die Wettkampfregeln respektiert, wird dies kaum mit der Ehrfurcht vor dem Leben zu begründen vermögen. In diesem Punkt ist Hans Lenk zuzustimmen, wenn er fragt:

„Warum, weshalb, wieso soll nur ein einziges oberstes Prinzip herhalten, um alles Ethische daraus abzuleiten oder nur zu rechtfertigen, zu begründen? Man könnte also traditionelle ethische Prinzipien dem Grundsatz der zu beachtenden Ehrfurcht vor dem Leben zur Seite stellen – etwa die Prinzipien der fairen Behandlung und Güteraufteilung, Chancenbeteiligung und Gleichberechtigung, der Gerechtigkeit, der Toleranz, der Leistungsgerechtigkeit, der negativen wie der positiven Goldenen Regel, das Kantische Universalisierbarkeitsprinzip, den Kategorischen Imperativ und vielleicht ein über alle Formalprinzipien und Kriterien hinausgehendes Wohlwollensprinzip bzw. Humanitätsprinzip gegen (zunächst mir nicht gefährliche) Mitlebewesen, ein Solidaritäts- und Mitleidsprinzip, das sich auf alle in meinen Handlungs- und Erfahrungsbereich kommende mitlebende und (mit)leidende Wesen beziehen mag. Schweitzers Ethik ließe sich anreichern, vervollständigen und praxisnäher formulieren, wenn man solche Ergänzungen vornähme und Praxisregeln einführte." (Lenk 1991a, 142)

Mit Recht würde Schweitzer solchen Verbesserungsvorschlägen entgegenhalten, daß das Humanitäts-, Solidaritäts- und Mitleidsprinzip seiner Ethik bereits innewohnten und Kants Universalisierbarkeitsprinzip hier einen Inhalt bekomme, doch er könnte wohl nicht bestreiten, daß im Bereich von Fairneß, Chancengerechtigkeit und Güteraufteilung Erweiterungen seiner Ethik möglich und nötig sind. Sein einseitiges Vertrauen auf das denkende Ich hat ihm den Blick dafür versperrt, daß auch das kollektive Handeln, die Welt der Institutionen, moralischer Spielregeln bedarf, wenn das ehrfürchtig-hingebungsbereite Ich nicht von vornherein auf verlorenem Posten stehen soll. Vor allem die Staatsautorität wird bei Schweitzer nahezu ausschließlich kritisch-polemisch thematisiert (GW 2, 413f.), um dann radikal individualethisch die Hoffnung zu entfachen, daß „die Macht der aus der Ehrfurcht vor dem Leben kommenden Kulturgesinnung" den derzeitigen Staat zum „Kulturstaat" umformen könne (ebd. 419). Daß diese Kulturgesinnung selbst zu ihrer Genese schon eines verläßlichen Normenteppichs für das kollektive Handeln bedarf, übersieht Schweitzer, weil er neben dem Ehrfurchtsprinzip keine weiteren Leitorientierungen gelten lassen will. Was die

Frage nach der Zulänglichkeit des Schweitzerschen Leitprinzips angeht, so können wir hier festhalten, daß es als solches sehr wohl hinreichend begründet ist, allerdings nur für einen wichtigen Teilbereich der Ethik gilt, nicht dagegen als *das* Leitprinzip *der* Ethik insgesamt akzeptabel ist.

Neben dieser Problematik hat die Frage nach der praktischen Brauchbarkeit des Schweitzerschen Leitprinzips von Anfang an eine bestimmende Rolle in der kritischen Auseinandersetzung gespielt, und zwar zunächst unter wertphilosophischem Vorzeichen im Hinblick auf die Schweitzersche Ablehnung aller Wertrangordnungen, in jüngster Zeit hingegen vornehmlich als Forderung nach Praxisregeln, die das allgemeine Prinzip der Handlungsebene annähern sollen. Den zweiten Gesichtspunkt haben wir bereits erörtert (vgl. Kap. IV. 3), der erste bedarf noch eines kurzen Kommentars, weil Schweitzers Selbstabgrenzung gegen die Wertphilosophie für seine gesamte Denkweise charakteristisch ist. Seine These, daß der einzelne unter dem Anspruch des allgemeingültigen Prinzips „nur subjektive Entscheide in den ethischen Konflikten treffen" und niemand ihm die Entscheidung mit objektiven Kriterien abnehmen könne (GW 2, 388), impliziert als solche schon die Absage an Wertrangordnungen. Darüber hinaus aber kommt hier auch seine Überzeugung ins Spiel, daß es der Wertphilosophie nicht gelungen sei, auf dem Wege der Wertschau so etwas wie ein ideales Ansichsein der Werte aufzuweisen, geschweige denn eine Rangordnung unter diesen (vgl. Günzler 1990, 87–93). Fehlt es aber dieserart schon an der begrifflichen Fundierung, so muß das Anwenden von Wertskalen auf der Entscheidungsebene notwendig zu willkürlichem Gebrauch führen: „Unter wertlosem Leben werden dann, je nach den Umständen, Arten von Insekten oder primitive Völker verstanden." (GW 1, 242)

Oskar Kraus hatte in seiner Schweitzer-Kritik konstatiert: „Jede Ethik benötigt etwas wie eine Wert- und Gütertafel, wie sie Platon schon versucht und Aristoteles entworfen hat." (Kraus 1926, 49) Viele Kritiker folgen ihm in diesem Urteil, so auch Werner Picht, der repräsentativ für die hier ansetzende

Schweitzer-Kritik feststellt: „Die absolute Wertung des Lebens enthebt nicht von der Notwendigkeit, *in praxi* unterschiedliche Wertungen vorzunehmen, da der Mensch, als im Strome des Lebens stehend, ständig Leben zur Erhaltung von Leben opfern muß. Bei diesen Entscheidungen von Fall zu Fall läßt ihn die Ethik der Ehrfurcht vor dem Leben im Stich." (Picht 1960, 127) Einer solchen Argumentation hält Schweitzer in *Aus meinem Leben und Denken* (1931) die Überzeugung entgegen, daß unbestreitbar in praxi gewertet werden müsse, dies aber nicht mittels pseudoobjektiver Wertrangordnungen als ethisch gerechtfertigt ausgegeben werden dürfe, sondern als unentrinnbar subjektive Entscheidung zu verantworten sei. Stets erfolge die Beurteilung von Lebewesen nach dem Maßstab, „ob sie uns Menschen nach unserm Empfinden näher oder ferner zu stehen scheinen" (GW 1, 242), und Werthierarchien seien ein leicht durchschaubarer Versuch, diese subjektive Praxis mit Hilfe ihr angepaßter Kriterien in den Rang des Ethischen zu heben und für immer festzuschreiben. Demgegenüber erhofft sich Schweitzer vom denkenden Ich, sofern es sich dem allgemeingültigen Prinzip verpflichtet weiß, eher eine Erweiterung der praktischen Verantwortung, also eine zunehmende Selbstbescheidung auf das, was zur Selbstbehauptung nötig ist. So schreibt er am 7. Nov. 1931 an Oskar Kraus:

„Ja lieber Feund, und wenn ihr mich totschlagt, so erkenne ich keine *objektiv geltenden* Wertunterschiede im Leben an. Jedes Leben ist heilig! Heilig aber will heißen, daß es darüber nichts mehr gibt, wie der Schnelligkeit des Äthers keine andere sich addieren kann. Wertunterschiede machen wir aus subjektiver Notwendigkeit, aber darüber hinaus gelten sie nicht. Der Satz, daß alles Leben heilig ist, erlaubt keine Steigerung. Darin werde ich immer Ketzer bleiben. Es ist eine Principienfrage, aber eine, die tief in das Fundament der Weltanschauung hinabreicht. Du dauerst mich, daß Du einen solchen Kerl zum Freund haben mußt. Aber ich freue mich auf Deine Geschichte der Werttheorie." (Schweitzer 1987, 119)

Der Vorwurf des Verzichts auf eine Wertrangordnung trifft Schweitzers Ethik also argumentativ nicht. Es läßt sich darüber streiten, ob der verantwortliche Umgang mit dem Lebendigen eher mit ihr oder ohne sie ermöglicht werden kann, doch dies ließe sich nur empirisch an Fallbeispielen evaluieren, was realiter wohl kaum zu bewerkstelligen ist. Wichtiger erscheint, daß der Ethiker Schweitzer bei allem Idealismus zugleich von einem unbestechlichen Realismus geprägt ist, denn er geht davon aus, daß seine Richtlinie der Hingebung an Leben aus Ehrfurcht vor dem Leben zwar ein allgemeingültiges Prinzip darstellt, an dem der einzelne sein Handeln zu orientieren hat, doch räumt zugleich ein, daß ein dieserart orientiertes Handeln immer wieder in Dilemmata beziehungsweise ganz und gar aussichtslose Situationen geraten wird. Damit gilt es für Schweitzer zu leben, weil die naturphilosophisch als Feld der Konkurrenzen und Lebensnöte geortete Wirklichkeit der Ethik stets nur einen begrenzten Spielraum läßt. Gerade weil dies so ist, setzt Schweitzer auf Prinzipienbindung und nicht auf einen aufgefächerten Pflichten- oder Wertekanon, der im Einzelfall eher illusionäre Selbstzufriedenheit als das Gespür für die Abgründe des Wirklichen erzeugen würde. Mit dieser Grundüberzeugung, daß die Ethik nicht alles regeln kann, was ihrem Prinzip nach regelungsbedürftig wäre, und dennoch nicht in einen situationsorientierten Relativismus abstürzen darf, scheint uns Schweitzer ein interessanter Gesprächspartner auch in der Gegenwart zu sein.

V. Ethik und Weltanschauung: Schweitzers ungelöstes Problem

Den Schlußpunkt des Schweitzerschen Philosophierens bildet ebenjene Problematik, die den jungen Denker nach der Jahrhundertwende und vor allem im Zeichen des Ersten Weltkriegs zur Suche nach einer neuen Ethik inspiriert hatte: die Frage nach der Weltanschauung. Von 1931 bis 1945 wendet er sich ihr in der voluminösen *Kulturphilosophie III* wieder zu und gibt dieser den bezeichnenden Arbeitstitel *Die Weltanschauung der Ehrfurcht vor dem Leben*. Sollte die Ehrfurchtsethik also das leisten, woran die europäische Philosophie nach Schweitzers vehementer Analyse gescheitert war? Offenbar war dies seine Hoffnung, und sein problemgeschichtlicher Bezugsrahmen nötigte ihm diese Aufgabe unentrinnbar auf. Hatte er kulturkritisch mit einer Analyse der „Tragödie der abendländischen Weltanschauung" (GW 2, 99) begonnen und deren Scheitern dem Versuch zugeschrieben, den „Sinn des Lebens aus dem Sinn der Welt zu verstehen" (ebd. 92), so mußte nunmehr seine eigene Programmidee ihre weltanschauliche Fruchtbarkeit erweisen. In *Kultur und Ethik* hatte er sie auf die knappe Formel gebracht: „Die Weltanschauung kommt aus der Lebensanschauung, nicht die Lebensanschauung aus der Weltanschauung." (ebd. 107)

1. Hoffnung vor Selbstzweifel: Die Attraktivität des Unmöglichen

Die immer neuen Anläufe in den 30er und 40er Jahren waren daher der Aufgabe verpflichtet, die ethisch fundierte Lebensanschauung als tragfähigen Ansatzpunkt einer neuen Weltanschauung zu erweisen. Freilich hatten sich die Arbeitsbedingungen für Schweitzer in politischer, biographischer und philosophischer Hinsicht wesentlich verändert. Hatte er 1923 noch voller Optimismus „die Wüste des Skeptizismus" als einen nur „schmalen Streifen" bezeichnet, „der der ewig grünenden Oase elementarer, aus dem Denken über den Willen zum Leben kommender Weltanschauung vorgelagert ist" (ebd. 114), so plagen ihn nunmehr Selbstzweifel der verschiedensten Art, und das Unterfangen, eine neue Weltanschauung aus der Lebensanschauung herzuleiten, gerät zu einem mühseligen Kampf mit immer neuen Widerständen. Politisch leidet er unter den Vorzeichen des Zweiten Weltkriegs, vor allem unter der gespannten Beziehung zwischen Deutschland und Frankreich, und fragt in seiner Frankfurter Goethe-Rede vom 22. März 1932: „Überhaupt, was ist das, was in dieser grausigen Zeit vor sich geht, anderes als eine gigantische Wiederholung des Faustdramas auf der Bühne der Welt? In tausend Flammen brennt die Hütte von Philemon und Baucis! In tausendfacher Gewalttätigkeit und tausendfachem Morden treibt entmenschte Gesinnung ihr frevelhaftes Spiel!" (GW 5, 505) Wie sehr solche Befunde Schweitzers eigene Arbeit lähmten, zeigt ein Brief, den er am 21. November 1932 an seine Frau Helene schrieb (Unveröffentlicht. Abschrift durch Rhena Schweitzer Miller). Darin heißt es: „Und dieser furchtbare Druck, der auf mir liegt, der lähmt mich auch in der Arbeit. Jeden Tag muß ich mich aus dieser Traurigkeit herausreißen, um an die Arbeit gehen zu können. Und manchmal gelingt es nicht ... Als ich die ersten beiden Bände der Kulturphilosophie schrieb, da hoffte ich ... Jetzt habe ich fast nicht mehr die Kraft zu hoffen. Immer sage ich mir: wozu dies alles schreiben ... Ehe der neue Geist kommen kann, hat der Wahnsinn der Völker alles zerstört, was noch steht ... Aber ich zwinge mich immer wieder zum Hoffen. –"

Ob hier der Grund liegt, warum Schweitzer seine Kulturphilosophie nach 1945 nicht weiter verfolgt, sondern sich dann später direkt den Aufrufen gegen die Atomwaffen zugewandt hat? In den 30er Jahren zwingt er sich zum Weiterdenken unter deprimierenden politischen Rahmenbedingungen und muß zudem der Überanstrengung durch die humanitäre Arbeit Tribut zollen: „Ich sehe mein Gealtertsein, wie ich Dir schon schrieb, daran, daß ich es jetzt viel schwerer habe als früher, wieder in die Arbeit hineinzukommen, wenn ich daraus heraus bin. Bin ich drin, so geht es gut." (Unveröffentlichter Brief an Helene vom 17. Okt. 1932) Der Alltag in Lambarene ließ kontinuierliche Denkarbeit eben nicht zu, und die von Schweitzer einstmals so gepriesene Urwaldeinsamkeit (vgl. Kap. I. 3) offenbart dem nunmehr 57-jährigen Meister der Vielseitigkeit unerbittlich ihre destruktive Potenz. Diese biographischen Realitäten gilt es zumindest menschlich in Rechnung zu ziehen, wenn aus sicherem akademischen Hort das Messer der Kritik an Schweitzers kulturphilosophisches Gedankengebäude angelegt wird.

Nichtsdestoweniger wäre es falsch, die der *Kulturphilosophie III* innewohnenden Schwierigkeiten allein den biographischen Rahmenbedingungen zuzuschreiben. Sie liegen auch und vor allem in der philosophischen Konzeption, und dies war Schweitzer selbst von Anfang an bewußt. So ermahnt er sich in einer Notiz von 1933: „Daß ich die Risse meines Baus nicht verstreiche, sondern sie sichtbar bleiben lasse." (KPh III, 2. Teil, 211) Und 1945 kommentiert er die inzwischen vorliegenden Texte so: „Daß mein Buch etwas chaotisch ist... (liegt) in der Schwierigkeit des gewaltigen Stoffes. Mögen ihn andere einmal besser zu meistern verstehen." (KPh III, 4. Teil, 615) Während die „Risse" des Baus die noch zu erörternden Widersprüche im systematischen Zusammenhang des Schweitzerschen Denkens betreffen, überfordert der „gewaltige Stoff" vor allem den Problemgeschichtler. Eine neue Weltanschauung – das war Schweitzers Überzeugung – konnte nur aus der Problemgeschichte des Menschheitsdenkens heraus plausibel entwickelt werden; also mußte diese dargestellt werden, und dies so knapp wie möglich, damit die eigentlich zukunftsorientierte Argumentation genügend Platz finden könnte. Wie „eine fixe Idee" – so Schweitzer am 22. April 1934 an seine Frau Helene – habe der Druck zur Kürze auf ihm gelastet und ihn manche Seite dreimal neu schreiben lassen, „um 6 Zeilen zu sparen." Und seine Gesamtsituation beschreibt er folgendermaßen:

„Nun sitze ich wieder an der Arbeit und stelle mit Entsetzen fest, daß ich das historische Capitel mit dem besten Willen nicht so kurz fassen kann, wie es nötig ist, damit das Buch nicht zu lang wird und die Einheit des Plans gewahrt wird. Ich bin einfach trostlos. Um das dreht sich alles seit 2 Jahren! Darum komme ich nicht vorwärts ... Ich wollte es erzwingen ... Und es geht nicht. Nun entschließe ich mich, das historische Capitel als Buch für sich unter dem Titel *Das Denken der Menschheit* zu veröffentlichen." (Unveröffentlichter Brief an Helene vom 22. April 1934)

Zu diesem Buch ist es nie gekommen, doch publizierte Schweitzer 1935 *Die Weltanschauung der indischen Denker* und ließ dieser zwei Fassungen einer *Geschichte des chinesischen Denkens* folgen (1937 und 1939/40), deren Drucklegung bis heute noch aussteht. Damit war der historische Teil der *Kulturphilosophie III* quantitativ entlastet, und ab Teil 2 (1934–37) gingen dann die Bezüge zur Geschichte des Menschheitsdenkens auch deutlich zurück. Der unbeirrbare Problemgeschichtler hatte sich also durch Trennung der Themenkreise vom lähmenden Stoffdruck befreit, die Darstellung der historischen Dimension seiner Weltanschauungssuche in zusätzliche Schriften ausgelagert und so der *Kulturphilosophie III* mehr Raum für die Begründung einer neuen Weltanschauung im Horizont der Gegenwartsprobleme verschafft. Daß auch dieses Restprogramm unüberwindbare Hürden aufwarf, ist weder auf politische noch auf biographische noch auf stoffliche, sondern in allererster Hinsicht auf systematische Gründe zurückzuführen. Die von Schweitzer selbst eingeräumten ‚Risse' im Bau resultieren aus der Tatsache, daß es zwar durchaus möglich ist, die Begründung von Ethikentwürfen aus der Umklammerung durch Weltanschauungskonzepte zu lösen, jedoch unmöglich, aus der Ethik als einem normativem Entwurf ein deskriptiv-interpretatives Modell für die Stellung des Menschen im Kosmos zu entwickeln. Dies gilt erst recht, wenn – wie bei Schweitzer – die Ethik in ausdrücklichem Gegensatz zum nichtethischen Weltgeschehen entworfen wird. Wie soll ein aus innerem Müssen ethisch geleiteter Mensch sich harmonisch in einer Welt aufgehoben finden, gegen die er seine sittliche Existenz immer wieder mühsam behaupten muß?

Die Sehnsucht nach einer bergenden Weltanschauung scheint auf Schweitzerschem Boden unerfüllbar, und doch sind ihr die über 2000 Manuskriptseiten der *Kulturphilosophie III* gewidmet, weil Schweitzer unerschütterlich an der Überzeugung festhält, daß „das Bedürfnis nach Weltanschauung gebieterisch und unausrottbar in uns gegeben" sei (KPh III, 1. Teil, 174). So notiert er: „Die große Frage: Was will ich in der Welt? Den Sinn meines Lebens begreifen. Welt, was soll ich in dir? Welt, was bin ich in dir?" (ebd. 321) Der auf Weltdistanz bedachte Ethiker bleibt doch immer auch ein monistischer Naturphilosoph mit Vorliebe zur inneren Naturphilosophie, zur Mystik, und als solcher sucht er in zähem Ringen nach einem Weg, der ihn aus ethischer Autonomie wieder in die Geborgenheit einer Weltanschauung zurückführt. Die gegen die nicht-ethische Welt entworfene Ethik soll also letztlich doch als der Welt zugehörig begriffen werden, d.h. Lebensanschauung und Weltanschauung sollen unter dem Primat der ersteren in neuer Weise miteinander vermittelt werden.

Angesichts der Kühnheit dieses Unterfangens gilt wohl die Devise, der Schweitzer seine Beurteilung fremder Denkentwürfe unterstellt, in prononcierter Weise bezüglich seines eigenen Gedankengebäudes: „Die höchste Ehre, die man einem Denksystem erweisen kann, ist, es unbarmherzig auf seinen Wahrheitsgehalt hin zu untersuchen, wie der Stahl auf seine Härte geprüft wird." (GW 2, 426) Dieser Prüfung hält sein Beitrag zur Weltanschauungsfrage, wie er selbst geahnt hat, nicht stand, und die entscheidenden Argumente gegen seinen Entwurf liefert Schweitzer selbst: „Das große Problem ist, das Universum (die Welt, das Weltgeschehen) und die Ethik zusammenzudenken. Die Ethik ist nicht in dem Weltgeschehen gegeben, nicht auf das Universum anwendbar. Der Kreis der Ethik (des ethischen Geschehens) ist unendlich klein im Kreise des Weltgeschehens." (KPh III, 1. Teil, 176) Es erscheint von daher ausgeschlossen, dem am unendlich kleinen Kreis der Ethik orientierten Menschen einen plausiblen Weg zur Versöhnung mit dem unendlichen Universum zu eröffnen, ihm, wie Schweitzer es bevorzugt formuliert, die Möglichkeit „zum geistigen Einswerden mit dem unendlichen Sein" (ebd. 205) zu erschließen. Weltanschauung im herkömmlichen Sinn, also als ein theoretisch kohärenter Entwurf, scheidet unter dieser Voraussetzung aus, und so verwundert es kaum, wenn Schweitzer bekennt: „Bruder Mensch – Ich kann dich nur den Weg lehren, den ich selber gegangen bin." (ebd. 306) Dennoch wäre die Vermutung verfrüht, daß der große Freund der Aufklärung sich in dieser Frage in eine privatistische Esoterik rettet. Ganz im Gegenteil: Seine *Kulturphilosophie III* enthält beachtenswerte Argumentationslinien, und die sollen hier nicht unterschlagen werden, obschon sie letztlich das erhoffte Ziel nicht zu erreichen vermögen.

2. Im Zeichen der Weltphilosophie: Die Bestimmung des eigenen Standorts

Im Sinne seiner kulturkritischen Absage an das tradierte Verständnis von Weltanschauung betont Schweitzer in der *Kulturphilosophie III* von Anfang an, daß es ihm in der Weltanschauungsfrage nicht um eine „Anatomie des Seins" gehe, also nicht um eine theoretisch-metaphysische Weltdeutung, sondern daß dem denkenden Menschen „der neue Begriff von Weltanschauung" erschlossen werden müsse: „Anschauung seines Verhältnisses zur Welt" (KPh III, 1. Teil, 177f.). Diese Akzentuierung der persönlich-geistigen Beziehung zum Universum zu Lasten der abstrahierenden Verstandeserkenntnis kennzeichnet durchgehend Schweitzers Suche nach einer neuen Art von Weltanschauung, und sein Plädoyer für eine ethisch fundierte, ganz und gar autonome Lebensanschauung läßt ihm hier auch keine andere Wahl: „Nun muß die ethische Welt- und Lebensbejahung es unternehmen, sich mit dem Sein, ohne ihm einen Sinn beizulegen, auseinanderzusetzen und sich in ihm zu begreifen suchen. Aber ist es möglich?" (ebd. 174) Wilhelm Dilthey, den Schweitzer offenbar nicht zur Kenntnis genommen hat (vgl. hierzu: Müller 1993, 116f.), hatte schon 1907 in seiner Schrift *Das Wesen der Philosophie* zu zeigen versucht, daß dies nicht möglich sei. Für ihn drückt sich in allen Weltanschauungen „eine Verbindung von Welterkenntnis, Lebenswürdigung und Prinzipien des Handelns" (Dilthey V, 404) aus, weshalb alle von der „Souveränität des Geistes", aber eben auch von ihrer eigenen „Relativität" und nicht von einer evidenten Wirklichkeitserkenntnis zeugen (ebd. 406). Wie also definiert Schweitzer die Bauelemente dessen, was er als ‚neue' Weltanschauung sucht? Im Mai 1944 faßt er sein bis dahin in vielen Einzelaussagen skizziertes Verständnis von Weltanschauung in einem verbindlichen Text zusammen, nicht zuletzt wohl auch, um sich gegen den politischen Mißbrauch dieses Terminus' abzugrenzen. Wegen seiner grundsätzlichen Bedeutung soll dieser Passus hier ungekürzt wiedergegeben werden:

„Im Erkennen verhält sich der Mensch dem Sein gegenüber objektiv. Hingegen hat sein Denken immer etwas Subjektives an sich, weil es mit der Frage seines Verhältnisses zu ihm selber und zur Welt beschäftigt ist.

Unser Sein ist in naturhafter Weise in dem unendlichen Sein enthalten. Da wir aber individuelles Leben sind, vermögen wir nicht, uns in dem unendlichen Sein wie der Kiesel, der im Bache rollt, zu verhalten. Wir empfinden die Nötigung, ihm auch in geistiger Weise anzugehören.

Sich in einem geistigen Verhältnis zur Welt befinden, nennt man, mit einem in der deutschen Sprache aufgenommenen Ausdruck, eine Weltanschauung besitzen. Das Wort Weltanschauung findet sich erstmalig 1807 bei dem sich für katholisches Denken und katholische Wissenschaft einsetzenden Schriftsteller Joseph Görres (1776–1848). Seiner Brauchbarkeit wegen bürgert es sich immer mehr im philosophischen Sprachgebrauch ein.

Weltanschauung im philosophischen Sprachgebrauch bedeutet nicht einfach eine erkenntnismäßige Ansicht, die sich der

Mensch von der Welt gebildet hat, sondern zugleich seine damit zusammenhängende Anschauung von seinem Verhältnis zur Welt, die für die Art, in der er sein Dasein verbringen will und zubringt, bedeutsam ist. Was wir Weltanschauung nennen, begreift also immer eine mit der betreffenden erkenntnismäßigen Anschauung von der Welt zusammenhängende Lebensanschauung in sich. In neuester Zeit wird mit dem Wort Weltanschauung Mißbrauch getrieben.

Ich lege hier den Sprachgebrauch, an den ich mich im Folgenden halte, fest. Unter Weltanschauung verstehe ich das Ineinander einer erkenntnismäßigen Anschauung von der Welt und einer Lebensanschauung. Der Einfachheit wegen rede ich statt von erkenntnismäßiger Anschauung von der Welt gewöhnlich von Welterkenntnis.

Unterschiedslos gebrauche ich die Ausdrücke Eins-Sein mit dem unendlichen Sein, Eins-Sein mit der Welt, Eins-Sein mit dem Sein, Eins-Sein mit dem Weltgeiste. Gemeint ist immer das Eins-Sein mit dem geheimnisvoll Geistigen, das dem Sein innewohnt und in ihm und in uns waltet." (KPh III, 4. Teil, 49)

Dieses Ineinander von objektiver Welterkenntnis und subjektivem Bewußtsein der Zugehörigkeit zum unendlichen Sein, diese Synthese der überindividuellen Sphäre der Erkenntnisdaten und der ganz und gar individuellen Beziehung zur Welt als ganzer ist es, die Dilthey alle Weltanschauungen als relativ diagnostizieren läßt, wohingegen Schweitzer sich davon offenbar ein verbindliches Fundament für eine künftige Kultur aus ethischem Geiste erhofft. Dies versucht er mit einer am Menschheitsdenken orientierten Typologie der Weltanschauungen zu untermauern und bereichert damit die zu Beginn des 20. Jahrhunderts sehr lebhafte Diskussion zur Klassifizierung verschiedener Weltanschauungsentwürfe um ein keineswegs uninteressantes Modell.

Wie nicht anders zu erwarten, dokumentiert sich auch hier sein zentrales Interesse an der Ethik einerseits und seine Offenheit für die Weltphilosophie andererseits. Aus seiner Kenntnis der asiatischen und insbesondere der indischen Philosophie bezieht er die Kategorie der Lebens- und Weltverneinung, mit der sich für ihn die lebens- und weltbejahende Tradition des neuzeitlichen europäischen Denkens zu selten und daher nicht ernsthaft auseinandergesetzt hat. Lebens- und Weltbejahung sowie Lebens- und Weltverneinung stellen für Schweitzer prägende Faktoren von Weltanschauung dar, und zwar nicht als bloße Beurteilungsperspektiven, sondern als „Bestimmtheit des Willens" (KPh III, 4. Teil, 88). Was nun noch zur Komplettheit einer Weltanschauung fehlt, ist für den Ethiker Schweitzer selbstredend die Beantwortung der Frage, ob Lebens- und Weltbejahung beziehungsweise Lebens- und Weltverneinung auf ethische Direktiven bezogen werden oder nicht. So kommt er denn zu einem Vier-Typen-Modell:

„Vier Grundanschauungen treten in den verrschiedenen Weltanschauungen auf: die Lebens- und Weltbejahung, die Lebens- und Weltverneinung, das Ethische und das Nicht-Ethische. Eine Weltanschauung ist durch ihre Stellung zur Lebens- und Weltbejahung oder zu Lebens- und Weltverneinung und zum Ethischen oder Nicht-Ethischen bestimmt. Sie besteht aus zwei Komponenten. Es gibt keine lebens- und weltbejahende Weltanschauung als solche und keine lebens- und weltverneinende als solche, wie auch keine ethische als solche und keine nicht-ethische als solche, sondern nur die vier aus je zwei Komponenten bestehenden Weltanschauungen: die Lebens- und Weltanschauung der ethischen Lebens- und Weltbejahung, die der ethischen Lebens- und Weltverneinung, die der nicht-ethischen Lebens- und Weltverneinung und die der nicht-ethischen Lebens- und Weltbejahung. Durch die beiden sich miteinander verbindenden Grundanschauungen ist jedesmal die Einstellung zum Leben und zur Welt festgelegt." (ebd.87)

Wie alle Typisierungsmodelle wirft auch dieses die Frage auf, ob die herangezogenen Kriterien ausreichen, um die Grundposition einer Weltanschauung einzufangen, doch daß es beim Gang durch das Menschheitsdenken eine Vielzahl von Positionen in ein klärendes, obschon manchmal allzu engbegrenztes Licht rückt, läßt sich nicht in Abrede stellen, und außerdem zwingt es Schweitzer zu einer äußersten Profilierung des eigenen Ansatzes. Sein eminent gründlicher Exkurs in die Problemgeschichte, vor allem in das indische und chinesische Denken, erbringt eine derart bemerkenswerte Vielfalt von Gesichtspunkten, daß es zu deren Erörterung einer eigenen Abhandlung bedürfte. Hier kann es daher nur um eine knappe Kennzeichnung der Leitbegriffe gehen. Drei der vier Weltanschauungstypen halten für Schweitzer einer kritischen Prüfung ihres Wahrheitsgehalts nicht stand.

Die Weltanschauung der Lebens- und Weltverneinung, ob ethisch oder nicht-ethisch konzipiert, begebe „sich in den Widerspruch mit sich selber, daß sie gelebt werden will", mache also „Zugeständnisse an die Welt- und Lebensbejahung", insofern selbst der Einsiedler als strengster Repräsentant der Lebens- und Weltverneinung aktiv seine Lebenserhaltung betreibe: „Er pflückt Beeren, begibt sich zur Quelle, füllt den Becher zum Trinken." (GW 2, 436f.) Folglich sei „ein über Gut und Böse erhabenes Nicht-Tun", wie es bei den Brahmanen aus dem Ideal der Weltentrücktheit und Tatenlosigkeit erwachse, ein Widerspruch zur gleichfalls gepflegten „Hochschätzung der Wahrhaftigkeit" (ebd. 468f.). Erst Buddha – für Schweitzer ein Reformator wie Luther (ebd. 510) – ziehe die Konsequenz aus der Unhaltbarkeit der nicht-ethischen Lebens- und Weltverneinung, hauche „ihr einen ethischen Odem" ein (ebd. 518) und werde so zum „Schöpfer der Ethik des Mitleids" (ebd. 519), allerdings eines bloßen „Verstandes-Mitleids" (ebd. 521), weil ihm ethisch „nur das Vermeiden des Bösen" (ebd. 525; vgl. hierzu Gert 1983, 107–114). wichtig erscheine, der Sinn für „eine entsprechende Tat-Ethik" aber fehle (ebd. 527). Immerhin komme es so zu einer „Ethik der inneren Vollendung" (ebd. 531), wie sie dem brahmanischen Erhabenheitsideal noch fern gelegen habe.

Das indische Denken entwickelt sich für Schweitzer also allmählich von einer nicht-ethischen zu einer ethischen Lebens- und Weltverneinung, um in den folgenden Jahrhunderten dann immer deutlicher das Motiv der Lebens- und Weltbejahung in sich aufzunehmen. Demgegenüber stellt sich für ihn in Europa eher das Problem der nicht-ethischen Lebens- und

Weltbejahung, erstmals bei den Sophisten und gegenwartswirksam dann bei Nietzsche (vgl. Kap. II. 3). Schweitzer diagnostiziert diesen Weltanschauungstyp als einen Rückfall in Naturhaftigkeitsideale und damit als Unterminierung der Humanität, außerdem als in sich unwahrhaftig, denn „insgeheim setzen alle Verherrlicher des Nichtethischen den Bestand und Fortbestand der durch das Ethische geschaffenen Zustände voraus" (KPh III, 4. Teil, 468). Und auf die eigene Position hindeutend, fügt er hinzu: „Das Nur-Naturhafte ist das in unmittelbarster Weise, das Ethische das in tiefster Weise Natürliche." (ebd. 469) Da also die Lebens- und Weltverneinung bestenfalls eine Ethik der inneren Vervollkommnung ohne Tatenergie nach außen zuläßt und die pure Lebens- und Weltbejahung jede Ethik ausklammert, bleibt als überzeugendes Modell für Schweitzer allein die Weltanschauung der ethischen Lebens- und Weltbejahung im Spiel. Nur sie vermag den Ansprüchen der Humanität uneingeschränkt gerecht zu werden.

3. Mystik der Tat:
Der latente Abschied von der Weltanschauung

Wenn man wie Schweitzer eine Ethik der praktischen Weltverantwortung anstrebt und diese unter keinen Umständen von der Weltanschauungsfrage trennen zu können glaubt, dann erscheint die soeben skizzierte Standortbestimmung durchaus plausibel. Wer als Ethiker keine lebens- und weltbejahende Grundhaltung bezieht, wird auch kaum imstande sein, zukunftsorientiert am kulturellen Leben der Gesellschaft mitzuwirken. Ebendies aber intendierte Schweitzer mit seinem Plädoyer für „den öffentlichen Beruf der Philosophie" (GW 2, 28), welches bei Ernst Cassirer die Wiederentdeckung der Philosophie als Weltbegriff geweckt hatte (vgl. Kap. II. 2). In ethischer wie kulturphilosophischer Hinsicht läßt sich also gegen Schweitzers Bekenntnis zur ethischen Lebens- und Weltbejahung nichts einwenden, zumal diese, weil ethisch, lebensverneinende Aspekte in verantwortlicher Reflexion integriert, nämlich aus der Bejahung fremder Lebensansprüche Verzichte im Feld der eigenen Lebensbejahung herleitet und auferlegt. Dies führt in der Tat zu einem Ethikentwurf, der Selbstbehauptung und Fürsorgeverantwortung verbindlich miteinander verflicht und so die Perspektive einer humanen Gesellschaft eröffnet.

Die Plausibilität der ethisch-kulturphilosophischen Argumentation zieht freilich eine aussichtslose Ausgangsposition in der Suche nach einer neuen Weltanschauung nach sich, und Schweitzer war offensichtlich nicht imstande sich einzugestehen, daß das, was er auf ethischer Grundlage als ‚neue' Weltanschauung suchte, im Grunde keine Weltanschauung mehr sein konnte. Hier verfängt er sich in seiner eigenen Definition, nach der unter Weltanschauung „das Ineinander einer erkenntnismäßigen Anschauung von der Welt und einer Lebensanschauung" (KPh III, 4. Teil, 49) zu verstehen sei. Die Ethik hatte er nun einmal gegen die naturphilosophisch beschriebenen Gesetze des Weltgeschehens, also gegen die Welterkenntnis begründet, und ein Zurück zum Ineinander von Ethik und Natur konnte es nicht geben. Nicht die „friedvolle Ergebung in das Weltgeschehen", wie von den Stoikern empfohlen, sondern das „freudvolle Wirken in der Welt" (KPh III, 2. Teil, 85) sollte das Vorzeichen der Harmonie mit der Welt bilden. Wie soll aber die Harmonie sich je einstellen, wenn dieses Wirken nur gegen die Gesetze der Welt möglich ist? So greift Schweitzer denn zu Beschwörungsformeln wie: „Vivre en harmonie avec le monde (ne veut) pas dire vivre en harmonie avec le principe des événements." (ebd. 316) Doch er muß wohl geahnt haben, daß die Logik des Erkennens es ausschließt, mit einer Welt in Harmonie zu leben, deren Ablaufgesetze jede Harmonie konterkarieren. Der Graben zwischen Naturphilosophie und Ethik, zwischen Welterkenntnis und Lebensanschauung ließ sich nicht wieder schließen, und so muß Schweitzer schließlich einräumen: „Es ist mit der Eventualität zu rechnen, daß sich die dem Denken vorschwebende Weltanschauung nicht verwirklichen läßt und daß wir auf dem Wege der Erkenntnis, den es uns führen wollte, nicht zum geistigen Einswerden mit dem unendlichen Sein gelangen können." (KPh III, 4.Teil, 82)

Solche Einsichten wären geeignet gewesen, den Begriff der Weltanschauung fallen zu lassen und durch eine andere Form der persönlichen Orientierung zu ersetzen, aber dem stand wohl Schweitzers eigene Einheitssehnsucht, sein naturphilosophischer Monismus im Wege und dazu auch seine Überzeugung, daß die Weltanschauung unlösbar zur menschlichen Selbstdeutung gehöre. Deshalb versucht er dem Dilemma durch eine Erweiterung seiner Definition von Weltanschauung zu entkommen: „Statt der Weltanschauung durch Welterkenntnis das tiefe Erleben der Welt, aus dem ein Verhalten zur Welt kommt – dies (ist) auch Weltanschauung." (ebd. 593) Eine derartige Aussage signalisiert den Rückzug in die Lebensanschauung und da wiederum in deren mystische Dimension, und es wäre wohl konsequent gewesen, von einer Lebensanschauung der mystischen Weltverbundenheit zu sprechen, die die Welterkenntnis unterläuft und dafür die Ethik zu vertiefen vermag, doch Weltanschauung kann dieser Versuch der Selbstorientierung nach Schweitzers ursprünglicher Definition nicht mehr genannt werden, weil die ‚Welterkenntnis' radikal durch das ‚tiefe Erleben' ersetzt wird. In der Sache verabschiedet sich Schweitzer also von seinem Programm, auf ethischer Grundlage eine neue Weltanschauung zu entwerfen, und rettet sich in die Mystik, doch terminologisch hält er zäh an der ‚Weltanschauung' fest und definiert sie in unzulässiger Weise um.

Hatte er in *Kultur und Ethik* sein Programm „einer Mystik ethischer Welt- und Lebensbejahung" (GW 2, 446) vor allem im Zeichen der Ethik dargelegt und betont, daß zwar „die das Denken befriedigende Ethik aus Mystik geboren werden" müsse, der ethische Gehalt der Mystik aber „ein erschreckend geringer" sei (ebd. 370), so scheint nun in der *Kulturphilosophie III* das Hauptgewicht stärker auf die Mystik zu fallen, weil sie ebenjene Verbundenheit mit der Welt verheißt, die der Ethik von Hause aus versperrt ist: „Ethik (ist) das Tun, in dem der Mensch sein Eins-Sein mit dem unendlichen Sein erlebt."

(KPh III, 4. Teil, 415) Damit wird die vormals so eigenständig begründete Ethik aus weltanschaulichem Interesse nahezu von der Mystik aufgesogen, während diese in Kultur und Ethik noch als „der Feind der Ethik" (GW 2, 370) deklariert worden war. Zwischen der rationalen Ethikbegründung und der mystischen Weltanschauungshoffnung scheint ein unversöhnlicher Widerspruch aufzubrechen, und doch ist dies nicht der Fall, wenn man die unterschiedlichen Denkrichtungen berücksichtigt.

Als Ethiker bemüht sich Schweitzer darum, die mystisch erlebte „Verbundenheit mit anderen Wesen" (KPh III, 4. Teil, 98) als natürliche Quelle der Ethik zu nutzen, um dann in einem strengen Verallgemeinerungsverfahren ein absolutes Leitprinzip zu begründen, das sich gegen die Gesetze des Natürlichen wendet (vgl. Kap. IV. 2). Als Weltanschauungssucher dagegen geht er den umgekehrten Weg und sucht nach einer Rückbindung der naturfernen ethischen Praxis an das mystische Erlebnis der Verbundenheit mit fremdem Leben. Nur so läßt sich die kontinuierlich wiederkehrende Ambivalenz im Gebrauch der Termini ‚naturhaft' und ‚natürlich' deuten, obschon nicht entschuldigen. Insofern der Mensch das Mitgefühl mit fremden Lebewesen als biologische Mitgift in sich vorfindet, sieht Schweitzer in Anlehnung an die Evolutionsbiologie „das Ethische" als „naturhaft in unserem Wesen gegeben", kennzeichnet es allerdings auch „als das entwicklungsfähige Naturhafte", wohingegen „das nur Triebhafte als das Nichtentwicklungsfähige" bezeichnet wird (KPh III, 3. Teil, 204).

Die Verbindung von empirischen Voraussetzungen der Ethik – bei Schweitzer ‚das Ethische' – und rationaler Begründung des universalen Leitprinzips (‚die Ethik') schlägt sich hier also in terminologischer Unschärfe nieder, denn wenn es im Rahmen der Ethik immer wieder heißt, daß es für den Menschen natürlich sei, der Natur nicht zu folgen, so meint ‚natürlich' hier eben nicht die biologische Voraussetzung der Ethik, sondern die normative Aufgabe, das entwicklungsfähige ‚Ethische' unter rationalen Kategorien auch tatsächlich zu einer Ethik mit universalem Anspruch zu entwickeln. ‚Natürlich' im Sinne einer biologischen Tatsache und ‚natürlich' im Sinne des Aristotelischen Wesensbegriffs (zur geistigen Natur des Menschen gehörig) werden von Schweitzer nicht begrifflich streng gegeneinander abgegrenzt und erschweren ihm wohl selbst die Einsicht in die Unmöglichkeit, die Ansprüche der geistig-ethischen Natur des Menschen weltanschaulich in die Gesetzmäßigkeit einer biologischen Natur einzubetten, die im Zeichen Darwins gedeutet wird. Die „zarten Wurzeln" des Ethischen, naturhaft gegeben, doch schwach gegenüber den „robusten, in die Breite gehenden Wurzeln" des Nicht-Ethischen (ebd. 205 f.), können nur denkend zu einer Ethik mit handlungsleitender Kraft entwickelt werden. Die Distanz zur Natur wird damit unüberbrückbar, und der Weg zurück zur Harmonie mit dieser ist abgeschnitten.

Dies spricht nicht gegen Schweitzers Ethik, wohl aber gegen seine Hoffnung auf eine neue Weltanschauung. Was bleibt, ist allein die mystische Zuversicht, daß dort, wo ein Mensch einem Mitmenschen oder einem nicht-menschlichen Lebewesen aus Solidarität hilft, wenigstens punktuell und flüchtig das Erlebnis des Einswerdens mit der Welt möglich wird: „Ethik ist das tätige Einswerden mit dem unendlichen Sein." (KPh III, 2. Teil, 268) Es soll nicht bestritten werden, daß eine mystisch vertiefte Deutung der sittlichen Praxis über die Moralität hinaus auch Verbundenheits-, ja Glückserfahrungen erschließen kann, wie sie der puren Aktivität nicht innewohnen, doch seine weltanschauliche Programmidee hat Schweitzer mit dieser Lösung nicht verwirklicht: Die Entscheidung für den Vorrang der Lebensanschauung vor der Weltanschauung führt zum Abschied von der letzteren. Im Horizont der heutigen Ethikdiskussion stellt dies kein Defizit dar, doch für Schweitzer blieb ein fünfzehnjähriges Ringen, voller Selbstzweifel und in immer neuer Hoffnung, ohne überzeugendes Ergebnis. Die *Kulturphilosophie III* erbrachte nicht die erhoffte Krönung des eigenen Denkens.

Schweitzers *Briefe aus Lambarene* enthalten zum Jahr 1925 folgende kleine Anekdote:

„Mitte September gehen schon die ersten Regen nieder. Jetzt heißt es alles Bauholz ins Trockene bringen. Da wir gerade fast keine arbeitsfähigen Männer im Spital haben, schleppe ich selber Balken und Bretter mit zwei Getreuen. Dabei kommt mir ein Schwarzer in weißen Kleidern zu Gesicht, der als Besuch bei einem Kranken sitzt. ‚Heda, Kamerad', rufe ich, ‚willst du uns nicht ein wenig helfen?' – ‚Ich bin ein Intellektueller und trage kein Holz', lautete die Antwort. ‚Hast du Glück', erwiderte ich; ‚auch ich wollte ein Intellektueller werden, aber es ist mir nicht gelungen.'" (GW 1, 610)

Wir hoffen mit unserem Porträt des Denkers Albert Schweitzer dazu beizutragen, daß sein Versuch einer Philosophie mit „Schwielen an den Händen" (GW 2, 220) in der Fachzunft der Philosophen nicht länger der intellektuellen Unterschätzung anheimfällt.

Anhang

Abkürzungen

GW Schweitzer: Gesammelte Werke in fünf Bänden. Hrsg. v. R. Grabs. Berlin-Ost 1971, Zürich 1974, München 1974.
KPh III Schweitzer: Kulturphilosophie III (Dokumentationsabschrift von J. Zürcher, einsehbar im Schweitzer-Zentralarchiv Gunsbach/Elsaß.
BASF Beiträge zur A.Schweitzer Forschung. Schriftenreihe der Wissenschaftlichen A. Schweitzer-Gesellschaft, Sitz: Mainz.
HA Goethe: Werke. Hamburger Ausgabe Bd. 12. 4. Aufl. Hamburg 1960.
KrV Kant: Kritik der reinen Vernunft. Ed. Meiner. Hamburg 1956.
KpV Kant: Kritik der praktischen Vernunft. Ed. Meiner. Hamburg 1959.

Zeittafel

1875	14. Januar: Geburt in Kaysersberg/Elsaß als zweites von fünf Kindern des Pfarrers Ludwig Schweitzer und seiner Frau Adele, geb. Schillinger. Nach einem halben Jahr Umzug nach Gunsbach.
1880–1884	Grundschule in Gunsbach. Frühe Zeichen der musikalischen Begabung an Harmonium und Orgel.
1884–1885	Realschule in Munster.
1885–1893	Gymnasium in Mulhouse. Klavier- und Orgelunterricht bei Eugen Münch. Abitur am 18. Juni 1893.
1893	Ab Oktober Studium der Theologie und Philosophie an der Universität Straßburg. Orgelunterricht bei Charles Marie Widor in Paris.
1898	Erstes theologisches Examen.
1898–1899	Studium in Paris und Berlin.
1899	2. August: Promotion zum Dr. phil. in Straßburg.
1900	Zweite theologische Prüfung und Lizentiat (Dr. theol.). Ab November Vikar an St. Nicolai in Straßburg.
1902	Habilitation für Evangelische Theologie an der Universität Straßburg mit der Schrift *Das Messianitäts- und Leidensgeheimnis.*
1905–1910	Medizinstudium mit Staatsexamen, anschließend ärztliches Praktikum. 1906 *Von Reimarus zu Wrede Eine Geschichte der Leben-Jesu-Forschung.*

1912	Ärztliche Approbation und Aufgabe des Predigtamtes. 18. Juni: Heirat mit Helene Bresslau (geb. 25. Januar 1879 in Berlin). 14. Dezember: Professortitel.
1913	*Geschichte der Leben-Jesu-Forschung* (zweite erweiterte Fassung). Promotion zum Dr. med. Ausscheiden aus dem Lehrkörper der Universität Straßburg durch schriftlichen Verzicht auf die Venia Legendi. Abreise nach Afrika mit seiner Frau Helene und am 16. April Ankunft in Lambarene.
1913–1917	Erster Aufenthalt in Afrika. Aufbau eines Spitals.
1917–1918	Wegen deutscher Staatsbürgerschaft Rücktransport nach Europa und Internierung in Bordeaux, Garaison und St. Rémy. Juli 1918: Rückkehr ins Elsaß.
1919	14. Januar: Geburt der Tochter Rhena.
1920	Januar: Französische Staatsbürgerschaft kraft Versailler Vertrag. Schwedenreise auf Einladung des Erzbischofs Nathan Söderblom. Ostern: Vorträge zur eigenen Kulturphilosophie in Upsala.
1921–1922	Konzert- und Vortragsreisen nach Spanien, in die Schweiz, nach Schweden, England und Dänemark. Schriftliche Ausarbeitung der Upsala-Vorträge zur Kulturphilosophie.
1923	*Verfall und Wiederaufbau der Kultur* (Kulturphilosophie I) und *Kultur und Ethik* (Kulturphilosophie II).
1924	*Das Christentum und die Weltreligionen.*
1924–1927	Zweiter Aufenthalt in Afrika ohne Helene. Bau eines neuen Spitals drei Kilometer vom alten Platz entfernt.
1927–1929	Konzerte und Vorträge in Schweden, Dänemark, Holland, England, der Schweiz, Deutschland und der Tschechoslowakei. 28. August 1928: Goethepreis der Stadt Frankfurt/Main.
1930–1931	Dritter Aufenthalt in Afrika. Ab April 1931 Arbeit an der *Kulturphilosophie III* (bis Mai 1945). 1930 *Die Mystik des Apostels Paulus* und 1931 *Aus meinem Leben und Denken.*
1932	22. März: Gedenkrede zu Goethes 100. Todestag in Frankfurt/Main.
1933–1934	Vierter Aufenthalt in Afrika.
1934	Hibbert-Lectures an der Universität Oxford (Oktober) und Gifford-Lectures an der Universität Edinburgh (November). In Oxford Begegnung mit Ernst Cassirer und Frau (18. Oktober 1934).
1935	Fünfter Aufenthalt in Afrika. *Die Weltanschauung der indischen Denker.*
1937–1939	Sechster Aufenthalt in Afrika.
1939	Nach nur zwölftägigem Aufenthalt im Elsaß angesichts des bevorstehenden Weltkriegs Wiederabreise nach Lambarene.
1939–1948	Siebenter Aufenthalt in Afrika.

1949	8. Juli: Festrede zum 200. Geburtstag Goethes in Aspen/Colorado.
1949–1951	Achter Aufenthalt in Afrika, bis Juni 1950 zusammen mit seiner Frau Helene.
1951	16. September: Friedenspreis des deutschen Buchhandels in der Paulskirche Frankfurt/Main. Abschluß des Manuskripts *Reich Gottes und Christentum*, 1967 aus dem Nachlaß ediert von Ulrich Neuenschwander.
1951–1952	Neunter Aufenthalt in Afrika.
1952	August–Dezember: Aufenthalt in Europa.
1952–1954	Zehnter Aufenthalt in Afrika.
1954	4. November: Entgegennahme des Friedensnobelpreises für 1952, rückwirkend verliehen 1953.
1954–1955	Elfter Aufenthalt in Afrika, zusammen mit Ehefrau Helene.
1955	Eröffnung des Lepradorfes sowie Besuche in England, Frankreich, Deutschland und der Schweiz.
1956–1957	Zwölfter Aufenthalt in Afrika. Von Lambarene aus Aufruf gegen die Kernwaffenversuche (Radio Oslo/April 1957). 22. Mai 1957: Tod von Helene Schweitzer in Zürich. (Urnenbeisetzung in Lambarene am 25. Januar 1958).
1957	August–Dezember: Aufenthalt in Europa
1957–1959	Dreizehnter Aufenthalt in Afrika. Drei Appelle gegen die Atomgefahr über Radio Oslo (April 1958), gedruckt als *Friede oder Atomkrieg*.
1959	Letzte Reise nach Europa
1959–1965	Vierzehnter Aufenthalt in Afrika. 4. September 1965: Tod in seinem Lambarene-Spital. Dort neben seiner Frau beigesetzt.

Literaturverzeichnis

1. Schriften Albert Schweitzers

Gesammelte Werke in fünf Bänden. Hrsg. v. R. Grabs. Berlin-Ost 1971, Zürich 1974, München 1974

Die Weltanschauung der Ehrfurcht vor dem Leben (Kulturphilosophie III). Dokumentationsausgabe von J. Zürcher, einsehbar im A. Schweitzer-Zentralarchiv in Gunsbach/Elsaß

Die Ehrfurcht vor dem Leben – Grundtexte aus fünf Jahrzehnten. Hrsg. v. H. W. Bähr, 6. Aufl., München 1991

Leben, Werk und Denken mitgeteilt in seinen Briefen. Hrsg. v. H. W. Bähr, Heidelberg 1987

Die Jahre vor Lambarene – Briefe 1902–1912 (Briefwechsel mit Helene Bresslau). Hrsg. v. Rh. Schweitzer Miller/G. Woytt, München 1992

Die Religionsphilosophie Kants. Nachdruck Hildesheim 1974
Die Philosophie und die allgemeine Bildung im neunzehnten Jahrhundert. Nachdruck in: 37. Rundbrief für den Freundeskreis von Albert Schweitzer und den Deutschen Hilfsverein e.V., Tübingen 1973
The correspondence between Bertrand Russell and Albert Schweitzer. Hrsg. v. H. Spiegelberg. In: International Studies in Philosophy (Chico/ USA), Vol. XII, 1, 1980, 1 f.
Friede oder Atomkrieg. 3. Aufl., München 1984
Was sollen wir tun? – 12 Predigten über ethische Probleme. Hrsg. v. M. Strege/L. Stiehm, 2. Aufl., Heidelberg 1986
Straßburger Predigten. Hrsg. v. U. Neuenschwander. 3. Aufl., München 1993
Gespräche über das Neue Testament. Hrsg. v. W. Döbertin. 2. Aufl., München 1994
Reich Gottes und Christentum. Werke aus dem Nachlaß Bd. 1. Hrsg. v. U. Luz/U. Neuenschwander/J. Zürcher, München 1995
Briefe und Erinnerungen an Musiker. Hrsg. v. H. Schützeichel. Bern/ Stuttgart 1989

2. Literatur zu Leben und Werk Albert Schweitzers

Bähr, H. W. (Hrsg.): Albert Schweitzer – Sein Denken und sein Weg. Tübingen 1962
Bähr, H. W./Minder, R. (Hrsg.) Begegnung mit Albert Schweitzer. München 1965
Baur, H./Minder, R.(Hrsg.): Albert Schweitzer Gespräch Basel 1967. In: Evangelische Zeitstimmen 42/43, Hamburg 1969
Bavink, B.: Kultur und Ethik – Albert Schweitzers Kulturphilosophie. In: Unsere Welt – Illustrierte Zeitschrift für Naturwissenschaft und Weltanschauung 21. Jg., 1929, Heft 1, 1 f.
Bollnow, O. F.: Die Ehrfurcht vor dem Leben als ethisches Grundprinzip. In: Zwischen Philosophie und Pädagogik – Vorträge und Aufsätze. Aachen 1988, 92 f.
Brabazon, J.: Albert Schweitzer – A biography. New York 1975
Brock, E.: Rezension zu *Kultur und Ethik*. In: Logos Bd.13, 1924/25, 264 f.
Brüllmann, R. (Hrsg.): Treffende Albert-Schweitzer-Zitate. Thun 1986
Brüllmann, R.(Hrsg.): Albert-Schweitzer-Studien Bd. 1, Bern/Stuttgart 1989 und Bd. 2, Bern/Stuttgart 1991
Cousins, N.: Dr.Schweitzer of Lambarene. New York 1960 (Deutsche Ausgabe: A. Schweitzer und sein Lambarene. Stuttgart 1961)
Ecker, M.: Denkend durch die Umwelt zur Welt – Zum Verhältnis von Umwelt, Bewußtsein und Ethik in A. Schweitzers Philosophie. In: Welt, Umwelt, Ökologie. Beiträge zur Albert Schweitzer Forschung Bd. 3 (BASF 3), hrsg. v. M. Beyer/H. A. Stempel, Weinheim 1995, 69 f.

Frey, Cl.: Christliche Weltverantwortung bei Albert Schweitzer mit Vergleichen zu Dietrich Bonhoeffer. Bern/Stuttgart 1993

Funke, G.: Die Philosophie der Ehrfurcht vor dem Leben. In: Zeitschrift für Religions- und Geistesgeschichte 11. Jg., 1959, Heft 4, 356f.

Gräßer, E.: Albert Schweitzer als Theologe. Tübingen 1979

Gräßer, E.: Albert Schweitzers Selbstdarstellung seiner theologischen Entwicklung – Eine Dokumentation. In: Evangelische Theologie 45. Jg., 1985, Heft 3, 277f.

Gräßer, E.: Das theologische und ethische Erbe Albert Schweitzers. In: Wissenschaft und Kirche – Festschrift für Eduard Lohse. Hrsg. v. K. Aland/S. Meurer, Bielefeld 1989, 212f.

Gräßer, E.: Das Prinzip ‚Ehrfurcht vor dem Leben' – A. Schweitzers Ethik für unsere Zeit. In: Brüllmann 1991, 43f.

Groos, H.: Albert Schweitzer – Größe und Grenzen. München/Basel 1974

Günzler, Cl.: Ehrfurcht vor dem Leben – Zum pädagogischen Anspruch der Ethik Albert Schweitzers. In: Vierteljahresschrift für wissenschaftliche Pädagogik 60. Jg., 1984, Heft 1, 61f.

Günzler, Cl.: Albert Schweitzers Modell einer naturbezogenen Vernunftethik. In: der evangelische erzieher 39. Jg., 1987, Heft 4, 402f.

Günzler, Cl.: Ehrfurcht vor dem Leben. Albert Schweitzers Ethik als Grundimpuls für die Umwelterziehung. In: Ethik und Erziehung. Hrsg. v. Cl. Günzler, Stuttgart 1988, 171f.

Günzler, Cl. u.a. (Hrsg.): Albert Schweitzer heute – Brennpunkte seines Denkens. Beiträge zur Albert Schweitzer Forschung Bd. 1 (BASF 1), Tübingen 1990. Darin die Eigenbeiträge *Ethik und Weltanschauung* (zus. m. H. Lenk), 17f., *Ehrfurchtsprinzip und Wertrangordnung*, 82f. sowie *Ehrfurchtsethik und Umwelterziehung*, 110f.

Günzler, Cl.: Der unbekannte Albert Schweitzer. In: Brüllmann 1991, 58f.

Günzler, Cl.: Der ‚Park' und die ‚Wildnis' – A. Schweitzers Modell des grenzüberschreitenden Denkens. In: Zeitschrift für Didaktik der Philosophie 14. Jg., 1992, Heft 4, 216f.

Günzler, Cl.: Späte Begegnung: Ernst Cassirer und Albert Schweitzer – Biographische Anmerkungen zur deutschen Kulturphilosophie. In: Zeitschrift für philosophische Forschung Bd. 49, 1995, Heft 2, 312f

Jenssen, H. H.: Rezension zu H. Groos *Albert Schweitzer – Größe und Grenzen*. In: Theologische Literaturzeitung 103. Jg., 1978, Nr. 2, 96f.

Kraus, O.: Albert Schweitzer – Sein Werk und seine Weltanschauung. Charlottenburg (Berlin) 1926

Lenk, H. (zus. m. Cl. Günzler): Ethik und Weltanschauung – Zum Neuigkeitsgehalt von A. Schweitzers *Kulturphilosophie III*. In: BASF 1, 17f.

Lenk, H.: Der Vorreiter der Bioethik – Notizen zu A. Schweitzers Ethik. In: Zeitschrift für Didaktik der Philosophie 13. Jg., 1991a, Heft 3, 139f.

Lenk, H.: Lebensethik – Notizen zu A. Schweitzers Ethik im naturphilosophischen Zusammenhang. In: Zeitschrift für medizinische Ethik 39. Jg., 1993, Heft 4, 343f.

Mai, H.: Albert Schweitzer und seine Kranken. Ein Beitrag zur Geschichte der Tropenmedizin. Tübingen 1992

Martens, E.: Zum Anthropozentrismus der Tierethik. In: Zeitschrift für Didaktik der Philosophie und Ethik 16. Jg., 1994, Heft 4, 224f.

Minder, R.: Zu A. Schweitzers Begegnung mit Goethe. In: Universitas 15. Jg., 1960, Heft 1, 43f. Auf dieses dem 85. Geburtstag Schweitzers gewidmete Heft sei wegen vieler weiterer interessanter Beiträge besonders hingewiesen!

Müller, W. E.: Albert Schweitzers Kulturphilosophie im Horizont säkularer Ethik. Berlin/New York 1993

Neuenschwander, U.: Ethik der Lebensbejahung. In: BASF 1, 9f.

Otto, B.: Albert Schweitzers Beitrag zur Friedenspolitik. In: Evangelische Zeitstimmen 67/68, Hamburg 1974

Picht, W.: Albert Schweitzer – Wesen und Bedeutung. Hamburg 1960

Pierhal, J. (Pseudonym f. R. Jungk): Albert Schweitzer. Fischer Tb. 5603, Frankfurt/M. 1982

Pleitner, H.: Das Ende der liberalen Hermeneutik am Beispiel A. Schweitzers. Tübingen 1992

Reiner, H.: Die Zukunft der Ethik A. Schweitzers. In: The Journal of Value Inquiry Vol.2, 1968, 157f.

Robak, A. A. (Hrsg.): The Albert Schweitzer Jubilee Book. Cambridge/Mass. 1946

Schützeichel, H.: Die Orgel im Leben und Denken Albert Schweitzers. Kleinblittersdorf 1991

Schultz, H. J.: Partisanen der Humanität – A. Schweitzer, E. Fromm, R. Schneider, D. Bonhoeffer, M. L. King. Stuttgart 1984

Seaver, G.: Albert Schweitzer als Mensch und Denker. Göttingen 1949

Spear, O.: Albert Schweitzers Ethik – Ihre Grundlinien in seinem Denken und Leben. In: Evangelische Zeitstimmen 80, Hamburg 1978

Spiegelberg, H.: A. Schweitzers ‚anderer Gedanke': Glück verpflichtet. Philosophische Aspekte. In: Universitas 29. Jg., 1974, Heft 2, 1077f.

Steffahn, H.: Albert Schweitzer. Rowohlt Bildmonographie Nr. 263, Reinbek 1979

Strege, M.: Albert Schweitzers Religion und Philosophie. Tübingen 1965

Teutsch, G. M.: Ehrfurchtsethik und Humanitätsidee. In: BASF 1, 101f.

Teutsch, G. M.: Schweitzers Beitrag zur Ethik der Mensch-Tier-Beziehung. In: Brüllmann 1991, 114f.

Werner, H. J.: Eins mit der Natur – Mensch und Natur bei Franz v. Assisi, Jakob Böhme, Albert Schweitzer und Teilhard de Chardin. München 1986

Werner, H. J.: Die Ethik Albert Schweitzers und die deutsche Mystik des Mittelalters. In: BASF 1, 196f.

Wolf, J. Cl.: Ist Ehrfurcht vor dem Leben ein brauchbares Moralprinzip? In: Freiburger Zeitschrift für Philosophie und Theologie 40. Jg., 1993, 359f.

Woytt, G.: Albert Schweitzer und die Pariser Mission. In: Brüllmann 1989, 114f.
Woytt, G.: Albert Schweitzer scheidet aus dem Lehrkörper der Straßburger Universität aus. In: Brüllmann 1991, 138f.
Woytt, G.: Die Rückkehr A. Schweitzers nach Lambarene 1924 und die Pariser Mission. In: Brüllmann 1991, 173f.

3. Weiterführende Literatur

Altner, G.: Naturvergessenheit – Grundlagen einer umfassenden Bioethik. Darmstadt 1991
Aristoteles: Nikomachische Ethik. Hrsg. v. Franz Dirlmeier, 4. Aufl. Berlin 1967
Becker, W.: Zur Lage der philosophischen Ethik heute und ein Blick zurück auf Kant. In: Grenzen der Ethik. Hrsg. v. H. M. Baumgartner/W. Becker, München/Paderborn 1994, 13f.
Birnbacher, D.: Verantwortung für zukünftige Generationen. Reclam Bd. 8447, Stuttgart 1988
Birnbacher, D.: ‚Natur' als Maßstab menschlichen Handelns. In: Zeitschrift für philosophische Forschung Bd. 45, 1991, Heft 1, 60f.
Cassirer, E.: Vom Begriff, vom Wesen und von der Aufgabe der Philosophie. Manuskript zur Göteborger Antrittsvorlesung unter dem Titel *Der Begriff der Philosophie als Problem der Philosophie* (1935), einsehbar im A. Schweitzer-Zentralarchiv in Gunsbach/Elsaß
Cassirer, E.: Symbol, Myth, and Culture – Essays and Lectures of Ernst Cassirer 1935-1945. Hrsg. v. D. Ph. Verene, New Haven/London 1979
Cassirer, E.: Der Mythus des Staates – Philosophische Grundlagen politischen Verhaltens. Fischer-Wissenschaft Bd. 7351, Frankfurt/M. 1985
Cassirer, E.: Versuch über den Menschen – Einführung in eine Philosophie der Kultur. Frankfurt/M. 1990
Cassirer, E.: Das Erkenntnisproblem in der Philosophie und Wissenschaft der neueren Zeit. Bd. 3: Die nachkantischen Systeme. (1923) Nachdruck Darmstadt 1994
Cassirer, T.: Mein Leben mit Ernst Cassirer. Hildesheim 1981
Dilthey, W.: Gesammelte Schriften. 4. Aufl. Bd. V und VI, Stuttgart/Göttingen 1962
Gerhardt, V.: Friedrich Nietzsche. Beck'sche Reihe Bd. 522, München 1992
Gert, B.: Die moralischen Regeln – Eine neue rationale Begründung der Moral. Suhrkamp tb. wiss. Bd. 405. Frankfurt/M. 1983
Goethe, J. W. v.: Werke (Hamburger Ausgabe). Bd. 12. Hrsg. v. W. Weber/H. J. Schrimpf. 4. Aufl. Hamburg 1960
Günzler, Cl. (zus. m. G. M.Teutsch): Erziehen zur ethischen Verantwortung. Herderbücherei Bd. 9077, Freiburg/Brsg. 1980

Günzler, Cl.: Bildung und Erziehung im Denken Goethes. Köln/Wien 1981
Hartmann, N.: Ethik. Berlin/Leipzig 1926
Hartmann, N.: Neue Wege der Ontologie. 4. Aufl. Darmstadt 1964
Höffe, O.: Empirie und Apriori in Kants Rechtsethik. In: Ethische Norm und empirische Hypothese. Hrsg. v. L. H. Eckensberger/U. Gähde. Suhrkamp tb. wiss. Bd. 1088, Frankfurt/M. 1993, 21 f.
Jonas, H.: Das Prinzip Verantwortung. Frankfurt/M. 1979
Kant, I.: Kritik der reinen Vernunft. Ed. Meiner, Phil. Bibliothek Bd. 37a, Hamburg 1956
Kant, I.: Kritik der praktischen Vernunft. Ed. Meiner, Phil. Bibliothek Bd. 38, Hamburg 1959
Kant, I.: Prolegomena zu einer jeden künftigen Metaphysik. Ed. Meiner, Phil. Bibliothek Bd. 40, Hamburg 1965
Kant, I.: Werke in sechs Bänden. Hrsg. v. W. Weischedel. Bd. IV, Darmstadt 1983
Kiesel, H.: Aufklärung und neuer Irrationalismus in der Weimarer Republik. In: Aufklärung und Gegenaufklärung in der europäischen Literatur, Philosophie und Politik von der Antike bis zur Gegenwart. Hrsg. v. J. Schmidt, Darmstadt 1989, 497 f.
Kaufmann, W.: Nietzsche – Philosoph, Psychologe, Antichrist. Darmstadt 1982
Krois, J. M.: Cassirer – Symbolic Forms and History. New Haven/London 1987
Lenk, H.: Pragmatische Philosophie. Hamburg 1975
Lenk, H.: Prometheisches Philosophieren zwischen Praxis und Paradox. Stuttgart 1991 b
Lieber, H. J.: Kulturkritik und Lebensphilosophie – Studien zur Deutschen Philosophie der Jahrhundertwende. Darmstadt 1974
Malter, R.: Willensethik. In: Geschichte der neueren Ethik. Hrsg. v. A. Pieper. Bd. 1. Uni-Tb.1701, Tübingen/Basel 1992, 231 f.
Marcuse, L.: Argumente und Rezepte – Ein Wörterbuch für Zeitgenossen. Diogenes-Tb. 20064, Zürich 1973
Markl, H.: Natur als Kulturaufgabe. Stuttgart 1986
Martens, E.: Ethische Orientierung zwischen Dogmatismus und Relativismus. In: Zeitschrift für Didaktik der Philosophie 13. Jg., 1991, Heft 3, 147 f.
Mendelssohn, M.: Über die Frage: was heißt aufklären? In: Was ist Aufklärung? Hrsg. v. E. Bahr. Reclam Bd. 9714, Stuttgart 1974, 3 f.
Messer, A.: Deutsche Wertphilosophie der Gegenwart. Leipzig 1926
Moore, G. E.: Principia Ethica. Reclam Bd. 8375–78, Stuttgart 1970
Paetzold, H.: Ernst Cassirer – Zur Einführung. Hamburg 1993
Paetzold, H.: Ernst Cassirer – Von Marburg nach New York. Eine philosophische Biographie. Darmstadt 1995
Patzig, G.: Ethik ohne Metaphysik. Vandenhoeck-Reihe Bd. 326 S, Göttingen 1971

Perpeet, W.: Ernst Cassirers Kulturphilosophie. In: Zeitschrift für philosophische Forschung Bd. 36, 1982, Heft 2, 252 f.
Reiner, H.: Die philosophische Ethik. Heidelberg 1964
Schöpf, A.: Die Motivation zu sittlichem Handeln – Zur Unterscheidung kognitiver und motivationaler Begründungen der praktischen Philosophie und Ethik. In: Zeitschrift für philosophische Forschung Bd. 32, 1978, Heft 4, 494 f.
Schopenhauer, A.: Metaphysik der Natur. Hrsg. v. V. Spierling. Serie Piper Bd. 362, München 1984
Schrey, H. H.: Einführung in die Ethik. Darmstadt 1977
Schüz, M.: Die Einheit des Wirklichen. Pfullingen 1986
Schulz, W.: Philosophie in der veränderten Welt. Pfullingen, 1972
Singer, P.: Praktische Ethik. Reclam Bd. 8033, Stuttgart 1984
Spohn, W.: Wie kann die Theorie der Rationalität normativ und empirisch zugleich sein? In: Ethische Norm und empirische Hypothese. Hrsg. v. L. H. Eckensberger/U. Gähde. Suhrkamp-tb. wiss. Bd. 1088, Frankfurt/M. 1993, 151 f.
Steffahn, H.: Menschlichkeit beginnt beim Tier. Stuttgart 1987
Teutsch, G. M.: Lexikon der Tierschutzethik. Göttingen 1987
Topitsch, E.: Vom Ursprung und Ende der Metaphysik. dtv Bd. 4105, München 1972
Werner, H. J.: Martin Buber. Frankfurt/New York 1994
Ziegler, Th.: Die geistigen und socialen Strömungen des Neunzehnten Jahrhunderts. Berlin 1901

Personenregister

Altner, G. 159
Aristoteles 11, 23, 78, 103, 144, 164, 181

Bähr, H.W. 41
Bavink, B. 155, 156, 157, 158, 159
Becker, W. 139
Bentham, J. 82
Bergson, H. 12
Birnbacher, D. 129, 130, 161
Bresslau, H. 47, 168, 169, 170, 184, 185
Brock, E. 83, 155, 156, 157, 158, 159
Buber, M. 143
Buddha 71, 92, 105, 149, 176

Cassirer, E. 24, 27, 28, 29, 30, 34 f., 89, 90, 102, 155, 177, 184
Cassirer, T. 36, 37, 41, 184
Cohen, H. 12

Darwin, Ch. 99, 181
Descartes, R. 99, 103, 111, 142
Dilthey, W. 85, 173, 174
Ecker, M. 143
Eckhart, J. (Meister Eckhart) 107, 109
Eucken, R. 27

Frey, Cl. 105, 147
Funke, G. 86

Galilei, G. 99
Gerhardt, V. 51, 54
Gert, B. 176
Goerres, J. 173
Goethe, J. W.v. 24, 60f., 71, 78f., 87, 94, 112, 168, 184, 185
Gräßer, E. 146, 151
Groos, H. 155, 156, 158, 159

Hartmann, N. 13, 84, 134
Hegel, G. W. F. 52, 60, 92, 93, 99, 103
Heidegger, M. 13
Hobbes, Th. 82
Höffe, O. 73
Hume, D. 82, 83

Jaspers, K. 13
Jenssen, H. H. 159
Jesus 105f., 147f.
Jonas, H. 44f.

Kant, I. 9, 59f., 71f., 76f., 92, 93, 99, 114f., 118, 122, 139, 140, 157, 160, 161, 163
Kiesel, H. 28, 29, 33
Klages, L. 29
Konfuzius 23
Kraus, O. 102, 155, 159, 164, 165
Krois, J. M. 40

Laotse 23, 105
Leibniz, G.W. 99, 142
Lenk, H. 73, 119, 160, 161, 162, 163
Lieber, H. J. 28, 29
Litt, Th. 27
Locke, J. 82, 103

Mai, H. 8
Malter, R. 60
Mann, Th. 29, 32, 33
Marcuse, L. 46
Markl, H. 99
Martens, E. 74, 159

Mendelssohn, M. 27
Messer, A. 134, 155, 159
Müller, W. E. 160, 173
Münsterberg, H. 134

Neuenschwander, U. 185
Nietzsche, Fr. 28, 42, 46f., 71, 76, 79, 80, 93, 177

Patzig, G. 140
Paulus (Apostel) 48, 146, 150f.
Perpeet, W. 27
Picht, W. 145, 155, 159, 164, 165
Platon 84, 164
Pleitner, H. 85, 88, 104

Reiner, H. 155, 159
Robak, A. A. 41

Scheler, M. 13
Schopenhauer, A. 49f., 59f., 71, 76, 77, 78, 79, 92, 96, 103, 110, 113
Schützeichel, H. 76
Schulz, W. 155
Schweitzer-Miller, Rh. 8, 168, 184
Seaver, G. 35
Simmel, G. 26, 27
Söderblom, N. 56, 184
Spencer, H. 52
Spengler, O. 27, 28, 29, 41
Spinoza, B. 60, 99
Spohn, W. 69
Steffahn, H. 157
Stoa 18, 60, 79, 103

Teutsch, G. M. 81
Topitsch, E. 73

Werner, H. J. 108, 109, 143
Windelband, W. 26, 60
Wolf, J. Ch. 119, 120, 121, 139, 159
Wundt, W. 12

Zarathustra 23
Ziegler, Th. 60

Sachregister

Allgemeingültigkeit 60f., 68f., 85f., 115f., 123f., 134f., 139f., 161, 166, 180

Alltagsbewußtsein 16f., 77, 88f., 124f.

Apriorismus 61, 65, 69, 73, 74, 143f.

Atomwaffen 45, 136, 168, 185

Aufklärung 20, 24, 26f., 41, 53, 103f., 121f., 142f., 148f.

Christentum 106f., 146f., 152f.

Denken
- elementares 15f., 36, 48, 61, 77f., 88, 100f., 124f., 148f.
- grenzüberschreitendes 21f., 77f., 146f.
- kosmisches 24, 90, 101, 171f.
- mystisches 90, 102f., 122f., 134f.
- per analogiam 116f., 161
- problemgeschichtliches 10f., 67f., 77f., 138f., 149f., 169f.
- und Fachmethodik 16f., 23, 25, 39f., 81, 102, 132f., 144, 156
- und Religion 23f., 108f., 121f., 145f., 151f.
- und Urwaldeinsamkeit (Lambarene) 22f., 42f., 95f., 130f., 169

Denknotwendigkeit 66, 68f., 74, 75, 87, 116f., 144, 149, 154

Dualismus 66, 91f., 105f., 157, 170f., 180f.

Ehrfurcht vor dem Leben 9, 10, 13, 14, 29, 46f., 50, 55f., 80f., 88f., 101f., 112f., 120f., 131f., 138f., 149f., 154, 157f., 163f.

Eschatologie 150f.

Ethik
- empirische Voraussetzungen 60f., 71, 75, 86, 141f., 180f.
- geschichtliche Bedingungen 59f., 75f., 121f., 137f.
- Individual- und Sozialethik 48f., 80f., 115f., 130f., 149f.
- Metaethik 159f.
- Moralkritik 48f.
- Motivationslehre 76f., 113f., 123f., 134f.
- Normbegründung 60f., 71, 75f., 93f., 113f., 123f., 134f., 139f., 143f., 156, 161, 170f., 180f.
- und Ökologie 155

Fortschritt 13, 28, 30, 44, 92f., 136f., 153

Freiheit 29, 62, 156

Gesellschaft 31, 40, 44, 81f., 127, 135f., 162f., 177f.

Gesunder Menschenverstand 14, 19f., 124f.

Gewissen 121, 127

Glück 18f., 47, 125f.

Gott (das Absolute) 62, 99, 100, 104f., 158

Gut und Böse 47f., 76f., 116f., 127f., 132f., 176f.

Handeln
- individuelles 63, 70, 92f., 105f., 118, 122f., 130f., 142f., 148, 154, 162f., 178f.
- kollektives 63, 135f., 154, 163f., 178f.

Hingebung (Nächstenliebe) 48f., 80f., 110f., 126, 131f., 141f., 149f., 162f., 166, 176f.

Höchstes Gut (summum bonum) 117, 118

Humanität 28f., 44f., 75f., 89f., 100, 119, 124f., 145, 152f., 160f., 177.

Innerlichkeit (Subjektivität) 29f., 77f., 106, 111, 122f.

Jesusbild 105f., 147f., 154

Kategorischer Imperativ 60, 73, 78, 85, 140f., 163
Konflikt 98, 132f., 139f., 164f.
Kreatur
- Pflanzen 69f., 91, 115f., 131f., 138f.
- Tiere 69f., 91, 115f., 130f., 135f., 138f., 157, 165
Kultur
- Kulturbegriff 32f., 57f., 83
- Kulturkritik 9, 30f., 39f., 54, 57f., 153f., 167f.
- Kulturphilosophie 15, 18f., 24, 26f., 41f., 55f., 155, 168f.
- Kulturrenaissance 21, 23, 30f., 89, 163f., 174f.
- Kulturstaat 26, 163

Leben
- Lebensbegriff 86, 98, 105, 117f., 143f., 160f., 164f.
- Lebensbejahung 46f., 63f., 72, 84f., 92f., 112f., 131f., 161f., 172f.
- Lebensverneinung 49f., 84f., 113f., 132f., 174f., 177f.
Leben-Jesu-Forschung 10, 105, 145f.
Lebensanschauung 62f., 101f., 111f., 126f., 167f., 178f.
Lebensphilosophie 28f., 85f., 93, 104
Leiblichkeit 67, 71, 73, 74, 100
Leid 74, 114, 125f., 131f., 138f.
Letztbegründung 66, 118, 119, 162f.

Mensch
- als denkendes Ich 17f. 30f., 65f., 129f., 142f., 148f., 163, 165, 179
- als ethische Persönlichkeit 44f., 70f., 78f., 161f.
- und Mitmensch 71f., 137f., 163, 181
- und Kreatur 24, 71f., 91, 115, 130f., 135f., 165f., 181

- und Kosmos 97f., 161f., 170f., 179f.
Menschenrechte 135f.
Menschheitsdenken (philosophie mondiale) 13f., 24, 80, 136, 169f., 174f.
Metaphysik 62f., 71, 172f.
Mitleid 53, 92, 115, 131, 163, 176
Monismus 94f., 106f., 171f., 179f.
Musik 10, 12, 28, 53, 76
Mystik
- philosophische 102f., 141f., 179f.
- theologische 110f., 147f.

Nationalismus 33, 34, 157
Natur 22, 24, 60, 67f., 79, 83f., 91f., 139f., 156f., 161, 178f.
Naturalistischer Fehlschluß 160f.
Naturhaftigkeitsideale (Neoprimitivismus) 42f., 156f., 177
Naturphilosophie 24, 60f., 84f., 91f., 139f., 158f., 178f.

Pflicht 47f., 71, 85, 120, 138f.
Philosophie
- als strenge Wissenschaft 38f., 103f.
- als öffentliche Aufgabe 33, 38f., 90, 128f., 177f.
- als Problemgeschichte 10f., 54, 59f., 68f., 75f., 121f. 138f., 149f., 167f., 176f.
- im 20. Jahrhundert 14, 15, 24, 27, 156f.
- und Religion 23f., 121, 145f., 152f.
Philosophische Anthropologie 25, 78f., 124f.
Prinzip des Sittlichen 61, 66, 67, 72, 75f., 118, 121, 123, 129f., 132f., 139f., 162f., 166, 180

Rationalismus 29, 33, 65f., 85, 103f., 142f., 146, 151f.

Recht 18f., 125f., 135f., 163
Reich-Gottes-Idee 150f.
Relativismus 86, 133f., 142f., 173
Religion 23f., 46f., 83, 108f., 146f.
Resignation 63, 128f.

Schuld 116, 125f., 156
Sein und Sollen 78, 86, 160f.
Selbstvervollkommnung 48f., 80f., 113f., 144f., 150f., 176f.
Sinn
– des Lebens 17f., 31, 97f., 110, 126f., 167f.
– der Welt 63f., 97f., 167f.
Skeptizismus 63f., 124f., 155, 168f.
Subjektivismus 129f., 134f., 138f., 164f.

Theodizee 99
Theologie 23, 47f., 105f., 145f.
Tierschutz und Töten 132f., 158
Tugend und Tugendordnungen 115, 120, 127f., 134f.

Utilitarismus 81f., 131f., 137f.

Verantwortung 24, 44f., 49, 82f., 122f., 128f., 133f., 137f., 145, 149f., 165, 177f.
Verbundenheit 67, 70, 95, 105, 106, 117, 129, 141f., 179f.
Vernunft 30f., 53, 66f., 73f., 85f., 100, 119, 141f., 160f.

Wahrhaftigkeit 48, 49, 50, 63f., 114f., 146f., 161, 176f.
Wahrheit 13, 16, 20, 39, 146f., 171f., 176f.
Welt
– Einssein mit der Welt (Monismus) 94f., 106f., 141f., 171f., 179f.
– Anderssein als die Welt (Dualismus) 96f., 108f., 128f., 141f., 171f., 180f.
Weltanschauung 13, 24, 31, 62f., 89f., 101f., 152f., 165, 167f., 178f.
Weltanschauungstypen 91, 174f.
Weltbejahung und Weltverneinung 49f., 63f., 91f., 107f., 149f., 172f.
Welterkenntnis (Wissenschaft) 24, 43f., 62f., 98f., 157f., 173f.
Weltgeschichte 28f., 72
Welthunger 136f.
Weltkrieg
– Erster 27f., 167
– Zweiter 42f., 51, 168f.
Wertphilosophie 15, 134f., 164f.
Wertrangordnung 134f., 156, 158, 164f.
Wille zum Leben 62f., 69f., 83f., 95f., 110f., 133f., 143f., 161f.

Zeitgeist 154f.
Zweckmäßigkeit (Finalität) 63f. 97f. 171f.

Buchanzeigen

Werke von Albert Schweitzer in der Beck'schen Reihe
(Eine Auswahl)

Zwischen Wasser und Urwald
Erlebnisse und Beobachtungen eines Arztes im Urwalde
Äquatorialafrikas.
1995. 151 Seiten mit 16 Abbildungen. Paperback
Beck'sche Reihe Band 1098

Gespräche über das Neue Testament
Herausgegeben von Winfried Döbertin
2., durchgesehene Auflage. 1994. 217 Seiten. Paperback
Beck'sche Reihe Band 1071

Straßburger Predigten
Herausgegeben von Ulrich Neuenschwander.
3., unveränderte Auflage. 1993. 175 Seiten. Paperback
Beck'sche Reihe Band 307

Das Christentum und die Weltreligionen
Zwei Aufsätze zur Religionsphilosophie. Mit einer Einführung in
das Denken Albert Schweitzers von Ulrich Neuenschwander
3., unveränderte Auflage. 1992. 125 Seiten. Paperback
Beck'sche Reihe Band 181

Aus meiner Kindheit und Jugendzeit
159. Tausend. 1991. 91 Seiten mit 13 Abbildungen. Paperback
Beck'sche Reihe Band 439

Die Weltanschauung der indischen Denker
Mystik und Ethik
Nachdruck der 3., neugefaßten Ausgabe.
1987. IX, 218 Seiten. Paperback
Beck'sche Reihe Band 332

Verlag C. H. Beck München

Große Denker
Herausgegeben von Otfried Höffe

Otfried Höffe
Aristoteles
1996. Etwa 310 Seiten mit 7 Abbildungen. Paperback
Beck'sche Reihe Band 535

Christoph Horn
Augustinus
1995. 185 Seiten mit 4 Abbildungen. Paperback
Beck'sche Reihe Band 531

Andreas Graeser
Ernst Cassirer
1994. 235 Seiten. Paperback
Beck'sche Reihe Band 527

Zvi Rosen
Max Horkheimer
1995. 173 Seiten mit 10 Abbildungen. Paperback
Beck'sche Reihe Band 528

Jan P. Beckmann
Wilhelm von Ockham
1996. Etwa 220 Seiten mit 4 Abbildungen. Paperback
Beck'sche Reihe Band 533

Günter Figal
Sokrates
1995. 144 Seiten mit 6 Abbildungen. Paperback
Beck'sche Reihe Band 530

Wilhelm Vossenkuhl
Ludwig Wittgenstein
1995. 368 Seiten mit 8 Abbildungen. Paperback
Beck'sche Reihe Band 532

Verlag C. H. Beck München